NestJS로 배우는
백엔드 프로그래밍

NestJS로 배우는 **백엔드 프로그래밍**

1쇄 발행 2022년 12월 20일
2쇄 발행 2023년 6월 30일

지은이 한용재
펴낸이 장성두
펴낸곳 주식회사 제이펍

출판신고 2009년 11월 10일 제406-2009-000087호
주소 경기도 파주시 회동길 159 3층 / **전화** 070-8201-9010 / **팩스** 02-6280-0405
홈페이지 www.jpub.kr / **원고투고** submit@jpub.kr / **독자문의** help@jpub.kr / **교재문의** textbook@jpub.kr

소통기획부 김정준, 이상복, 김은미, 송영화, 권유라, 송찬수, 박재인, 배인혜
소통지원부 민지환, 이승환, 김정미, 서세원 / **디자인부** 이민숙, 최병찬

진행 및 교정·교열 이상복 / **표지 및 내지 디자인** 최병찬
용지 신승지류유통 / **인쇄** 해외정판사 / **제본** 일진제책사

ISBN 979-11-92469-56-0 (93000)
값 27,000원

제이펍은 독자 여러분의 아이디어와 원고 투고를 기다리고 있습니다. 책으로 펴내고자 하는 아이디어나 원고가 있는 분께서는 책의 간단한 개요와 차례, 구성과 지은이/옮긴이 약력 등을 메일(submit@jpub.kr)로 보내주세요.

NestJS로 배우는
백엔드 프로그래밍

한용재 **지음**

제이펍

차 례

베타리더 후기 ─────────────────────

 김동욱(모두싸인)

Node.js 웹 개발 입문자에게 추천합니다. 예제 프로젝트를 구현하면서, 웹 서버 개발의 큰 구성 요소부터 인증/인가, 영속화, 로깅 등 다양한 기능을 위해 NestJS가 제공하는 패키지까지 두루 사용해보면서 실용적인 가이드를 제공합니다. 특히 웹 앱 사용자 관리를 위한 유저 서비스를 예제로 채택하여, 국내 다른 어떤 학습 자료보다 NestJS를 통합적으로 다룹니다. '쉬어 가는 페이지'를 통해 예제 프로젝트 구현에서 한 걸음 떨어져, 실무적으로 도움이 되는 개념과 지식을 다룬 점도 좋았습니다.

김진영(야놀자)

아키텍처에 대해서 다시 생각해보는 좋은 기회였습니다. 기존에 타 언어로 백엔드 프로그래밍을 해봤거나 자바스크립트로 만드는 백엔드 프로그래밍에 관심이 있는 분이라면 미리 자바스크립트 문법을 한 번 정도 다시 숙지하고 읽어보면 좋을 듯합니다. 전체적으로 잘 설명되어 있고, 각 챕터의 호흡이 길지 않아서 크게 부담 없이 읽기 좋은 책이었습니다. 개인적으로는 클린 아키텍처 부분과 JWT 인증/인가 부분에서 기존의 지식을 다시 되돌아볼 수 있어서 좋았습니다.

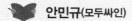 **안민규(모두싸인)**

NestJS를 처음 접한 사람이라도 알기 쉽게 설명되어 있습니다. 차근차근 따라가다 보면 백엔드 프로그래밍에 대해 감이 잡히게 될 것입니다. 입문용으로도 좋고, 이미 알고 있는 내용이라도 점검하는 용도로 읽기 적합합니다.

 정태일(삼성SDS)

NestJS의 핵심 기능을 배우고 이를 활용하여 회원 가입/인증 서비스를 위한 기본적인 기능을 구현해 볼 수 있었습니다. 또한 CQRS와 클린 아키텍처, 테스트에 관한 내용도 다루고 있어 더 나은 백엔드 애플리케이션을 만들기 위한 인사이트를 얻을 수 있어 유익했습니다. NestJS의 데커레이터 등 주요 기능을 활용하면 마치 자바 스프링 기반의 애플리케이션을 만드는 것처럼 빠르고 잘 구조화된 애플리케이션을 만들 수 있겠다는 느낌을 받았습니다. 이번 베타리딩을 통해 다양한 프레임워크와 라이브러리가 쏟아지는 가운데 NestJS라는 유용한 도구를 또 하나 알 수 있게 되어 좋았습니다

제이펍은 책에 대한 애정과 기술에 대한 열정이 뜨거운 베타리더의 도움으로
출간되는 모든 IT 전문서에 사전 검증을 시행하고 있습니다.

머리말 _____

이 책은 당시 군대에서 복무 중이던 조카가 백엔드 엔지니어로 진로를 결정한 후 도움을 주고자 모 사이트에 글을 쓰는 것으로 시작했습니다. 필자는 오랜 기간 휴대폰에 기본으로 탑재되는 애플리케이션을 만들었습니다. 백엔드 엔지니어로 전향한 후 겪었던 경험을 바탕으로 이제 막 경력을 시작하려고 하는 주니어 엔지니어가 쉽게 허들을 넘을 수 있도록 하고자 했습니다.

이른바 프레임워크 전성시대라고 부를 수 있을 정도로 많은 프레임워크가 나와 있습니다. 그중에서 쉽고 간편하며 훌륭한 아키텍처를 가지고 있는 NestJS의 기본 개념을 전달하고자 했습니다. 또한 하나의 서버 프로그램을 만들기 위해 백엔드 엔지니어가 갖추어야 할 기본 지식을 최대한 쉽게 전달하고자 했습니다. NestJS의 근간이 되는 Node.js 지식과 함께 NestJS의 기본 구성 요소들을 익히고, 실무에서 쓸 수 있을 법한 유저 서비스를 함께 만들어봅니다. 그리고 로깅, 헬스 체크와 같이 서버가 필수로 갖추어야 할 기능을 살펴보고, 클린 아키텍처를 적용하고 자동화 테스트를 구현하는 방법까지 익힐 수 있도록 했습니다.

이 책에 기술된 지식은 모두 모두싸인에 몸담으며 익힌 것들입니다. 모두싸인의 제품그룹 리더분들과 동료들, 그리고 온라인에서 리뷰해주신 많은 분 덕분에 이 책이 탄생할 수 있었습니다. 특히 꼼꼼히 리뷰에 참여해준 김동욱 님, 안민규 님 감사합니다. 이 책의 출간을 결정하고 편집에 도움을 주신 장성두 대표님과 이상복 팀장님께 감사의 말씀을 드립니다. 그리고 마지막으로 매일 저녁 많은 시간을 홀로 보낸 아내에게 미안한 마음과 함께 이 책을 바칩니다.

한용재

NestJS는 국내에서도 점점 인기를 얻고 있고, 모두싸인과 당근마켓 등 여러 회사에 적용되어 사용자가 늘고 있습니다. 이 책을 통해 NestJS의 핵심 기능과 원리를 쉽게 배우고 더 나은 웹 개발 환경을 구축할 수 있는 방법을 소개하고자 합니다.

대상 독자

웹 개발, 특히 백엔드 프로그래밍을 처음 접하는 분들도 백엔드 개발에 필요한 지식과 기술을 쉽게 배울 수 있도록 썼습니다. 이미 하나 이상의 웹 프레임워크에 익숙하고 NestJS에 관심을 가지게 되었다면 그 역시 좋습니다. 이 책을 읽고 나면 백엔드 애플리케이션이 가져야 하는 필수 요소를 갖춘 NestJS 앱을 작성할 수 있게 될 것입니다.

이 책에서 사용하는 기술

Node.js 기반 프레임워크

NestJS는 Express나 Fastify를 기반으로 사용할 수 있습니다. 기본으로는 Express를 사용합니다. 이 책 역시 Express를 기반으로 기술합니다.

언어

기본 설정인 타입스크립트를 사용합니다. 타입스크립트는 자바스크립트 개발자들에게 많은 인기를 얻고 있고, 타입스크립트를 사용하는 프로젝트도 늘어나고 있습니다. 이 책에서는 NestJS를 사용하는 데 필요한 기본적인 타입스크립트 문법만 기술하고 자세한 설명은 하지 않습니다. 이미 하나 이상의 언어에 익숙하신 분이라면 타입스크립트를 학습하지 않았다고 하더라도 코드를 읽고 이해하는 데에 크게 어려움이 없을 것입니다.

데이터베이스

NestJS에는 다양한 데이터베이스를 적용할 수 있습니다. 이 책에서는 MySQL 8.x를 사용합니다.

ORM

ORM도 다양한 제품이 존재합니다. 공식 문서에는 최근에 추가된 MikroORM과 함께 TypeORM, Sequelize를 적용하는 방법이 소개되어 있습니다. 이 책에서는 TypeORM을 사용합니다.

개발 및 실행 환경

이 책에서는 REST API 기반 기술만을 대상으로 합니다. 웹소켓, RPC나 GraphQL을 적용하면 약간 씩 달라지는 부분이 있는데 이런 기술들을 적용하는 부분은 공식 문서를 참조하기 바랍니다.

모든 예제와 실행 결과는 macOS 기준입니다. 리눅스에서 실행하는 분은 거의 그대로 활용 가능합니다. 윈도우에서 실행하는 독자는 다른 자료를 함께 참고하면서 실습하면 쉽게 따라 할 수 있습니다.

예제 코드

예제 코드는 직접 만들고 테스트를 거쳐 깃허브에 공개해뒀습니다. 하지만 간단한 개념을 설명하는 예제는 공식 문서에서 그대로 가져온 것들도 있습니다. 지면상 전체 코드를 담을 수 없기 때문에 코드 조각만 담은 부분도 많이 있습니다. 전체 코드는 깃허브의 코드를 참고하세요.

- https://github.com/dextto/book-nestjs-backend

3장부터는 NestJS에서 제공하는 기본 컴포넌트를 설명하고, 관련 예제 코드를 examples 디렉터리 아래에 작성해뒀습니다. 심화 학습과 관련한 소스 코드는 advanced 디렉터리에 있습니다. examples 디렉터리 내의 각 디렉터리에 있는 코드는 서로 관련이 없습니다. advanced 역시 마찬가지입니다. NestJS로 만들어갈 실제 서비스와 관련된 코드는 user-service 디렉터리 아래에 작성했습니다. user-service 디렉터리 내의 코드들은 서비스를 점차 구현해가면서 살을 붙여가도록 구성되어 있습니다.

NestJS의 주요 개념에 대해 처음 접한 분들도 이해할 수 있도록 최대한 쉽게 풀어 쓰고자 했습니다. 잘못된 부분 또는 토의가 필요하다면 깃허브에 이슈를 등록하거나 이메일로 연락해주세요.

HTTP API 테스트 툴

API 테스트 프로그램으로는 Postman 같은 상용 툴을 많이 씁니다. 하지만 가볍게 테스트하는 목적이라면 콘솔의 curl 또는 크롬 확장 프로그램 Talend API Tester를 이용해도 됩니다. curl 사용법은 따로 설명하지 않습니다.

```
$ curl -X GET http://localhost:3000/users
This action returns all users
```

크롬 브라우저용 확장 프로그램인 Talend API Tester는 다음 주소에서 다운로드합니다. 책에서는 이 두 가지 툴을 필요에 따라 사용합니다.

• https://chrome.google.com/webstore/detail/talend-api-tester-free-ed/aejoelaoggembcahagim diliamlcdmfm/

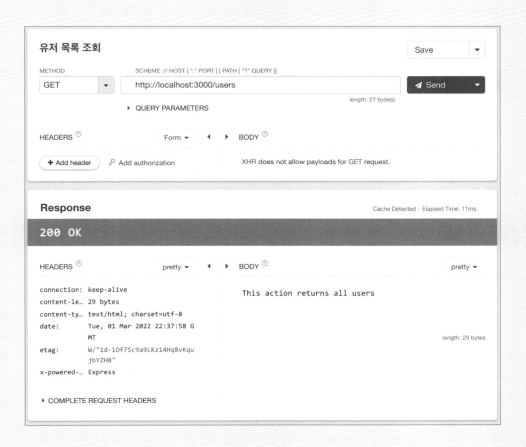

Hello NestJS

1장에서는 NestJS를 처음 접하는 분들을 위해 NestJS를 소개합니다. NestJS를 설치하고 간단한 서버를 로컬에서 실행해볼 것입니다.

NestJS 또는 줄여서 Nest는 Node.js의 유연함을 그대로 가지면서도 프레임워크 내에 유용한 기술을 이미 다수 구현해뒀습니다. 나에게 맞는 라이브러리를 찾아 헤매기 전에 NestJS가 제공하는 컴포넌트의 개념을 하나씩 익혀가면서 웹 서버 개발에 익숙해지도록 합시다.

1.1 NestJS의 장점

NestJS는 Node.js에 기반을 둔 웹 API 프레임워크로서 **Express** 또는 **Fastify** 프레임워크를 래핑하여 동작합니다. Express와 Fastify는 모두 Node.js를 쉽게 사용하기 위해 만들어진 프레임워크입니다. NestJS는 기본 설치 시 Express를 사용합니다. Fastify는 Express와의 벤치마크 결과 2배 정도 빠른 속도를 자랑합니다. 그럼에도 NestJS가 기본으로 Fastify를 사용하지 않는 이유는 Express가 가장 널리 사용되고 있고 수많은 미들웨어가 NestJS와 호환되기 때문입니다.

Node.js는 손쉽게 사용할 수 있고 뛰어난 확장성을 가지고 있지만, 과도한 유연함으로 인해 결과물 소프트웨어의 품질이 일정하지 않고 알맞은 라이브러리를 찾기 위해 사용자가 많은 시간을 할애해야 합니다. 이에 반해 NestJS는 데이터베이스, 객체 관계 매핑object-relational mapping, ORM, 설정(구성) configuration, 유효성 검사 등 수많은 기능을 기본 제공합니다. 그러면서도 필요한 라이브러리를 쉽게 설치하여 기능을 확장할 수 있는 Node.js 장점은 그대로 가지고 있습니다.

NestJS는 **앵귤러**Angular로부터 영향을 많이 받았습니다. 모듈/컴포넌트 기반으로 프로그램을 작성함으로써 재사용성을 높입니다. 또 제어 반전inversion of control, IoC, 의존성 주입dependency injection, DI, 관점 지향 프로그래밍aspect-oriented programming, AOP 같은 객체 지향 개념을 도입했습니다. 프로그래밍 언어는 타입스크립트를 기본으로 채택하여 타입스크립트가 가진 타입 시스템의 장점을 누릴 수 있습니다.

웹 프레임워크가 갖춰야 할 필수 기능이라면 다음과 같은 것들이 있습니다.

- 최신 ECMA스크립트 지원
- 타입스크립트(선택 사항이지만 사용 추세가 계속 늘어나고 있음)
- CQRScommand query responsibility separation
- HTTP 헤더 보안(Express는 helmet을 사용)
- 편리한 설정
- 인터셉터interceptor
- 다양한 미들웨어middleware
- 스케줄링
- 로깅
- 테스팅
- 스웨거Swagger 문서화
- ORM

NestJS는 이 중 대부분을 프레임워크에 내장하고 있고, 내장하지 않은 기능 역시 쉽게 다른 모듈을 가져다 쓸 수 있습니다.

1.2 Express가 좋을까, NestJS가 좋을까

Node.js기반 웹 프레임워크 중 어떤 것을 선택할지 고민하고 계신 분을 위해 참고가 될 만한 자료를 소개합니다. Express는 이미 많은 회사가 채택하여 운용되고 있는 검증된 프레임워크입니다. 사실 앞에서 이야기했듯 NestJS 역시 Express를 기본으로 채택하고 그 위에 여러 기능을 미리 구현해놓은 것입니다. 둘을 간단히 비교하면 다음 표와 같습니다.

구분	Express	NestJS
유연함/확장성	Express는 가볍게 테스트용 서버를 띄울 수 있습니다. 아이디어를 빠르게 검증하는 데에는 좋지만, 단순하고 자유도가 높은 만큼 자기에게 맞는 라이브러리를 찾기 위해 발품을 팔아야 합니다. 보일러플레이트를 미리 얹어놓은 깃허브 저장소(repository)들이 있으니 이를 활용해도 좋습니다.	미들웨어(middleware), IoC, CQRS 등 이미 많은 기능을 프레임워크 자체에 포함합니다. 사용자는 문서를 보고 쉽게 따라 할 수 있습니다. 원하는 기능이 없다면 다른 라이브러리를 적용해서 사용하면 됩니다.
타입스크립트 지원	추가 설정을 통해 사용 가능합니다.	기본 설정입니다. 바닐라 자바스크립트[1]로도 작성 가능합니다.
커뮤니티	가장 큽니다.	꾸준히 증가하고 있습니다.

그렇다면 왜 NestJS를 선택해야 할까요?

State of JS 2021 설문 조사 결과[2]를 보면 사용 경험은 아직 저조합니다. Express가 상위에 있는 이유는 NestJS가 그러하듯 다른 프레임워크들이 Express를 기반으로 만들어진 탓도 있습니다. 그만큼 인기가 높다는 뜻이겠습니다.

이어서 설문 조사 결과를 살펴볼 텐데, 여기서 SvelteKit, Remix, Astro는 출시된 지 얼마 되지 않은 프레임워크입니다. SvelteKit는 사용자의 브라우저에서 프레임워크 소스를 다운로드하지 않는 방식으로 빠른 실행 능력을 보여줍니다. Remix는 Next.js와 유사한 SSRserver-side rendering 프레임워크이고, Astro는 자바스크립트를 모두 걷어내 정적 사이트로 변환한 후 사용자의 상호작용이 필요할 때 필요한 부분만 다운로드하는 방식을 사용합니다. Next.js와 Nuxt는 각각 리액트React와 Vue.js로 만든 SSR 프레임워크이고, Gatsby는 정적 페이지 생성기입니다. SSR을 사용하면 검색 엔진 최적화search engine optimization, SEO에 유리하고 초기 로딩 속도가 빠르다는 장점이 있습니다. 한편 정적 페이지 생성기는 블로그같이 내용이 사용자 반응에 따라 바뀌지 않는 웹사이트를 쉽게 생성해줍니다. Next.js, Gatsby가 인기가 높은 이유는 리액트 기반으로 만들어진 프레임워크이기 때문입니다. 프런트엔드 프레임워크로는 리액트[3]의 인기가 매우 높기 때문에 리액트 유저들은 자연스럽에 리액트 기반으로 백엔드 프레임워크도 선택하게 됩니다. 엄밀히 말해 Next.js, Gatsby, Nuxt는 모두 프런트엔드의 영역에 가깝고 순수 백엔드 프레임워크라고는 할 수 없습니다. 프레임워크가 해결하고자 하는 목적에 맞게 도입해서 함께 사용하면 좋은 프레임워크들입니다.

State of JS 2021 설문 조사 결과를 만족도와 인지도 등의 측면에서 살펴보겠습니다.

---

1 라이브러리나 프레임워크가 포함되지 않은 순수 자바스크립트
2 https://2021.stateofjs.com/ko-KR/libraries/back-end-frameworks
3 리액트는 정의상 라이브러리이지만 실제로 프레임워크에 가깝게 사용되고 있어 이 책에서는 엄밀하게 구분하지 않고 프레임워크로 분류했습니다.

만족도

NestJS 사용자들의 만족도는 여러 프레임워크 중 중간 정도 순위로 85% 정도로 나왔습니다. 다른 프레임워크를 모두 접해본 건 아니지만, 개인적으로는 NestJS로 개발하는 것이 Express에 비해 생산성이 더 좋고 모듈화가 편했습니다.

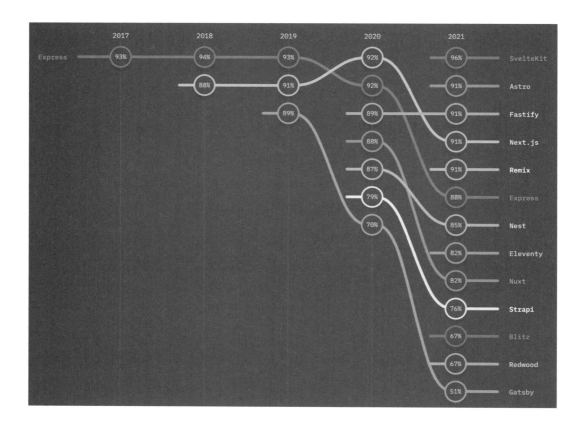

인지도

NestJS의 인지도는 69% 정도입니다. Express의 97%라는 수치에 비하면 낮은 수치인 것이 사실입니다. 인기 있는 Express를 사용하는 것이 나은 선택으로 보일 수 있지만 상용 제품을 만들기까지 시간이 오래 걸릴 수 있습니다. NestJS는 백엔드 서버가 갖춰야 하는 많은 필수 기능을 프레임워크 내에 내장했고, 필요한 기능을 추가로 설치하고 적용하기도 쉽습니다. DI, IoC를 채용하여 객체 지향 프로그래밍과 모듈화를 쉽게 할 수 있습니다. Express를 사용한다면 이 모든 것을 npm에서 찾고 검토하는 과정이 필요합니다. 단순히 인지도만 볼 것이 아니라, 필요한 기능들을 하나씩 검토하고 선택하는 데 들어가는 노력도 무시할 수 없습니다.

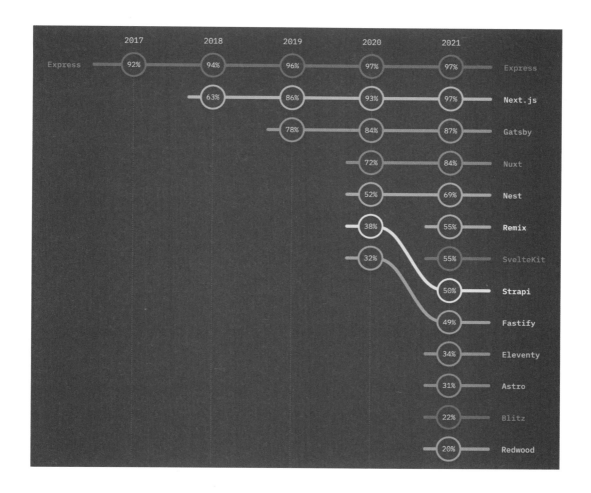

성능

NestJS 깃허브[4]에는 PR이 제출될 때마다 Express, Fastify와의 성능 벤치마크 결과[5]가 공개됩니다.

	Req/sec	Trans/sec	Req/sec DIFF	Trans/sec DIFF
Nest-Express	8390	1.91MB	-4.31%	-4.37%
Nest-Fastify	32108	5.39MB	-6.83%	-6.94%
Express	8929	2.03MB	-0.27%	-0.50%
Fastify	33428	5.58MB	-1.14%	-1.09%

---

4   https://github.com/nestjs/nest
5   예를 들어 다음 주소와 같이 각 PR의 Checks 탭에서 확인할 수 있습니다.
    https://github.com/nestjs/nest/pull/9339/checks?check_run_id=5624461430

NestJS에 Express와 Fastify를 적용했을 경우를 각각 구분하고, Express/Fastify 자체 성능도 측정합니다. 측정 결과를 보면 Express가 Fastify보다 느리고, NestJS에 각각을 적용하면 약간 더 성능이 떨어지는 것을 알 수 있습니다. 이는 NestJS가 기본 제공하는 프레임워크의 크기가 크기 때문입니다. 하지만 순수 Express/Fastify로 서버를 개발하다 보면 필수로 요구하는 라이브러리들을 추가하기 마련이고 결국 NestJS에서 제공하는 기능을 모두 구현한다고 하면 성능이 크게 차이가 나지 않게 됩니다.

지속 가능성

Express 깃허브[6]를 보면 최근 4.17.2 및 4.17.3 버전을 업데이트했지만 그 전까지는 몇 년간 개발이 정체되어 있었습니다. 5.0을 준비하고 있기 때문일 수도 있고, 매우 안정적인 프레임워크라서 문제없이 운용되고 있다는 반증으로 볼 수 있지만 최신 트렌드를 따라가지 못한다는 우려가 있는 것도 사실입니다. 반면 NestJS는 꾸준히 발전하고 있습니다. 2022년 3월에 8.4.0을 릴리스했고, 깃허브를 통해 커뮤니케이션도 활발히 하고 있습니다.

1.3 NestJS 설치

1.3.1 Node.js 설치

새로운 언어를 배울 때처럼 'Hello World!'부터 찍어볼까요? 우선 NestJS로 서버를 하나 만들어보겠습니다. 원리는 몰라도 됩니다.

NestJS는 **Node.js**를 기반으로 합니다. 따라서 먼저 Node.js 공식 사이트 다운로드 페이지에서 자신에게 맞는 버전의 Node.js를 설치합니다. 안정 버전인 LTS를 선택하는 것을 권장합니다. 집필 시점에서 최신 LTS 버전은 16.14.0입니다.

- https://nodejs.org/ko/download

다운로드 후 설치 파일을 실행하거나 소스 코드에서 직접 빌드해서 설치해도 됩니다. Node.js 설치 방법은 공식 사이트에도 잘 정리되어 있으니 혹시 설치에 어려움을 겪는다면 공식 사이트를 참고하길 바랍니다.

---

6 https://github.com/expressjs/express

	LTS 대다수 사용자에게 추천		현재 버전 최신 기능
	Windows Installer node-v16.14.0-x86.msi	macOS Installer node-v16.14.0.pkg	Source Code node-v16.14.0.tar.gz
Windows Installer (.msi)	32-bit		64-bit
Windows Binary (.zip)	32-bit		64-bit
macOS Installer (.pkg)	64-bit / ARM64		
macOS Binary (.tar.gz)	64-bit		ARM64
Linux Binaries (x64)	64-bit		
Linux Binaries (ARM)	ARMv7		ARMv8
Source Code	node-v16.14.0.tar.gz		

그 밖의 플랫폼

Docker Image	Official Node.js Docker Image
Linux on Power LE Systems	64-bit
Linux on System z	64-bit
AIX on Power Systems	64-bit

1.3.2 NestJS 프로젝트 생성

Node.js를 설치하면 기본적으로 **npm**Node Package Manager이 함께 설치됩니다. npm은 Node.js에서 사용하는 패키지 관리자입니다. https://www.npmjs.com에 등록된 라이브러리[7]들을 쉽게 설치, 삭제할 수 있게 해줍니다.

간단히 NestJS 서버를 구성하기 위해 먼저 **@nestjs/cli**를 설치하겠습니다. 다음 명령어를 콘솔에 입력해봅시다.

```
$ npm i -g @nestjs/cli
```

i 명령어는 install 명령어의 약어입니다. -g 옵션은 컴퓨터의 글로벌 환경에 설치하겠다는 것으로, 모든 디렉터리에서 해당 패키지를 실행할 수 있습니다. 참고로 글로벌 환경에서 패키지가 설치되는 경로는 npm root -g 명령어로 확인할 수 있습니다.

설치가 끝났으면 프로젝트 초기화를 해봅시다.

---

7 이 책에서는 패키지와 라이브러리를 동일한 의미로 사용합니다.

```
$ nest new project-name
```

project-name은 적당한 이름으로 바꿔 입력해도 됩니다. 설치 도중 패키지 매니저를 어느 것으로 정할지 묻는 화면이 나오면 선호하는 것으로 선택합니다. 무난하게 npm을 선택하는 것을 권장합니다. 참고로 **yarn** 역시 npm과 함께 많이 쓰이는 자바스크립트 라이브러리 패키지 매니저로, npm과 마찬가지로 라이브러리 간 의존성을 관리할 수 있습니다.

설치를 마치면 보일러플레이트boilerplate[8] 코드가 생성됩니다. 디렉터리 구조는 다음과 같을 것입니다.

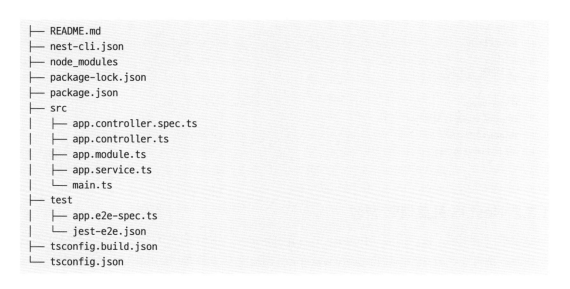

```
├── README.md
├── nest-cli.json
├── node_modules
├── package-lock.json
├── package.json
├── src
│   ├── app.controller.spec.ts
│   ├── app.controller.ts
│   ├── app.module.ts
│   ├── app.service.ts
│   └── main.ts
├── test
│   ├── app.e2e-spec.ts
│   └── jest-e2e.json
├── tsconfig.build.json
└── tsconfig.json
```

> **NOTE** 혹은 NestJS 공식 예제 스타터 프로젝트를 클론해서 시작해도 좋습니다.
>
> • https://github.com/nestjs/typescript-starter

이렇게 하면 nest new로 프로젝트를 셋업한 것보다 더 최신 버전의 라이브러리들로 구성됩니다.

서버를 실행하기 위해 프로젝트가 설치된 경로로 이동한 후, 다음 명령어를 입력해 이 책의 예제 코드 저장소를 클론합니다.

```
$ git clone https://github.com/dextto/book-nestjs-backend.git
$ cd book-nestjs-backend/examples/ch1-intro/
$ npm install
$ npm run start:dev
```

---

8 꼭 필요한 기본 기능을 미리 준비해놓은 코드

운영이 아닌 개발 단계에서는 `npm run start` 대신 `npm run start:dev` 명령어를 이용하는 게 좋습니다. `package.json`에 기술된 스크립트를 보면 `start:dev` 키에 해당하는 값은 `nest start --watch`입니다. `--watch` 옵션은 소스 코드 변경을 감지하여 코드를 저장할 때마다 서버를 다시 구동하는 옵션입니다.

서버가 localhost에서 구동된 것을 확인할 수 있습니다.

```
[Nest] 13383  - 2021-09-10 9:38:54      LOG [NestFactory] Starting Nest application...
[Nest] 13383  - 2021-09-10 9:38:54      LOG [InstanceLoader] AppModule dependencies initialized +27ms
[Nest] 13383  - 2021-09-10 9:38:54      LOG [RoutesResolver] AppController {/}: +6ms
[Nest] 13383  - 2021-09-10 9:38:54      LOG [RouterExplorer] Mapped {/, GET} route +3ms
[Nest] 13383  - 2021-09-10 9:38:54      LOG [NestApplication] Nest application successfully started +4ms
```

브라우저로 로컬 서버(localhost:3000)에 접속해서 잘 동작하는지 확인해봅시다.

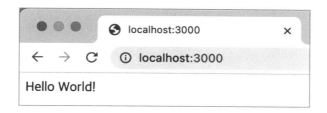

포트는 기본으로 3000번으로 설정되어 있는데, `main.ts` 파일을 보면 3000번 포트를 설정했음을 확인할 수 있습니다.

```
async function bootstrap() {
  const app = await NestFactory.create(AppModule);
  await app.listen(3000);
}
bootstrap();
```

1.4 책에서 만들 애플리케이션: 유저 서비스

이 책에서는 예제 프로젝트로 모든 웹 애플리케이션의 필수 기능이라고 할 수 있는 유저 서비스를 함께 만들어갑니다.

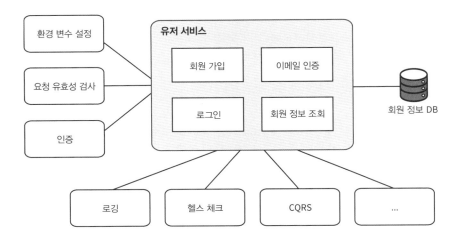

유저 서비스는 다음과 같은 기능을 제공해야 합니다.

- '회원 가입' 화면을 통해 유저 정보(이메일, 이름, 패스워드)를 입력받아 신규 회원 가입 처리를 수행하고 회원 정보를 데이터베이스에 저장합니다. 유저는 '가입 준비' 단계에 있게 됩니다.
- 회원 가입 과정에서 입력받은 이메일로 회원 가입 확인 이메일을 전송합니다. 유저는 이메일을 확인하고 회원 가입 인증을 요청합니다. 이메일 본문에는 회원 가입 검증 요청 링크가 포함되어 있습니다. 이 링크를 통해 회원 가입 인증 요청이 들어오면 가입 준비 단계에서 승인 완료 상태로 변경됩니다. 이때 이메일 인증의 응답으로 바로 액세스 토큰을 전달하여 로그인 상태로 바꿉니다(사용자가 인증 후 다시 로그인 과정을 거칠 필요가 없도록).
- 회원 가입이 완료된 사용자가 이메일과 비밀번호로 로그인 요청을 보낼 경우 이를 처리합니다. 로그인 기능은 사실 사용자 에이전트(브라우저, 모바일 앱 등)에 액세스 토큰를 발급하는 일입니다.
- 로그인한 사용자는 자신의 정보를 조회할 수 있습니다.

예제 서비스가 제공하는 기능은 단순하지만 이런 단순한 서비스를 개발하기 위해 부가적으로 해야할 일이 많이 있습니다.

- **환경 변수 설정**: 서버는 여러 환경에서 실행됩니다. 개발자의 로컬local 개발 환경, 개발된 기능을 실제 사용자에게 배포하기 전에 테스트용 서버에 배포하는 스테이지stage 환경, 그리고 실제 운영하는 프로덕션production 환경으로 보통 구성합니다. 각 환경에서 사용되는 변수가 달라지는 것들이 있다면 환경 변수를 다르게 구성할 수 있어야 합니다.
- **요청 유효성 검사**: 프런트엔드에서 들어오는 요청은 잘못된 값을 가지는 경우가 빈번합니다. 사용자가 값을 잘못 입력하기도 하고 프런트엔드에서 걸러지지 않은 잘못된 값이 유입되는 경우도 있

습니다. 이 경우 서버에서는 핵심 로직을 수행하기 전에, 값이 제대로 전달되었는지 판단하여 잘못 전달된 경우라면 400 Bad Request 에러로 응답해야 합니다. 예를 들어 로그인 요청에서 이메일을 넣어야 하는데 이메일 형식이 아닌 문자열이 전달되면 에러로 처리해야 합니다.

- **인증**: 사용자의 리소스에 접근하기 위해서는 권한이 필요하고 로그인 과정을 거쳐야 합니다. 로그인을 거친 유저는 요청마다 로그인을 할 필요는 없고 인증 과정을 거친 다음 후속 동작을 수행할 수 있습니다. 인증을 처리하는 방법은 여러 가지가 있습니다. 이 책에서는 토큰 방식, 그중에서도 JSON 웹 토큰JSON Web Token, JWT을 이용하는 방식을 사용합니다.

- **로깅**: 서버를 운용하기 위해서는 로그를 잘 기록해야 합니다. 특히 이슈가 발생했을 때 원인을 빠르고 정확하게 파악하는 데에 로그는 매우 유용하게 사용됩니다. 사내 사용자가 무슨 동작을 수행했는지 감사 로그를 남겨 외부에 기록을 제출해야 하는 경우도 있습니다.

- **헬스 체크**: 서버의 심장이 잘 뛰고 있는지, 즉 서버의 상태가 양호한지 주기적으로 검사합니다. 만약 서버 상태가 좋지 않다면 경고를 울려서 개발자가 빠르게 대응할 수 있게 방안을 마련해야 합니다.

- **CQRS**: 복잡한 소프트웨어를 만들다 보면 소스 코드가 스파게티처럼 얽히게 되는 경우가 생깁니다. 예를 들어 데이터베이스에 변형을 가하는 명령과 데이터 읽기 요청을 처리하는 조회 로직을 분리함으로써 성능, 확장성, 보안을 강화할 수 있습니다(16장에서 다시 살펴봅니다).

- **클린 아키텍처**: 양파onion 아키텍처, 육각형 아키텍처에서 발전한 클린 아키텍처는 SW의 계층을 분리하고 저수준의 계층이 고수준의 계층에 의존하도록 합니다. 의존의 방향이 바뀌는 경우가 있다면, 의존관계 역전 원칙dependency inversion principle, DIP을 활용하여 안정적인 소프트웨어를 작성할 수 있어야 합니다(17.2절에서 다시 살펴봅니다).

- **단위 테스트**: 소프트웨어에 변경이 생긴다면 반드시 테스트를 해야 합니다. 단위 테스트는 유저의 입장에서 수행하는 테스트가 아닌 개발자가 테스트 코드를 이용하여 수행하는 최소 단위의 테스트 기법입니다. 내가 만든 코드 조각이 동작하는 조건을 기술하고, 주어진 입력에 대해 원하는 결과가 나오는지 검사합니다.

NestJS에서 제공하는 패키지를 이용하여, 이 많은 기능을 곧 함께 만들어보겠습니다.

> **NOTE** UI를 다루는 프런트엔드 기능은 이 책에서 구현하지 않습니다. 프런트엔드는 리액트, Vue 등 좋은 프레임워크가 많이 있습니다. 필요하다면 다른 자료로 함께 공부하면서 구현해보는 것도 좋겠습니다.

CHAPTER 2

웹 개발 기초 지식

이번 장에서는 NestJS를 본격적으로 학습하기 전에 웹 개발자로서 알아두면 좋은 지식들을 소개합니다. 다른 자바스크립트 기반 웹 프레임워크와 타입스크립트에 익숙한 독자라면 편하게 읽어도 좋겠습니다.

2.1 웹 프레임워크

처음 세상에 등장했을 때 인터넷은 정적인 이미지와 텍스트로만 이루어진 거대한 문서 저장소와 같았습니다. 웹 페이지를 만들려면 HTML만 있으면 충분했습니다. 이후 인터넷은 현재의 모습처럼 전자 상거래, 금융 등 수많은 분야의 일을 처리할 수 있게 발전했고, 필요한 애플리케이션 역시 웹과 모바일 앱 양쪽으로 작성되고 있습니다. 자바스크립트는 대부분의 유저가 사용하는 웹 브라우저에 내장되었습니다. 자바스크립트는 화면을 동적으로 구성하기 위한 필수 도구로 부상했습니다. 그리고 웹 기반 애플리케이션을 작성하기 위해 반드시 배워야 하는 언어가 되었습니다.

예전에는 웹 페이지에서 구동되는 애플리케이션은 모두 **SSR**server-side rendering 방식으로 동작했습니다. 즉 서버가 요청을 처리한 다음 HTML과 자바스크립트 응답을 브라우저에 전송하면 브라우저는 서버로부터 전달되는 HTML 코드를 화면에 뿌려주기만 하면 됐습니다. 이후 동적으로 구성되는 부분은 함께 전달된 자바스크립트를 파싱하여 화면을 구성했습니다. 그 시절에는 유용한 자바스크립트 소스 코드만 따로 모아두기도 했고 학원 강사들은 그런 걸 팁으로 알려주곤 했습니다.

하지만 시간이 지날수록 웹 기술은 고도의 복잡도를 띠며 발전했고 웹 앱을 만드는 데 필수인 기술들을 기존 방식으로 작성하기에는 개발자의 시간과 노력이 너무 많이 들게 되었습니다. 자연스럽게 웹 개발에 필수적인 요소들을 묶어 개발자들이 쉽게 쓸 수 있게 하고자 하는 시도가 생겨났습니다. 그 결과물을 **웹 프레임워크**web framework라고 부릅니다.

예를 들어 웹 프레임워크는 데이터베이스에 연결을 설정하고 데이터를 관리하거나, 세션을 맺고 유지하는 등의 동작을 정해진 방법과 추상화된 인터페이스로 제공합니다. 이 방법들이 프레임워크 사용자의 자유도를 제약한다고 생각할 수도 있지만 프레임워크에서 표준으로 제시하는 방법을 이용하면 쉽고 빠르게 안정적인 애플리케이션을 구축할 수 있습니다. 프레임워크는 뼈대, 골조라는 뜻인데, 미리 만들어둔 뼈대를 세우고 살을 붙여가는 작업을 하기만 되기 때문에 붙여진 이름이라 하겠습니다.

업계에서 많이 사용되는 웹 프레임워크에 다음과 같은 것들이 있습니다. 백엔드, 프런트엔드를 구분하지는 않았습니다.

프레임워크	개발 언어	설명
리액트	자바스크립트/타입스크립트	• 싱글 페이지 애플리케이션(single-page application, SPA)이나 모바일 앱 개발에 사용된다. • 최근 몇 년간 가장 인기 있는 프런트엔드 프레임워크 • 가상의 문서 객체 모델(Document Object Model, DOM)을 사용한다. • 메타가 주도하는 커뮤니티에서 유지 보수되고 있다.
Vue.js	자바스크립트/타입스크립트	• 리액트와 함께 인기 있는 프런트엔드 프레임워크. SPA를 구축할 수 있다. • 모델-뷰-뷰모델(model-view-viewmodel, MVVM) 패턴에서 뷰모델(viewmodel, VM) 레이어에 해당하는 라이브러리 • 속도가 빠르다.
앵귤러	타입스크립트	• SPA를 위한 프레임워크면서 SSR을 지원한다. • 모듈/컴포넌트 기반으로 작성하며 재사용성 높은 SW를 만들 수 있다. • 2021년 말 LTS 지원이 중단되었다.
스벨트(Svelte)	자바스크립트/타입스크립트	• 리액트, Vue.js를 제치고 최근 인기 순위 1위로 등극한 프런트엔드 프레임워크 • 가상 DOM을 사용하지 않는다. • 적은 코드로 구현이 가능하고 따라서 유지 보수가 용이하다.
Express	자바스크립트/타입스크립트	• 가장 많은 사용자를 가지고 있는 Node.js 기반 백엔드 프레임워크 • 가볍게 서버를 구동할 수 있다. • NestJS와 같이 Express를 기반으로 하는 프레임워크도 존재한다.
스프링(Spring)	자바/코틀린	• 국내에서 인기가 높은 자바 기반 프레임워크. • 전자정부 표준프레임워크를 이용하는 프로젝트를 수행하기 위해서는 스프링을 알아야 하기 때문에 그 영향력이 크다. • IoC, DI, AOP 같은 객체 지향 프로그래밍 기법을 쉽게 적용할 수 있다.

프레임워크	개발 언어	설명
아파치 스트러츠 (Apache Struts)	자바	• 주로 자바 기반의 JSP에 사용되는 프레임워크 • 모델-뷰-컨트롤러(model-view-controller, MVC) 패턴 기반의 웹 애플리케이션을 쉽게 작성할 수 있게 해준다. • 한때 JSP가 많이 사용되었으나 최근에는 추천하지 않는다.
장고(Django)	파이썬	• 파이썬 기반 웹 프레임워크의 표준이라 할 수 있다. • MVC 패턴을 사용한다.
Gin	Go	• Go 언어 기반의 웹 프레임워크
루비 온 레일즈 (Ruby on Rails)	루비	• 간결한 문법과 뛰어난 생산성으로 인기를 얻었다. • ActiveRecord를 이용하여 쿼리를 쉽게 다룰 수 있게 해준다.

이 밖에도 많은 프레임워크가 존재합니다. 위에서 소개한 것들은 국내에서 많이 사용되거나 인기 있는 프레임워크입니다.

프런트엔드 프레임워크는 최근 몇 년간 리액트가 크게 인기를 얻으면서 많은 서비스가 SPA 기반으로 구축되었습니다. SPA는 SSR 방식과 다르게 서버로부터 매 요청에 대해 최소한의 데이터만 응답으로 받고 화면 구성 로직을 프런트엔드에서 처리합니다. 따라서 페이지 이동 시 화면이 깜빡거리는 등의 어색한 화면이 줄어듭니다. 반면 첫 화면 진입 시 프런트엔드 애플리케이션을 다운로드해야 하므로 초기 로딩 속도가 오래 걸립니다. 최근에는 새롭게 등장한 스벨트가 주목을 받고 있습니다.

백엔드 프레임워크는 자바 진영에서는 스프링, 파이썬 개발자들 사이에선 장고가 대세입니다. 스프링은 특히 국내에서 인기가 많습니다. 국내 빅테크 기업들에서 많이 사용하기도 하고 특히 정부 프로젝트를 따려면 전자정부 표준프레임워크를 사용해야 하는데 이게 스프링 기반으로 만들어져 있기 때문입니다. 루비는 루비 온 레일즈가 그 명성을 잇고 있고, Go 언어 기반의 백엔드 프레임워크는 딱히 시장을 장악한 것은 없는 듯합니다.

웹 프레임워크를 선택할 때 고민이 된다면 다음 사항들을 고려해보면 좋습니다.

• **개발 문서**: 쉽게 이해할 수 있게 잘 쓰인 개발 문서는 사용자의 생산성을 올려줍니다. 커뮤니티에 질문하고 원하는 답변을 얻으려면 시간이 오래 걸릴 수 있습니다. 문서를 통해 현재 문제를 해결할 수 있다면 가장 좋습니다.

• **사용자 수**: 사용자 수가 많다는 것은 그만큼 안정적으로 운용된다는 반증입니다. 더불어 궁금한 점이 생겼을 때 개발자 커뮤니티에서 답을 쉽게 찾을 수도 있습니다.

• **활성 커뮤니티**: 요즘에는 언어나 특정 기술에 대한 개발자 커뮤니티가 많이 있습니다. 메타, 슬랙, 디스코드 같은 채널 외에도, 질문/답변 서비스를 제공하는 스택 오버플로에서도 해당 기술을 키워드로 검색하면 얼마나 많은 사람이 활동하고 있는지 가늠해볼 수 있습니다.

- **깃허브 스타 수와 이슈 대응**: 대부분의 프레임워크는 오픈소스로 개발하며 소스 코드가 깃허브에 공개되어 있습니다. 깃허브 스타 수는 그만큼 사람들이 인정하고 있다는 뜻입니다. 또 사용자들이 리포트하는 이슈가 얼마나 잘 대응되고 있는지도 중요한 요소입니다. 개발이 멈춘 프로젝트는 최신 언어 트렌드와 아키텍처를 따라잡지 못하고 있을 수 있습니다.

빠르게 아이디어를 구현해보기 위해 프로토타입을 만들거나 서비스 사용자가 많지 않을 때는 자바스크립트, 파이썬, 루비 같은 스크립트 언어로도 충분히 운용이 가능합니다. 쉬운 문법과 사용하기 편한 프레임워크를 적용하는 게 초기 서비스를 키우는 데에 적합할 것입니다. 하지만 서비스가 성공해서 사용자와 트래픽이 크게 늘어나면 처리 속도가 매우 중요한 시점이 오게 됩니다. 이럴 경우 스크립트 언어로 작성된 소스 코드를 컴파일러 언어 기반의 프레임워크로 리뉴얼 작업을 하기도 합니다. 사실 요기요의 사례[1]와 같이 장고 기반으로도 얼마든지 큰 트래픽을 감당하는 서비스도 존재하긴 합니다. 물론, 개발보다는 성공한 서비스를 만들기가 더 힘들고 또 중요한 일입니다. 일반적인 내용으로 받아들이기 바랍니다.

2.2 Node.js

Nest는 Node.js를 기반으로 동작합니다. 정확히는 Nest로 작성한 소스 코드를 Node.js 기반 프레임워크인 Express나 Fastify에서 실행 가능한 자바스크립트 소스 코드로 컴파일하는 역할을 합니다. 따라서 Node.js의 동작 원리를 이해하면 개발할 때 도움이 됩니다.

Node.js는 2009년에 릴리스되었습니다. 그 전까지 자바스크립트는 프런트엔드에서만 사용하는 언어라는 인식이 강했고 실제로 그랬습니다. 웹 시장이 커지자 동적 페이지를 다루기 위해 HTML 내 `<script>` 태그로 삽입하여 주로 사용하기도 했습니다. 하지만 브라우저에 삽입된 소스 코드가 그대로 노출되므로 보안에 취약하다는 인식이 있었고, 사용은 많이 하지만 '어디까지나 스크립트 언어'라는 괄시를 받았습니다.

이후 Node.js의 등장으로 자바스크립트를 이용하여 서버를 구동할 수 있게 되었습니다. 프런트엔드와 백엔드에서 같은 언어를 사용한다는 것은 큰 장점입니다. 같은 개발자가 풀스택[2]으로 개발할 경우 생산성을 향상해주고, 프런트엔드/백엔드 개발자가 분리되어 있다 하더라도 커뮤니케이션 비용은 줄어듭니다. Node.js의 등장으로 자바스크립트는 당당히 하나의 언어로 인정받게 되었습니다. 2008년 구글은 크롬 브라우저를 출시하면서 자체 개발한 자바스크립트 엔진인 V8을 크롬에 내장했습니다. V8의 뛰어난 성능은 '자바스크립트는 느리다'는 인식을 바꾸어주었습니다.

---

1   https://techblog.yogiyo.co.kr/tagged/django
2   서버와 클라이언트 모두 한 개발자가 개발하는 것

Node.js는 npm이라는 패키지(또는 라이브러리) 관리 시스템을 가지고 있습니다. 누구나 자신이 만든 Node.js 기반 라이브러리를 등록하여 다른 사람들이 사용하게 공개할 수 있습니다. 공개하기는 싫지만 npm을 이용하여 사내에서 패키지를 관리하고자 한다면 유료로 비공개private로 등록하는 것도 가능합니다. npm 블로그에 따르면 2022년 3월 현재 등록된 패키지 수가 거의 190만 개에 다다릅니다.[3] 대부분의 소스 코드가 깃허브에 공개되어 있는데, 깃허브는 2020년 3월 npm을 인수했습니다. 마이크로소프트가 깃허브를 인수했으므로 사실상 npm은 마이크로소프트가 주도하게 되었습니다.

Nest 역시 Node.js를 기반으로 하므로 npm을 그대로 사용할 수 있습니다. 개발에 필요한 라이브러리가 있다면 npm으로 설치하면 됩니다. Nest 역시 npm에 등록되어 있으므로 1장에서 본 것처럼 npm으로 설치합니다. Nest 관련 패키지들을 확인하고 싶다면 npm 사이트에서 @nestjs로 검색해보세요.

Node.js의 특징은 다음과 같습니다.

단일 스레드에서 구동되는 논블로킹 I/O 이벤트 기반 비동기 방식

여러 작업 요청이 한꺼번에 들어올 때, 각 작업을 처리하기 위한 스레드를 만들고 할당하는 방식을 멀티스레딩multithreading이라고 합니다. 멀티스레딩 방식은 여러 작업을 동시에 처리하므로 작업 처리 속도가 빠르다는 장점이 있지만, 공유 자원을 관리하는 노력이 많이 들고 동기화를 잘못 작성하면 락lock에서 빠져나오지 못하는 경우가 발생할 수 있습니다. 스레드가 늘어날 때마다 메모리를 소모하게 되므로 메모리 관리 역시 중요합니다.

이에 비해 Node.js는 하나의 스레드에서 작업을 처리합니다. 사실 애플리케이션 단에서는 단일 스레드이지만 백그라운드에서는 스레드 풀을 구성해 작업을 처리합니다. 개발자 대신 플랫폼(정확히는 Node.js에 포함된 비동기 I/O 라이브러리 libuv[4])이 스레드 풀을 관리하기 때문에 개발자는 단일 스레드에서 동작하는 것처럼 이해하기 쉬운 코드를 작성할 수 있습니다. 웹 서버를 운용할 때는 CPU 코어를 분산해서 관리하므로 실제 작업은 여러 개의 코어에서 별개로 처리됩니다.

Node.js는 이렇게 들어온 작업을 앞의 작업이 끝날 때까지 기다리지 않고(논블로킹non-blocking 방식) 비동기로 처리합니다. 입력은 하나의 스레드에서 받지만 순서대로 처리하지 않고 먼저 처리된 결과를 이벤트로 반환해주는 방식이 바로 Node.js가 사용하는 단일 스레드 논블로킹 이벤트 기반 비동기 방식입니다.

---

3 패키지 개수 등의 통계는 https://www.npmjs.com에 로그인하면 우측에서 확인할 수 있습니다.
4 libuv는 Node.js에서 사용하는 비동기 I/O 라이브러리로서, 커널을 사용해 처리할 수 있는 비동기 작업을 발견하면 바로 커널로 작업을 넘기고, 이후 이 작업들이 종료되어 커널로부터 시스템 콜을 받으면 이벤트 루프에 콜백을 등록합니다. 커널이 지원하지 않는 작업일 경우 별도의 스레드에서 작업을 처리합니다.

Node.js의 장단점

이러한 단일 스레드 이벤트 기반 비동기 방식은 서버의 자원에 크게 부하를 가하지 않습니다. 이는 대규모 네트워크 애플리케이션을 개발하기에 적합합니다. 물론 스레드를 하나만 사용하기 때문에 하나의 스레드에 문제가 생기게 되면 애플리케이션 전체가 오류를 일으킬 위험이 있습니다.

하나의 스레드로 동작하는 것처럼 코드를 작성할 수 있다는 점은 개발자에게 큰 장점입니다. 멀티스레딩을 직접 만들고 관리하다 교착 상태deadlock에 빠져본 분들은 그 어려움을 공감할 것입니다.

Node.js의 단점은 컴파일러 언어의 처리 속도에 비해 성능이 떨어진다는 점입니다. 하지만 서버의 성능은 꾸준히 발전하고 있고, 엔진의 성능도 계속 향상되고 있어 웬만한 웹 애플리케이션을 만들기에는 손색이 없습니다. 다만 이벤트 기반 비동기 방식으로 복잡한 기능을 구현하다 보면 여러 이벤트를 동시에 처리하는 경우 '콜백 지옥'에 빠지는 경우가 있습니다. 코드가 대각선으로 쭉 들어가듯이 작성되면 가독성이 떨어지고 이해하기 어려운 코드가 양산됩니다.

하지만 ECMA스크립트 2015(ES6)에서 프로미스Promise가 도입되면서 간결한 표현으로 작성할 수 있게 되었고, ECMA스크립트 2017에서는 async/await가 추가되면서 비동기 코드를 마치 동기식으로 처리하는 것처럼 코드를 작성할 수 있게 되었습니다.

2.3 이벤트 루프

이벤트 루프는 시스템 커널에서 가능한 작업이 있다면 그 작업을 커널에 이관합니다. 자바스크립트가 단일 스레드 기반임에도 불구하고 Node.js가 논블로킹 I/O 작업을 수행할 수 있도록 해주는 핵심 기능입니다. 이벤트 루프를 공식 문서[5]의 설명만으로 이해하기는 쉽지 않을 수 있지만, Node.js에 기반해 개발을 하려면 꼭 알아야 할 내용이기에 여기에서 간략히 설명하겠습니다. Node.js에 익숙하지 않아 내용이 이해가 되지 않는다면 일단 건너뛰어도 좋습니다.

이번 절의 내용은 폴 샨Paul Shan의 블로그 게시물을 바탕으로 집필했습니다.[6] 해당 게시물에는 setImmediate, Process.nextTick이 동작하는 원리와 함께 다양한 예제들이 있으니 꼭 읽어보길 바랍니다.

이벤트 루프에는 6개의 단계phase가 있습니다. 다음 그림의 루프를 이루고 있는 왼쪽 부분에서 6개의 네모로 표시된 것들입니다. 각 단계는 단계마다 처리해야 하는 콜백 함수를 담기 위한 큐를 가지

---

5   https://nodejs.org/en/docs/guides/event-loop-timers-and-nexttick/

6   https://www.voidcanvas.com/nodejs-event-loop/

고 있습니다. 화살표는 각 단계가 전이되는 방향을 뜻합니다. 이후에 설명하겠지만 반드시 다음 단계로 넘어가는 것은 아닙니다. 각 단계에는 해당 단계에서 실행되는 작업을 저장하는 큐가 있습니다. 또한 이벤트 루프의 구성 요소는 아니지만 nextTickQueue와 microTaskQueue가 존재합니다. nextTickQueue와 microTaskQueue에 들어 있는 작업은 이벤트 루프가 어느 단계에 있든지 실행될 수 있습니다.

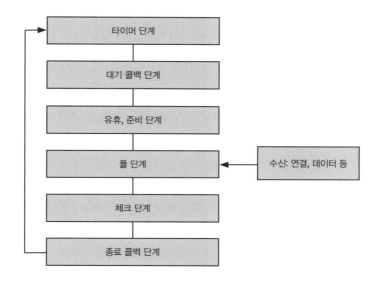

자바스크립트 코드는 유휴, 준비 단계를 제외한 어느 단계에서나 실행될 수 있습니다. `nextTickQueue`와 `microTaskQueue`는 이벤트 루프의 구성 요소는 아니고, 이 큐에 들어 있는 작업 역시 이벤트 루프가 어느 단계에 있든지 실행될 수 있습니다. `node main.js` 명령어로 Node.js 애플리케이션을 콘솔에서 실행하면 Node.js는 먼저 이벤트 루프를 생성한 다음 메인 모듈인 `main.js`를 실행합니다. 이 과정에서 생성된 콜백들이 각 단계에 존재하는 큐에 들어가게 되는데, 메인 모듈의 실행을 완료한 다음 이벤트 루프를 계속 실행할지 결정합니다. 큐가 모두 비어서 더 이상 수행할 작업이 없다면 Node.js는 루프를 빠져나가고 프로세스를 종료합니다.

각 단계를 차례대로 살펴보겠습니다.

타이머 단계

이벤트 루프는 **타이머 단계**timer phase에서 시작합니다. 타이머 단계의 큐에는 `setTimeout`이나 `setInterval`과 같은 함수를 통해 만들어진 타이머들을 큐에 넣고 실행합니다. now - registeredTime ≥ delta인 타이머들이 큐에 들어갑니다. 여기서 delta는 setTimeout(() => {}, delta)와 같이 타이머가 등록된 시각에서 얼마큼 시간이 흐른 후 동작해야 하는지를 나타내는 값입니다. 즉, 대상 타이머들은 이미 실행할 시간이 지났다는 뜻입니다. 타이머들은 최소 힙min heap[7]으로 관리됩니다. 힙을 구성할 때 기준으로 실행할 시각이 가장 적게 남은 타이머가 힙의 루트가 됩니다. 이 단계에서는 최소 힙에 들어 있는 타이머들을 순차적으로 찾아 실행한 후 힙을 재구성합니다.

예를 들어 딜레이 값이 100, 200, 300, 400인 4개의 타이머(A, B, C, D)를 특정 시간 t에 힙에 등록했다고 가정해보겠습니다. 최소 힙은 A ➡ B ➡ C ➡ D의 순으로 순회할 수 있도록 구성됩니다. 이제 이벤트 루프가 t+250 시각에 타이머 단계에 진입했다고 한다면, 힙에서 순차적으로 A, B, C, D 순으로 꺼내어 시간을 비교합니다. A, B는 이미 250만큼의 시간이 지났기 때문에 두 콜백은 실행이 되지만, C는 아직 시간이 지나지 않았기 때문에 실행되지 않습니다. D는 최소 힙의 특성상 C를 이미 실행하지 않기로 했기 때문에 비교할 필요가 없습니다. 그리고 시간이 지난 타이머들의 콜백이 무한정 실행되는 것은 아니고 시스템의 실행 한도hard limit에 도달하면 다음 단계로 넘어갑니다.

대기 콜백 단계

대기 단계pending callbacks phase의 큐(pending_queue)에 들어 있는 콜백들은 현재 돌고 있는 루프 이전의 작업에서 큐에 들어온 콜백입니다. 예를 들어 TCP 핸들러 내에서 비동기의 쓰기 작업을 한다면, TCP 통신과 쓰기 작업이 끝난 후 해당 작업의 콜백이 큐에 들어옵니다. 또 에러 핸들러 콜백도 pending_queue로 들어오게 됩니다.

타이머 단계를 거쳐 대기 콜백 단계에 들어오면, 이전 작업들의 콜백이 pending_queue에서 대기 중인지를 검사합니다. 만약 실행 대기 중이라면 시스템 실행 한도에 도달할 때까지 꺼내어 실행합니다.

유휴, 준비 단계

유휴 단계idle phase는 틱tick[8]마다 실행됩니다. **준비 단계**prepare phase는 매 폴링 직전에 실행됩니다. 이 두 단계는 Node.js의 내부 동작을 위한 것이라고만 알고 있으면 됩니다.

폴 단계

이벤트 루프 중 가장 중요한 단계가 **폴 단계**poll phase입니다. 폴 단계에서는 새로운 I/O 이벤트를 가져와서 관련 콜백을 수행합니다. 예를 들어 소켓 연결과 같은 새로운 커넥션을 맺거나 파일 읽기와 같이 데이터 처리를 받아들이게 됩니다. 이 단계가 가지고 있는 큐는 watch_queue입니다. 이 단계에 진입한 후 watch_queue가 비어 있지 않다면 큐가 비거나 시스템 실행 한도에 다다를 때까지 동기

7　최솟값을 찾기 위해 완전 이진 트리를 사용하는 자료구조
8　프로그램 실행 시 최소 간격. '틱 카운트'라고도 합니다. 이벤트 루프에서는 각 단계가 이동하는 것을 뜻합니다.

적으로 모든 콜백을 실행합니다. 만약 큐가 비게 되면 Node.js는 곧바로 다음 단계로 이동하지 않고 check_queue(다음 체크 단계의 큐), pending_queue(대기 콜백 단계의 큐), closing_callbacks_queue(종료 콜백 단계의 큐)에 남은 작업이 있는지 검사한 다음 작업 있다면 다음 단계로 이동합니다. 만약 큐가 모두 비어서 해야 할 작업이 없다면 잠시 대기를 하게 됩니다(타이머 최소 힙의 첫 번째 타이머를 꺼내어 지금 실행할 수 있는 상태라면 그 시간만큼 대기한 후 다음 단계로 이동합니다). 이렇게 하는 이유는 바로 타이머 단계로 넘어간다고 해도 어차피 첫 번째 타이머를 수행할 시간이 되지 않았기 때문에 이벤트 루프를 한 번 더 돌아야 하기 때문입니다.

체크 단계

체크 단계check phase는 setImmediate의 콜백만을 위한 단계입니다. 역시 큐가 비거나 시스템 실행 한도에 도달할 때까지 콜백을 수행합니다.

종료 콜백 단계

종료 콜백 단계close callbacks phase에서는 socket.on('close', () => {})과 같은 close나 destroy 이벤트 타입의 콜백이 처리됩니다. 이벤트 루프는 종료 콜백 단계를 마치고 나면 다음 루프에서 처리해야 하는 작업이 남아 있는지 검사합니다. 만약 작업이 남아 있다면 타이머 단계부터 한 번 더 루프를 돌게 되고, 아니라면 루프를 종료합니다.

6단계는 이상과 같습니다. 한편 nextTickQueue는 process.nextTick() API의 콜백들을 가지고 있으며, microTaskQueue는 resolve된 Promise의 콜백을 가지고 있습니다. 이 두 개의 큐는 기술적으로 이벤트 루프의 일부가 아닙니다. 즉, libuv 라이브러리에 포함된 것이 아니라 Node.js에 포함된 기술입니다. 이 두 큐에 들어 있는 콜백은 단계를 넘어가는 과정에서 먼저 실행됩니다. nextTickQueue 가 microTaskQueue보다 높은 우선순위를 가지고 있습니다.

이상으로 단일 스레드로 동작하는 Node.js가 어떻게 비동기 처리를 할 수 있는지 이벤트 루프의 원리를 통해 알아봤습니다.

2.4 패키지 의존성 관리

2.4.1 package.json

1장에서 생성한 Nest 프로젝트의 소스 코드를 보면 **package.json** 파일이 존재합니다. package.json 파일의 역할은 다음과 같습니다.

- 애플리케이션이 필요로 하는 패키지 목록을 나열합니다.
- 각 패키지는 시맨틱 버저닝 규칙으로 필요한 버전을 기술합니다.
- 다른 개발자와 같은 빌드 환경을 구성할 수 있습니다. 버전이 달라 발생하는 문제를 예방합니다.

유의적 버전semantic versioning, SemVer[9]은 패키지의 버전명을 숫자로 관리하는 방법으로 많이 사용되고 있습니다. 버저닝 규칙은 다음과 같습니다.

```
[Major].[Minor].[Patch]-[label]
```

`Major`, `Minor`, `Patch`는 각각 숫자를 사용합니다. 예를 들어 1.2.3-beta와 같이 표기합니다.

- `Major`: 이전 버전과 호환이 불가능할 때 숫자를 하나 증가시킵니다. `Major` 버전이 바뀐 패키지를 사용하고자 한다면 반드시 breaking change(하위 호환성이 깨진 기능) 목록을 확인하고 이전 기능을 사용하는 코드를 수정해야 합니다.
- `Minor`: 기능이 추가되는 경우 숫자를 증가시킵니다. 기능이 추가되었다고 해서 이전 버전의 하위 호환성을 깨뜨리지는 않습니다.
- `Patch`: 버그 수정 패치를 적용할 때 사용합니다.
- `label`: 선택 사항으로 `pre`, `alpha`, `beta`와 같이 버전에 대해 부가 설명을 붙이고자 할 때 문자열로 작성합니다.

유의적 버전을 사용할 때 완전히 동일한 버전만을 정의해야 하는 것은 아닙니다. 다음과 같은 규칙으로 기술하여 의존성이 깨지지 않는 다른 버전을 설치할 수 있습니다.

- `ver`: 완전히 일치하는 버전
- `=ver`: 완전히 일치하는 버전
- `>ver`: 큰 버전
- `>=ver`: 크거나 같은 버전
- `<ver`: 작은 버전
- `<=ver`: 작거나 같은 버전
- `~ver`: 버전 범위(지정한 마지막 자리 내 범위)

---

9   https://semver.org/

- ~1.0, 1.0.x: 1.0.0 이상 1.1.0 미만의 버전
- ^ver: SemVer 규약을 따른다는 가정에서 동작하는 규칙
  - ^1.0.2: 1.0.2 이상 2.0 미만의 버전
  - ^1.0: 1.0.0 이상 2.0 미만의 버전
  - ^1: 1.0.0 이상 2.0 미만의 버전

2.4.2 package-lock.json

프로젝트 루트 디렉터리에서 npm install 명령을 수행하면 node_modules 디렉터리와 **package-lock.json** 파일이 생성됩니다. package-lock.json 파일은 node_modules나 package.json 파일의 내용이 바뀌면 npm install 명령을 수행할 때 자동 수정됩니다. node_modules는 프로젝트가 필요로 하는 패키지들이 실제로 설치되는 장소입니다. 애플리케이션은 런타임에 여기에 설치된 패키지들을 참조합니다. package-lock.json 파일은 package.json에 선언된 패키지들이 설치될 때의 정확한 버전과 서로 간의 의존성을 표현합니다. 팀원들 간에 정확한 개발 환경을 공유할 수 있습니다. 같은 패키지 설치를 위해 node_modules를 소스 저장소에 공유하지 않아도 되는 것입니다. 만약 소스 코드 내에 package-lock.json 파일이 이미 존재한다면 npm install 명령을 수행할 때 이 파일을 기준으로 패키지들을 설치하게 됩니다. package-lock.json 파일을 소스 코드 저장소에서 관리해야 하는 이유입니다.

2.4.3 package.json 파일 분석

1장에서 생성한 프로젝트의 package.json 파일을 바탕으로 package.json에 기술된 내용을 살펴보겠습니다. 설치되는 시점에 따라 조금 차이가 있을 수 있습니다. 지면상 파일을 끊어서 살펴보겠습니다.

```
{
  "name": "book-nestjs-backend",  //❶
  "private": true,  //❷
  "version": "1.0.0",  //❸
  "description": "Nest TypeScript starter repository",  //❹
  "license": "MIT",  //❺
  "scripts": {  //❻
    "prebuild": "rimraf dist",
    "build": "nest build",
    "format": "prettier --write \"src/**/*.ts\" \"test/**/*.ts\"",
    "start": "nest start",
    "start:dev": "nest start --watch",
    "start:debug": "nest start --debug --watch",
    "start:prod": "node dist/main",
```

```
    "lint": "eslint \"{src,apps,libs,test}/**/*.ts\" --fix",
    "test": "jest",
    "test:watch": "jest --watch",
    "test:cov": "jest --coverage",
    "test:debug": "node --inspect-brk -r tsconfig-paths/register -r ts-node/register node_
modules/.bin/jest --runInBand",
    "test:e2e": "jest --config ./test/jest-e2e.json"
  },
```

❶ name: 패키지의 이름입니다. version과 함께 고유한 식별자가 됩니다. 패키지를 npm에 공개하지 않는다면 선택 사항입니다.

❷ private: true로 설정할 경우 공개되지 않습니다.

❸ version: 패키지의 버전입니다. 공개할 패키지를 만들고 있다면 버전명에 신경을 써야 합니다.

❹ description: 패키지에 대한 설명을 기술합니다. 필자는 nestjs/typescript-starter에서 프로젝트를 가져와서 이름이 Nest TypeScript starter repository라고 지정되어 있습니다.

❺ license: 패키지의 라이선스를 기술합니다. 공개된 패키지를 사용할 때 참고해야 합니다.

❻ scripts: npm run 명령과 함께 수행할 수 있는 스크립트입니다. 예를 들어 npm run build를 수행하면 nest build 명령이 수행됩니다. 스크립트를 잘 활용하면 풍부한 기능을 구현할 수 있습니다.

```
  "dependencies": {  //❼
    "@nestjs/common": "^8.0.6",
    "@nestjs/core": "^8.0.6",
    "@nestjs/mapped-types": "*",
    "@nestjs/platform-express": "^8.0.6",
    "reflect-metadata": "^0.1.13",
    "rimraf": "^3.0.2",
    "rxjs": "^7.3.0"
  },
  "devDependencies": {  //❽
    "@nestjs/cli": "^8.1.1",
    "@nestjs/schematics": "^8.0.2",
    "@nestjs/testing": "^8.0.6",
    "@types/express": "^4.17.13",
    "@types/jest": "^27.0.1",
    "@types/node": "^16.7.1",
    "@types/supertest": "^2.0.11",
    "@typescript-eslint/eslint-plugin": "^4.29.2",
    "@typescript-eslint/parser": "^4.29.2",
    "eslint": "^7.32.0",
    "eslint-config-prettier": "^8.3.0",
```

```
    "eslint-plugin-prettier": "^3.4.1",
    "jest": "^27.0.6",
    "prettier": "^2.3.2",
    "supertest": "^6.1.6",
    "ts-jest": "^27.0.5",
    "ts-loader": "^9.2.5",
    "ts-node": "^10.2.1",
    "tsconfig-paths": "^3.10.1",
    "typescript": "^4.3.5"
  },
  "jest": {  //❾
    "moduleFileExtensions": [
      "js",
      "json",
      "ts"
    ],
    "rootDir": "src",
    "testRegex": ".*\\.spec\\.ts$",
    "transform": {
      "^.+\\.(t|j)s$": "ts-jest"
    },
    "collectCoverageFrom": [
      "**/*.(t|j)s"
    ],
    "coverageDirectory": "../coverage",
    "testEnvironment": "node"
  }
}
```

❼ dependencies: 패키지가 의존하는 다른 패키지를 기술합니다. 프로덕션 환경에서 필요한 주요 패키지를 선언합니다.

❽ devDependencies: dependencies와 같은 기능을 하지만 개발 환경 또는 테스트 환경에만 필요한 패키지를 여기서 선언합니다. 실 사용 서비스에서는 불필요한 패키지를 설치하지 않도록 해야 합니다.

❾ jest: 테스팅 라이브러리 Jest를 위한 환경 구성 옵션입니다(18장에서 다룹니다). NestJS는 기본으로 Jest를 이용한 테스트를 제공합니다.

2.5 타입스크립트

Nest는 타입스크립트를 기본 언어로 채택하고 있습니다. 자바스크립트로 설정을 바꿀 수도 있지만 타입스크립트의 장점을 누리기 위해 기본 설정으로 사용하기를 추천합니다. 이 절에서는 타입스크립트에 익숙하지 않은 개발자가 Nest를 배우기 위해 알아야 할 아주 기본적인 타입스크립트 문법을 소개합니다. 꼭 시간을 투자하여 타입스크립트를 배워보길 바랍니다. 하나 이상의 언어에 익숙하다면 쉽게 익힐 수 있을 것입니다. 자바 또는 자바스크립트를 다룰 줄 알지만 타입스크립트는 처음 접하는 분들을 대상으로 설명을 진행하겠습니다.

타입스크립트TypeScript는 마이크로소프트에서 개발한 언어입니다. 자바스크립트 코드에 타입 시스템을 도입하여 런타임에 에러가 발생할 가능성이 있는 코드를 정적 프로그램 분석static program analysis[10]으로 찾아줍니다. 타입스크립트는 자바스크립트에 구문을 추가하여 만들어졌습니다. tsc 명령으로 컴파일하여 자바스크립트 코드로 변환이 가능합니다. 컴파일 후 생성된 자바스크립트는 타입이 없습니다. 자바스크립트에 원래 사용자 정의 타입이 없기 때문입니다. 타입스크립트가 제공하는 타입 추론은, 타입 오류로 인해 런타임에 발생할 오류를 컴파일 타임에 잡아줍니다. vscode[11]와 같은 IDE에서는 소스 코드에 에러를 표시해주므로 일일이 컴파일을 실행하지 않아도 됩니다.

```
let user = {
  firstName: 'Dexter',
  lastName: 'Han',
  role: 'Developer',
}
```

(property) role: string
role: 'Developer'
Type 'number' is not assignable to type 'string'. ts(2322)
View Problem   No quick fixes available

```
user.role = 100;
```

2.5.1 변수 선언

타입스크립트에서 변수를 선언하는 방식은 다음과 같습니다.

[선언 키워드] [변수명]: [타입]

선언 키워드는 const, let 또는 var를 사용합니다. const는 선언 후 재할당이 불가능하며 let과 var는 재할당이 가능하여 값을 바꿀 수 있습니다. let과 var의 차이는 호이스팅hoisting 여부인데,

---

10 소스 코드를 실행하지 않고 코드만을 분석하여 문제가 될 부분을 찾아내는 기법

11 Visual Studio Code. 역시 마이크로소프트에서 만든 에디터. 무료이며 Visual Studio에 비해 구동 속도가 매우 빠르고 수많은 플러그인 생태계가 구축되어 있어 개발자들에게 인기가 많습니다.

var는 변수를 사용한 후에 선언이 가능하지만 let은 그렇지 않습니다.

```
1    varA = 1;
2    var varA: number;
3
4    letB = 'let';
```
⊗ test.ts 1 of 2 problems

Block-scoped variable 'letB' used before its declaration. ts(2448)

test.ts(5, 5): 'letB' is declared here.

```
5    let letB: string;
```

2.5.2 타입스크립트에서 지원하는 타입

타입스크립트는 자바스크립트가 가지고 있는 자료형을 모두 포함합니다. 자바스크립트의 타입은 원시 값primitive value과 객체object, 함수function가 있습니다. **typeof** 키워드를 이용하여 인스턴스의 타입을 알 수 있습니다.

```
typeof instance === "undefined"
```

원시 값 타입

typeof	설명	할당 가능한 값
boolean	참, 거짓을 나타내는 논리값	true, false
null	'유효하지 않음'을 나타냄	null
undefined	값이 존재하지 않음. 즉, 변수 선언 후 '값이 할당되지 않았음'을 나타냄	undefined
number	배정밀도 64비트 형식 IEEE 754의 값	• $-(2^{53}-1)$와 $2^{53}-1$ 사이의 정수와 실수 • +Infinity, Infinity • NaN(Not a Number)
bigint	Number의 범위를 넘어서는 정수를 안전하게 저장하고 연산할 수 있게 해줌	예: const x = 2n ** 53n; 정수 끝에 n을 추가
string	문자열. 변경 불가능(immutable)함	예: 'hello', "world" 홑따옴표 또는 쌍따옴표로 둘러싸인 문자열
symbol	유일하고 변경 불가능한 원시 값. 객체 속성의 키로 사용할 수 있음	

객체 타입

객체 타입은 속성(프로퍼티)property을 가지고 있는 데이터 컬렉션입니다. C 언어의 구조체와 유사합니다. 속성은 키와 값으로 표현되는데 값은 다시 자바스크립트의 타입을 가지고 있습니다. 따라서 다음 예와 같이 데이터를 구조적으로 표현할 수 있습니다.

```
const dexter = {
  name: 'Dexter Han',
  age: 21,
  hobby: ['Movie', 'Billiards'],
}
```

자바스크립트에는 개발할 때 유용한 내장 객체들이 있습니다.

- Date: 1970년 1월 1일 UTC 자정과의 시간 차이를 밀리초 단위로 나타낸 것으로 시간을 다룰 때 사용합니다.
- 배열(Array): 정수를 키로 가지는 일련의 값을 가진 객체입니다. 코드로 표현할 때는 대괄호([])로 표현합니다.
- 키를 가진 컬렉션: Map, WeakMap은 키와 값을 가지는 객체 타입이고, Set과 WeakSet은 유일값들로 이루어진 컬렉션 객체 타입입니다.
- JSON: JSONJavaScript Object Notation은 자바스크립트에서 파생된 경량의 데이터 교환 형식이지만 많은 프로그래밍 언어에서 사용됩니다. JSON은 범용 데이터 구조를 구축합니다.

이 밖에도 표준 라이브러리에는 더 많은 내장 객체가 있습니다. MDN 문서[12]를 참고하세요.

함수 타입

자바스크립트는 함수를 변수에 할당하거나 다른 함수의 인수로 전달할 수 있습니다. 함수의 결과로 반환할 수도 있습니다. 이러한 특징을 **일급 함수**first-class function라고 합니다. 함수 func의 타입을 검사하면 "function"이 나옵니다.

```
typeof func === "function"
```

---

12 https://developer.mozilla.org/ko/docs/Web/JavaScript/Reference/Global_Objects

any / unknown / never

타입스크립트에는 특수한 타입이 있습니다. any는 자바스크립트와 같이 어떠한 타입의 값도 받을 수 있는 타입입니다. any 타입의 객체 역시 어떤 타입의 변수에도 할당이 가능합니다. 이 특성 때문에 런타임에 오류를 일으킬 가능성이 있습니다. unknown 타입은 any 타입과 마찬가지로 어떤 타입도 할당 가능하지만 다른 변수에 할당 또는 사용할 때 타입을 강제하도록 하여 any가 일으키는 오류를 줄여줍니다. never 타입의 변수에는 어떤 값도 할당할 수 없습니다. 함수의 리턴 타입으로 지정하면 함수가 어떤 값도 반환하지 않는다는 것을 뜻하고, 다음과 같이 특정 타입의 값을 할당받지 못하도록 하는 데 사용할 수도 있습니다. <T>는 제네릭 타입인데 2.5.4절에서 설명합니다.

```
type NonString<T> = T extends string ? never : T;
```

2.5.3 타입 정의하기

타입스크립트는 타입을 정의해서 사용합니다. 기본 타입과 같은 타입을 정의한다는 뜻은 아니고, 위에서 설명한 타입들을 조합하여 타입에 이름을 붙여 사용합니다. 다음 코드를 vscode에 입력하고 마우스를 user 변수 위로 가져가보세요.

```
const user = {
  name: 'Dexter',
  age: 21,
}
```

추론된 타입이 다음과 같이 표시됩니다.

```
const user: {
    name: string;
    age: number;
}
const user = {
  name: 'Dexter',
  age: 21,
}
```

변수에 객체를 바로 할당하지 않고 interface로 선언할 수도 있습니다. 인터페이스를 이용하여 User 타입을 정의하는 것입니다.

```
interface User {
  name: string;
  age: number;
}

const user: User = {
  name: 'Dexter',
  age: 21,
}
```

interface는 class로 선언할 수도 있습니다.

```
class User {
  constructor(name: string, age: number) { }
}

const user: User = new User('Dexter', 21);
```

NOTE 생성자에 선언된 변수는 클래스 멤버 변수가 됩니다. 접근제한자(public, private)를 쓰지 않으면 public 변수가 됩니다. 멤버 변수를 사용할 때는 this.name과 같이 this 키워드와 함께 사용합니다.

또 type 키워드로 새로운 타입을 만들 수 있습니다.

```
type MyUser = User;
```

MyUser 타입은 기존 User 타입을 그대로 사용하지만 본인이 사용하는 도메인에 맞는 이름으로 바꾼 것입니다.

2.5.4 타입 구성하기

자바스크립트는 변수에 어떠한 타입의 값도 할당할 수 있습니다. 이러한 개념을 일명 덕 타이핑duck typing[13]이라 부릅니다. 타입스크립트도 여러 타입의 값을 할당할 수 있습니다. 여러 타입을 조합한 새로운 타입을 가지는 것입니다.

유니언 타입

유니언(Union) 타입이 바로 여러 타입을 조합한 타입입니다. 다음 코드에서 getLength 함수의 인수인 obj는 string 또는 string 배열 타입을 가질 수 있습니다.

---

13 https://ko.wikipedia.org/wiki/덕_타이핑

```
function getLength(obj: string | string[]) {
  return obj.length;
}
```

유니언 타입을 활용하면 변수가 가질 수 있는 값을 제한할 수도 있습니다.

```
type Status = "Ready" | "Waiting";
```

NOTE 타입스크립트는 열거형을 제공합니다. 사실 앞의 코드는 열거형으로 사용하는 게 더 편합니다.

```
enum Status {
  READY = "Ready",
  WAITING = "Waiting",
}
```

제네릭 타입

자바나 C#에서의 제네릭generic과 유사한 기능을 합니다. 어떠한 타입이든 정의될 수 있지만 호출되는 시점에 타입이 결정됩니다. 만약 다음과 같이 인수를 그대로 리턴하는 함수가 있다고 합시다.

```
function identity(arg: any): any {
  return arg;
}
```

이 함수의 반환값은 any로 되어 있기 때문에 arg에 'test'를 인수로 전달할 경우 전달한 인수의 string 타입이 반환할 때 any가 되어버립니다. 반면 다음과 같이 제네릭 타입을 사용하게 되면 리턴되는 값의 타입은 함수를 호출하는 시점의 인수로 넣은 타입으로 결정되도록 할 수 있습니다.

```
function identity<T>(arg: T): T {
  return arg;
}
```

제네릭을 선언할 때는 보통 대문자 한글자를 사용합니다.

NOTE 타입스크립트는 타입을 잘 다룰수록 그 진가를 발휘하는 언어입니다. 이 책에서 소개하지 못한 많은 기능이 존재합니다. 관련 책과 자료를 통해 타입을 자유자재로 다룰 수 있도록 해보세요. ✌️

2.6 데커레이터

Nest는 **데커레이터**decorator를 적극 활용합니다. 데커레이터를 잘 사용하면 횡단 관심사cross-cutting concern를 분리하여 관점 지향 프로그래밍을 적용한 코드를 작성할 수 있습니다. 타입스크립트의 데커레이터는 파이썬의 데커레이터나 자바의 애너테이션과 유사한 기능을 합니다. 클래스, 메서드, 접근자, 프로퍼티, 매개변수에 적용 가능합니다. 각 요소의 선언부 앞에 @로 시작하는 데커레이터를 선언하면 데커레이터로 구현된 코드를 함께 실행합니다. 예를 들어 다음 코드는 유저 생성 요청의 본문을 데이터 전송 객체data transfer object, DTO로 표현한 클래스입니다.

```
class CreateUserDto {
  @IsEmail()
  @MaxLength(60)
  readonly email: string;

  @IsString()
  @Matches(/^[A-Za-z\d!@#$%^&*()]{8,30}$/)
  readonly password: string;
}
```

사용자는 얼마든지 요청을 잘못 보낼 수 있기 때문에 데커레이터를 이용하여 애플리케이션이 허용하는 값으로 제대로 요청을 보냈는지 검사하고 있습니다. email은 이메일 형식을 가진 문자열이어야 하고(@IsEmail()) 그 길이는 최대 60자이어야 합니다(@MaxLength(60)). password는 문자열이어야 하고(@IsString()) 주어진 정규 표현식에 적합해야 합니다(@Matches(...)).

> `NOTE` password의 유효성 검사 규칙에는 @Matches()를 통해 정규 표현식을 이용했습니다. 정규 표현식은 문자열 규칙을 판단하는 강력한 도구로, 많은 곳에 사용되니 반드시 따로 학습해야 합니다. 언어별로 사용법이 조금씩 다르니 주로 사용하는 언어 기반으로 학습하세요.

데커레이터는 집필 시점 기준으로 타입스크립트 스펙에서 아직 실험적인 기능입니다. 1.3절에서 초기화한 프로젝트의 루트에 있는 tsconfig.json 파일을 보겠습니다. tsconfig.json 파일은 타입스크립트의 빌드 환경을 정의한 파일입니다.

```
{
  "compilerOptions": {
      ...
    "experimentalDecorators": true,
      ...
  }
}
```

experimentalDecorators 옵션이 true로 설정되어 있습니다. 이 옵션을 켜야 데커레이터를 사용할 수 있습니다. 비록 실험적인 기능이지만 매우 안정적이며 수많은 프로젝트에서 이미 사용하고 있습니다.

데커레이터는 위에서 봤던 것처럼 @expression과 같은 형식으로 사용합니다. 여기서 expression은 데커레이팅된 선언(데커레이터가 선언되는 클래스, 메서드 등)에 대한 정보와 함께 런타임에 호출되는 **함수**여야 합니다.

다음 코드를 보면 test 메서드의 데커레이터로 deco를 선언했습니다. deco 함수의 인수들을 유심히 봐주세요. 메서드 데커레이터로 사용하기 위해서는 이렇게 정의해야 합니다. 나중에 다시 자세히 설명하겠습니다.

```
function deco(target: any, propertyKey: string, descriptor: PropertyDescriptor) {
  console.log('데커레이터가 평가됨');
}

class TestClass {
  @deco
  test() {
    console.log('함수 호출됨')
  }
}

const t = new TestClass();
t.test();
```

이제 TestClass를 생성하고 test 메서드를 호출하면 다음과 같은 결과가 콘솔에 출력됩니다.

```
데커레이터가 평가됨
함수 호출됨
```

만약 데커레이터에 인수를 넘겨서 데커레이터의 동작을 변경하고 싶다면 데커레이터 팩터리, 즉 데커레이터를 리턴하는 함수를 만들면 됩니다. 위의 예시를 다음과 같이 value라는 인수를 받도록 바꿔보겠습니다.

```
function deco(value: string) {
  console.log('데커레이터가 평가됨');
  return function (target: any, propertyKey: string, descriptor: PropertyDescriptor) {
    console.log(value);
  }
```

```
}

class TestClass {
  @deco('HELLO')
  test() {
    console.log('함수 호출됨')
  }
}
```

결과는 다음과 같습니다.

```
데커레이터가 평가됨
HELLO
함수 호출됨
```

2.6.1 데커레이터 합성

여러 개의 데커레이터를 사용한다면 수학의 함수 합성function composition[14]과 같이 데커레이터를 합성하면 됩니다. 다음 데커레이터 선언의 합성 결과는 수학적으로는 $f(g(x))$와 같습니다.

```
@f
@g
test
```

여러 데커레이터를 사용할 때는 다음과 같은 단계가 수행됩니다.

1. 각 데커레이터의 표현은 위에서 아래로 **평가**evaluate됩니다.

2. 그런 다음 결과는 아래에서 위로 함수로 **호출**call됩니다.

다음 예의 출력 결과를 보면 합성 순서에 대해 이해를 높일 수 있을 것입니다.

```
function first() {
  console.log("first(): factory evaluated");
  return function (target: any, propertyKey: string, descriptor: PropertyDescriptor) {
    console.log("first(): called");
  };
}
```

---

14 https://ko.wikipedia.org/wiki/함수의_합성

```
function second() {
  console.log("second(): factory evaluated");
  return function (target: any, propertyKey: string, descriptor: PropertyDescriptor) {
    console.log("second(): called");
  };
}

class ExampleClass {
  @first()
  @second()
  method() {
    console.log('method is called');
  }
}
first(): factory evaluated
second(): factory evaluated
second(): called
first(): called
method is called
```

이어지는 절들에서 타입스크립트가 지원하는 5가지 데커레이터를 알아보겠습니다.

2.6.2 클래스 데커레이터

클래스 데커레이터class decorator는 이름 그대로 클래스 바로 앞에 선언됩니다. 클래스 데커레이터는 클래스의 생성자에 적용되어 클래스 정의definition를 읽거나 수정할 수 있습니다. 선언 파일[15]과 선언 클래스declare class 내에서는 사용할 수 없습니다.

다음 코드는 클래스에 `reportingURL` 속성을 추가하는 클래스 데커레이터의 예입니다.

```
function reportableClassDecorator<T extends { new (...args: any[]): {} }>(constructor: T) {  //❶
  return class extends constructor {  //❷
    reportingURL = "http://www.example.com";  //❸
  };
}

@reportableClassDecorator
class BugReport {
  type = "report";
  title: string;
```

---

15   타입스크립트 소스 코드를 컴파일할 때 생성되는 파일로 타입시스템의 타입 추론을 돕는 코드가 포함되어 있습니다. 소스 파일의 확장자는 d.ts입니다.

```
  constructor(t: string) {
    this.title = t;
  }
}

const bug = new BugReport("Needs dark mode");
console.log(bug);
```

❶ 클래스 데커레이터 팩터리입니다. 생성자 타입(new (...args: any[]): {}, 즉 new 키워드와 함
   께 어떠한 형식의 인수들도 받을 수 있는 타입)을 상속받는 제네릭 타입 T를 가지는 생성자
   (constructor)를 팩터리 메서드의 인수로 전달하고 있습니다.
❷ 클래스 데커레이터는 생성자를 리턴하는 함수여야 합니다.
❸ 클래스 데커레이터가 적용되는 클래스에 새로운 reportingURL이라는 새로운 속성을 추가합니다.

이 코드의 출력 결과는 다음과 같습니다.

```
{type: 'report', title: 'Needs dark mode', reportingURL: 'http://www.example.com'}
```

BugReport 클래스에 선언되지 않았던 새로운 속성이 추가되었습니다.

[NOTE] 클래스의 타입이 변경되는 것은 아닙니다. 타입 시스템은 reportingURL을 인식하지 못하기 때문에 bug.
reportingURL과 같이 직접 사용할 수 없습니다.

2.6.3 메서드 데커레이터

메서드 데커레이터method decorator는 메서드 바로 앞에 선언됩니다. 메서드의 속성 설명자property
descriptor[16]에 적용되고 메서드의 정의를 읽거나 수정할 수 있습니다. 선언 파일, 오버로드 메서드, 선
언 클래스에 사용할 수 없습니다.

앞서 deco 메서드 데커레이터에서 봤던 것처럼 메서드 데커레이터는 다음 세 개의 인수를 가집니다.

1. 정적 멤버가 속한 클래스의 생성자 함수이거나 인스턴스 멤버에 대한 클래스의 프로토타입
2. 멤버의 이름
3. 멤버의 속성 설명자. PropertyDescriptor 타입을 가짐

만약 메서드 데커레이터가 값을 반환한다면 이는 해당 메서드의 속성 설명자가 됩니다.

---

16 속성의 특성을 설명하는 역할을 하는 객체. '서술자'라고 쓰기도 합니다

메서드 데커레이터의 예를 보겠습니다. 함수를 실행하는 과정에서 에러가 발생했을 때 이 에러를 잡아서 처리하는 로직을 구현합니다.

```typescript
function HandleError() {
  return function(target: any, propertyKey: string, descriptor: PropertyDescriptor) {  //❶
    console.log(target);  //❷
    console.log(propertyKey)  //❸
    console.log(descriptor)  //❹

    const method = descriptor.value;  //❺

    descriptor.value = function() {
      try {
        method();  //❻
      } catch (e) {
        // 에러 핸들링 로직 구현  //❼
        console.log(e);  //❽
      }
    }
  };
}

class Greeter {
  @HandleError()
  hello() {
    throw new Error('테스트 에러');
  }
}

const t = new Greeter();
t.hello();
```

❶ 메서드 데커레이터가 가져야 하는 3개의 인수입니다. 이 중 PropertyDescriptor는 객체 속성의 특성을 기술하는 객체로서 enumerable 외에도 여러 가지 속성을 가지고 있습니다. enumerable 이 true가 되면 이 속성은 열거형이라는 뜻이 됩니다.

```typescript
interface PropertyDescriptor {
  configurable?: boolean;  // 속성의 정의를 수정할 수 있는지 여부
  enumerable?: boolean;    // 열거형인지 여부
  value?: any;             // 속성 값
  writable?: boolean;      // 수정 가능 여부
  get?(): any;             // getter
  set?(v: any): void;      // setter
}
```

❷ 출력 결과는 {constructor: ƒ, hello: ƒ}입니다. 데커레이터가 선언된 메서드 hello가 속해
있는 클래스의 생성자와 프로토타입을 가지는 객체임을 알 수 있습니다.

❸ 함수 이름 hello가 출력됩니다.

❹ hello 함수가 처음 가지고 있던 설명자가 출력됩니다. 출력 결과는 {value: ƒ, writable:
true, enumerable: false, configurable: true}입니다.

❺ 설명자의 value 속성으로 원래 정의된 메서드를 저장합니다.

❻ 원래 메서드를 호출합니다.

❼ 원래 메서드를 수행하는 과정에서 발생한 에러를 핸들링하는 로직을 이곳에 구현합니다.

❽ Error: 테스트 에러가 출력됩니다.

2.6.4 접근자 데커레이터

접근자 데커레이터accessor decorator는 접근자accessor[17] 바로 앞에 선언합니다. 접근자의 속성 설명자
에 적용되고 접근자의 정의를 읽거나 수정할 수 있습니다. 역시 선언 파일과 선언 클래스에는 사용할
수 없습니다. 접근자 데커레이터가 반환하는 값은 해당 멤버의 속성 설명자가 됩니다.

특정 멤버가 열거가 가능한지 결정하는 데커레이터의 예를 보겠습니다.

```typescript
function Enumerable(enumerable: boolean) {
  return function (target: any, propertyKey: string, descriptor: PropertyDescriptor) {
    descriptor.enumerable = enumerable;  //❶
  }
}

class Person {
  constructor(private name: string) {}  //❷

  @Enumerable(true)  //❸
  get getName() {
    return this.name;
  }

  @Enumerable(false)  //❹
  set setName(name: string) {
    this.name = name;
  }
}
```

---

17 객체 프로퍼티를 객체 외에서 읽고 쓸 수 있는 함수. 쉽게 이야기해서 게터(getter)와 세터(setter). 타입스크립트에는 게터와 세터를 구현할 수
있는 get, set 키워드가 있습니다.

```
const person = new Person('Dexter');
for (let key in person) {
  console.log('${key}: ${person[key]}');  //❺
}
```

❶ 설명자의 enumerable 속성을 데커레이터의 인수로 결정합니다.

❷ name은 외부에서 접근하지 못하는 private 멤버입니다.

❸ 게터 getName 함수는 열거가 가능하도록 합니다.

❹ 세터 setName 함수는 열거가 불가능하도록 합니다.

❺ 결과를 출력하면 getName은 출력되지만 setName은 열거하지 못하게 되었기 때문에 for 문에서 key로 받을 수가 없습니다.[18]

```
name: Dexter
getName: Dexter
```

2.6.5 속성 데커레이터

속성 데커레이터property decorator는 클래스의 속성 바로 앞에 선언됩니다. 역시 선언 파일, 선언 클래스에서는 사용하지 못합니다. 속성 데커레이터는 다음 두 개의 인수를 가지는 함수입니다.

1. 정적 멤버가 속한 클래스의 생성자 함수이거나 인스턴스 멤버에 대한 클래스의 프로토타입

2. 멤버의 이름

메서드 데커레이터나 접근자 데커레이터와 비교해보면, 세 번째 인수인 속성 설명자가 존재하지 않습니다. 공식 문서에 따르면 반환값도 무시되는데, 이는 현재 프로토타입의 멤버를 정의할 때 인스턴스 속성을 설명하는 메커니즘이 없고 속성의 초기화 과정을 관찰하거나 수정할 방법이 없기 때문이라고 합니다.[19]

```
function format(formatString: string) {
  return function (target: any, propertyKey: string): any {
    let value = target[propertyKey];
```

---

18 자바스크립트에서 for 문 내에서 객체를 순회하면, 객체가 가진 속성 목록을 하나씩 꺼내서 가져옵니다. 접근자 역시 이때 가져올 수 있는데 이는 접근자에 대한 설명의 enumerable 속성이 기본값으로 true이기 때문입니다. 하지만 예시에서는 setName 세터가 @Enumerable(false) 데커레이터에 의해 enumerable 속성이 false로 변경되었으므로 열거할 수 없게 되었습니다.

19 하지만 데커레이터가 속성 디스크립터를 반환하면 실제로 잘 동작합니다. 이 부분은 타입스크립트의 동작 원리를 알아야 합니다. 이 이슈에 대한 논의는 다음을 참고하세요. https://github.com/microsoft/TypeScript/issues/32395

```
    function getter() {
      return '${formatString} ${value}';  //❶
    }

    function setter(newVal: string) {
      value = newVal;
    }

    return {
      get: getter,
      set: setter,
      enumerable: true,
      configurable: true,
    }
  }
}

class Greeter {
  @format('Hello')  //❷
  greeting: string;
}

const t = new Greeter();
t.greeting = 'World';
console.log(t.greeting);  //❸
```

❶ 게터에서 데커레이터 인수로 들어온 `formatString`을 원래 속성과 조합한 스트링으로 바꿉니다.

❷ 데커레이터에 `formatString`을 전달합니다.

❸ 속성을 읽을 때 게터가 호출되면서 `Hello World`가 출력됩니다.

2.6.6 매개변수 데커레이터

매개변수 데커레이터parameter decorator는 생성자 또는 메서드의 매개변수에 선언되어 적용됩니다. 역시 선언 파일, 선언 클래스에서는 사용할 수 없습니다. 매개변수 데커레이터는 호출될 때 3가지 인수와 함께 호출됩니다. 반환값은 무시됩니다.

1. 정적 멤버가 속한 클래스의 생성자 함수이거나 인스턴스 멤버에 대한 클래스의 프로토타입

2. 멤버의 이름

3. 매개변수가 함수에서 몇 번째 위치에 선언되었는지를 나타내는 인덱스

매개변수가 제대로 된 값으로 전달되었는지 검사하는 데커레이터를 만들어보겠습니다. 매개변수 데커레이터는 단독으로 사용하는 것보다 함수 데커레이터와 함께 사용할 때 유용하게 쓰입니다. Nest에서 API 요청 매개변수에 대해 유효성 검사를 할 때 이와 유사한 데커레이터를 많이 사용합니다.

```typescript
import { BadRequestException } from '@nestjs/common';

function MinLength(min: number) {  //❶
  return function (target: any, propertyKey: string, parameterIndex: number) {
    target.validators = {  //❷
      minLength: function (args: string[]) {  //❸
        return args[parameterIndex].length >= min;  //❹
      }
    }
  }
}

function Validate(target: any, propertyKey: string, descriptor: PropertyDescriptor) {  //❺
  const method = descriptor.value;  //❻

  descriptor.value = function(...args) {  //❼
    Object.keys(target.validators).forEach(key => {  //❽
      if (!target.validators[key](args)) {  //❾
        throw new BadRequestException();
      }
    })
    method.apply(this, args);  //❿
  }
}

class User {
  private name: string;

  @Validate
  setName(@MinLength(3) name: string) {
    this.name = name;
  }
}

const t = new User();
t.setName('Dexter');  //⓫
console.log('----------')
t.setName('De');  //⓬
```

❶ 매개변수의 최솟값을 검사하는 매개변수 데커레이터

❷ target 클래스(여기서는 User)의 validators 속성에 유효성을 검사하는 함수를 할당합니다.

❸ args 인수는 ❾에서 넘겨받은 메서드의 인수입니다.

❹ 유효성 검사를 위한 로직입니다. parameterIndex에 위치한 인수의 길이가 최솟값보다 같거나 큰지 검사합니다.

❺ 함께 사용할 메서드 데커레이터

❻ 메서드 데커레이터가 선언된 메서드를 method 변수에 임시 저장해둡니다.

❼ 설명자의 value에 유효성 검사 로직이 추가된 함수를 할당합니다.

❽ target(User 클래스)에 저장해둔 validators를 모두 수행합니다. 이때 원래 메서드에 전달된 인수(args)들을 각 validator에 전달합니다.

❾ 인수를 validator에 전달하여 유효성 검사를 수행합니다.

❿ 원래의 함수를 실행합니다.

⓫ 매개변수 name의 길이가 6이기 때문에 문제가 없습니다.

⓬ 매개변수 name의 길이가 3보다 작기 때문에 BadRequestException이 발생합니다.

2.6.7 데커레이터 요약

지금까지 5가지 데커레이터를 차례로 알아봤습니다. 각 데커레이터의 특징을 간략히 정리하면 다음과 같습니다.

데커레이터	역할	호출 시 전달되는 인수	선언 불가능한 위치
클래스 데커레이터	클래스의 정의를 읽거나 수정	constructor	d.ts 파일, declare 클래스
메서드 데커레이터	메서드의 정의를 읽거나 수정	target, propertyKey, propertyDescriptor	d.ts 파일, declare 클래스, 오버로드 메서드
접근자 데커레이터	접근자의 정의를 읽거나 수정	target, propertyKey, propertyDescriptor	d.ts 파일, declare 클래스
속성 데커레이터	속성의 정의를 읽음	target, propertyKey	d.ts 파일, declare 클래스
매개변수 데커레이터	매개변수의 정의를 읽음	target, propertyKey, parameterIndex	d.ts 파일, declare 클래스

먼저 웹 개발자의 길로 들어선 여러분, 축하합니다. 여러분이 개발자로서 이제 막 경력을 쌓기 시작했다면 좋은 개발자가 되기 위해 어떤 것들을 배워야 하는지 막막할 수 있습니다. 필자는 깃허브의 developer-roadmap 저장소를 추천하고 싶습니다.

- https://github.com/kamranahmedse/developer-roadmap

최근 웹 개발 직군은 크게 프런트엔드, 백엔드, 데브옵스 세 갈래로 나뉩니다. 최근에는 AI의 인기에 힘을 얻어 ML옵스라는 직군도 생겼고 데이터 처리를 전문으로 하는 직군도 있지만 크게는 이렇게 세 부류로 볼 수 있습니다.

developer-roadmap에서는 각 직군에서 경력을 쌓기 위해 학습해야 할 자료들을 테크트리 형식으로 정리해뒀습니다. 물론 처음 만든 저자의 생각이 주로 반영된 것이긴 하지만 많은 기여자가 함께 가다듬어가고 있으므로 경력에 참고가 되는 좋은 자료라고 생각합니다.

로드맵을 보고 본인이 지금 어느 위치에 있는지 주기적으로 들여다보고 앞으로 무엇을 위주로 학습할지 파악해보기를 바랍니다. 너무 많다고 포기하지 말고 하나하나 배우는 즐거움을 느끼다 보면 어느새 좋은 개발자가 되어 있는 자신을 발견할 수 있을 겁니다. 😎

다음 그림은 2021년 12월 기준 백엔드 로드맵입니다.

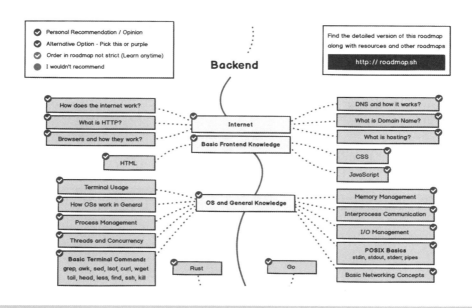

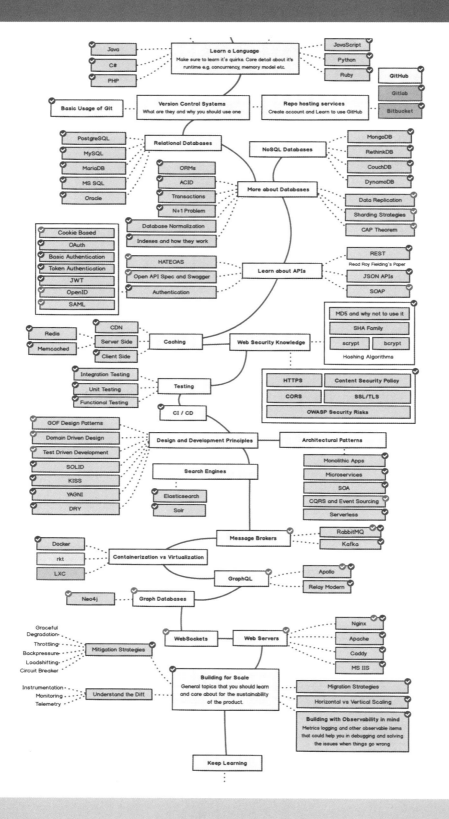

3

애플리케이션의 관문: 인터페이스

3.1 컨트롤러

Nest의 **컨트롤러**controller는 MVC 패턴에서 말하는 그 컨트롤러를 말합니다. 컨트롤러는 들어오는 요청request을 받고 처리된 결과를 응답response으로 돌려주는 인터페이스 역할을 합니다.

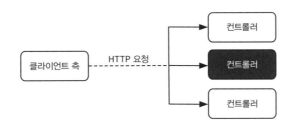

컨트롤러는 엔드포인트 라우팅routing 메커니즘을 통해 각 컨트롤러가 받을 수 있는 요청을 분류합니다. 컨트롤러를 사용 목적에 따라 구분하면 구조적이고 모듈화된 소프트웨어를 작성할 수 있습니다.

백문이 불여일견! 바로 컨트롤러를 작성해봅시다.

[NOTE] 소스 코드를 직접 작성해도 되지만 1장에서 설치한 nest CLI를 이용하여 쉽게 생성할 수 있습니다. 이후 설명하게 될 필수 Nest 구성 요소를 생성할 경우도 마찬가지입니다.

1장에서 **nest new my-project** 명령어로 프로젝트를 생성했다면, 다음과 같이 컨트롤러를 생성합니다.

```
$ cd my-project
$ nest g controller Users
```

AppModule에는 방금 생성한 `UsersController`와 프로젝트를 생성할 때 만들어진 `AppService`를 임포트import해서 사용하고 있습니다. 모듈과 서비스(프로바이더)에 대해서는 이후의 장에서 배우게 됩니다.

그 밖의 Nest 구성 요소에 대한 약어는 `nest -h` 명령어로 확인할 수 있습니다.

```
name            alias           description
application     application     Generate a new application workspace
class           cl              Generate a new class
configuration   config          Generate a CLI configuration file
controller      co              Generate a controller declaration
decorator       d               Generate a custom decorator
filter          f               Generate a filter declaration
gateway         ga              Generate a gateway declaration
guard           gu              Generate a guard declaration
interceptor     in              Generate an interceptor declaration
interface       interface       Generate an interface
middleware      mi              Generate a middleware declaration
module          mo              Generate a module declaration
pipe            pi              Generate a pipe declaration
provider        pr              Generate a provider declaration
resolver        r               Generate a GraphQL resolver declaration
service         s               Generate a service declaration
library         lib             Generate a new library within a monorepo
sub-app         app             Generate a new application within a monorepo
resource        res             Generate a new CRUD resource
```

만들고자 하는 리소스의 CRUD 보일러플레이트 코드를 한 번에 생성할 수도 있습니다.

```
$ nest g resource [name]
```

예를 들어 `nest g resource Users` 명령으로 Users 리소스를 생성했다면 다음과 같이 module, controller, service, entity, dto 등의 코드와 테스트 코드를 자동 생성해줍니다.

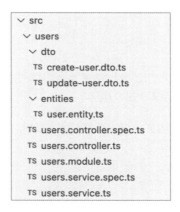

3.1.1 라우팅

이미 우리는 1장에서 서버를 구동시키고 동작하는 것을 확인해봤습니다. 즉 localhost의 루트 경로로 요청 처리가 되고 있다는 뜻입니다. 소스 코드를 살펴보겠습니다.

■ app.controller.ts

```
import { Controller, Get } from '@nestjs/common';
import { AppService } from './app.service';

@Controller()
export class AppController {
  constructor(private readonly appService: AppService) {}

  @Get()
  getHello(): string {
    return this.appService.getHello();
  }
}
```

스프링 프레임워크를 접해본 분이라면 익숙한 구조입니다. 서버가 수행해야 하는 많은 귀찮은 작업을 데커레이터(2.6절 참고)로 기술하여, 애플리케이션의 핵심 로직에 집중할 수 있도록 도와줍니다. @Controller 데커레이터를 클래스에 선언하는 것으로 해당 클래스는 컨트롤러의 역할을 하게 됩니다.

getHello 함수는 @Get 데커레이터를 가지고 있습니다. 따라서 루트 경로('/'가 생략됨)로 들어오는 요청을 처리할 수 있게 되었습니다. 라우팅 경로는 @Get 데커레이터의 인수로 관리할 수 있습니다. 경로를 루트 경로가 아니라 /'hello'로 변경해봅시다.

```
  @Get('/hello')
  getHello(): string {
    return this.appService.getHello();
  }
```

이제 루트 경로로 요청을 보내면 404 Not found 에러를 만나게 됩니다.

```
{
    "statusCode": 404,
    "message": "Cannot GET /",
    "error": "Not Found"
}
```

브라우저에서 주소를 http://localhost:3000/hello로 변경하면 접속이 되는 것을 확인할 수 있습니다.

@Controller 데커레이터에도 인수를 전달할 수 있습니다. 이를 통해 라우팅 경로의 접두어prefix를 지정합니다. 예를 들어 @Controller('app')이라고 했다면 이제 http://localhost:3000/app/hello 경로로 접근해야 합니다. 보통 컨트롤러가 맡은 리소스의 이름을 지정하는 경우가 많습니다.

> NOTE   Nest는 라우팅 패스가 지정된 클래스나 함수의 이름이 무엇이든 전혀 상관하지 않습니다. getHello 대신 returnHello라고 해도 되겠죠? 일반적인 네이밍 규칙 또는 사내 네이밍 규칙이 있다면 이를 따라 적당한 이름으로 지어보세요.

3.1.2 와일드카드 사용

라우팅 패스는 와일드 카드를 이용하여 작성할 수 있습니다. 예를 들어 별표(*) 문자를 사용하면 문자열 가운데 어떤 문자가 와도 상관없이 라우팅 패스를 구성하겠다는 뜻입니다.

```
@Get('he*lo')
getHello(): string {
  return this.appService.getHello();
}
```

이 코드는 helo, hello, he__lo 같은 경로로 요청을 받을 수 있습니다. * 외에 ?, +, () 문자 역시 정규 표현식에서의 와일드 카드와 동일하게 동작합니다. 단, 하이픈(-)과 점(.)은 문자열로 취급합니다. 즉, @Get('he.lo')는 hello로 요청할 수 없습니다. 와일드 카드는 컨트롤러의 패스를 정할 때만 사용하는 것이 아닙니다. 앞으로 배우게 될 많은 컴포넌트에서 이름을 정할 때 사용할 수 있습니다. 이후에는 반복해서 설명하지 않을 것이므로 필요하다면 와일드 카드를 적용해보세요.

3.1.3 요청 객체

클라이언트는 요청을 보내면서 종종 서버가 원하는 정보를 함께 전송합니다. Nest는 요청과 함께 전달되는 데이터를 핸들러(요청을 처리할 구성 요소, 컨트롤러가 이 역할을 합니다)가 다룰 수 있는 객체로 변환합니다. 이렇게 변환된 객체는 @Req 데커레이터를 이용하여 다룰 수 있습니다.

```
import { Request } from 'express';
import { Controller, Get, Req } from '@nestjs/common';
import { AppService } from './app.service';

@Controller()
export class AppController {
  constructor(private readonly appService: AppService) {}
```

```
  @Get()
  getHello(@Req() req: Request): string {
    console.log(req);
    return this.appService.getHello();
  }
}
```

요청 객체는 HTTP 요청을 나타냅니다. 요청 객체(req)가 어떻게 구성되어 있는지 console로 출력해보세요. 쿼리 스트링, 매개변수, 헤더와 본문 외 많은 정보를 가지고 있습니다. 더 자세한 내용은 Express 문서[1]를 참고하세요.

여러분이 API를 작성할 때 요청 객체를 직접 다루는 경우는 드뭅니다. Nest는 @Query(), @Param (key?: string), @Body() 데커레이터를 이용해서 요청에 포함된 쿼리 매개변수, 패스(경로) 매개변수, 본문body을 쉽게 받을 수 있게 해줍니다.

3.1.4 응답

앞에서 nest g resource Users 명령어로 USERS 리소스에 대한 CRUD API를 만들어봤습니다. 서버를 실행하면 어떤 라우팅 패스를 통해 요청을 받을 수 있는지 콘솔 로그를 통해 확인할 수 있습니다.

```
...
[Nest] 11780  - 2021-09-12 15:01:08    LOG [RoutesResolver] UsersController {/users}: +0ms
[Nest] 11780  - 2021-09-12 15:01:08    LOG [RouterExplorer] Mapped {/users, POST} route +1ms
[Nest] 11780  - 2021-09-12 15:01:08    LOG [RouterExplorer] Mapped {/users, GET} route +0ms
[Nest] 11780  - 2021-09-12 15:01:08    LOG [RouterExplorer] Mapped {/users/:id, GET} route +1ms
[Nest] 11780  - 2021-09-12 15:01:08    LOG [RouterExplorer] Mapped {/users/:id, PATCH} route +0ms
[Nest] 11780  - 2021-09-12 15:01:08    LOG [RouterExplorer] Mapped {/users/:id, DELETE} route +0ms
...
```

Users 리소스에 대한 CRUD 요청 결과를 표로 정리하면 다음과 같습니다.

경로	HTTP 메서드	응답 상태 코드	본문
/users	POST	201	This action adds a new user
/users	GET	200	This action returns all users
/users/1	GET	200	This action returns a #1 user
/users/1	PATCH	200	This action updates a #1 user
/users/1	DELETE	200	This action removes a #1 user

---

1   https://expressjs.com/en/api.html#req

CLI로 자동 생성된 업데이트는 PATCH 메서드를 사용하는 것을 볼 수 있습니다. HTTP 메서드에는 업데이트 동작을 기술하는 메서드가 2가지 있습니다. PUT은 리소스 전체를 교체할 때 쓰고, PATCH는 리소스의 일부를 업데이트할 때 사용합니다. 실제 구현 시에는 이를 엄격하게 지키지 않고 보통 PUT을 사용하긴 하지만, PATCH가 사용되는 걸 본다면 이 같은 뜻을 가진다고 생각하면 됩니다.

각 요청의 성공 응답 코드는 POST일 경우에만 201이고, 나머지는 200인 것을 볼 수 있습니다. 또한 응답 본문은 스트링 값을 가지고 있는데 이는 `UsersController`의 각 메서드가 리턴하는 값입니다. Nest는 이렇게 응답을 어떤 방식으로 처리할지 미리 정의해뒀습니다. `string`, `number`, `boolean`과 같이 자바스크립트 원시 타입을 리턴할 경우 직렬화 없이 바로 보내지만, 객체를 리턴한다면 직렬화를 통해 JSON으로 자동 변환해줍니다. 이 방법이 권장하는 방법이긴 하지만 라이브러리별 응답 객체를 직접 다룰 수도 있습니다. 예를 들어 Express를 사용한다면 `@Res` 데커레이터를 이용해서 Express 응답 객체[2]를 다룰 수 있습니다.

```
@Get()
findAll(@Res() res) {
  const users = this.usersService.findAll()

  return res.status(200).send(users);
}
```

앞서 Nest는 CRUD에 대해 성공 응답으로 POST는 201, 그 외는 200을 보낸다고 했습니다. 만약 이 상태 코드를 다른 값으로 바꾸길 원한다면 어떻게 해야 할까요? Nest는 이를 손쉽게 적용할 수 있는 또 다른 데커레이터 `@HttpCode`를 마련해뒀습니다.

```
import { HttpCode } from '@nestjs/common';

@HttpCode(202)
@Patch(':id')
update(@Param('id') id: string, @Body() updateUserDto: UpdateUserDto) {
  return this.usersService.update(+id, updateUserDto);
}
```

---

2   https://expressjs.com/en/api.html#res

HTTP 202(Accepted)에 대한 설명은 MDN 문서를 인용합니다.[3]

요청이 성공적으로 접수되었으나, 아직 해당 요청에 대해 처리 중이거나 처리 시작 전임을 의미합니다. 요청이 처리 중 실패할 수도 있기 때문에 요청은 실행될 수도 실행되지 않을 수도 있습니다. 이 상태 코드는 비확약적, 즉 HTTP가 나중에 요청 처리 결과를 나타내는 비동기 응답을 보낼 방법이 없다는 것을 의미합니다.

요청을 처리하는 도중 에러가 발생하거나 예외를 던져야 한다면 어떻게 해야 할까요? 예를 들어 유저 정보 조회(GET /users/:id) 요청했는데 id는 1부터 시작하는 규칙을 가지고 있다고 합시다. id가 1보다 작은 값일 경우 400 Bad Request 예외를 던져야 합니다.

```
@Get(':id')
findOne(@Param('id') id: string) {
  if (+id < 1) {
    throw new BadRequestException('id는 0보다 큰 값이어야 합니다.');
  }

  return this.usersService.findOne(+id);
}
```

다음은 id를 0으로 요청한 결과입니다.

```
$ curl -X GET http://localhost:3000/users/0
{
  "statusCode": 400,
  "message": "id는 0보다 큰 값이어야 합니다.",
  "error": "Bad Request"
}
```

NotFoundException 객체의 생성자로 전달한 메시지와 함께 상태 코드가 400인 에러가 발생합니다.

터미널에서 그냥 curl 명령어로 실행하면 위와 같이 JSON 결과가 읽기 편하게 출력되지는 않습니다. 출력을 예쁘게 보려면 예를 들어 다음과 같이 jq에 파이프로 전달하면 됩니다.

```
$ curl -X GET http://localhost:3000/users/0 | jq
```

jq에 대한 자세한 정보는 홈페이지를 참고하세요.

- https://stedolan.github.io/jq/

---

3 https://developer.mozilla.org/ko/docs/Web/HTTP/Status/202

3.1.5 헤더

Nest는 응답 헤더 역시 자동 구성해줍니다.

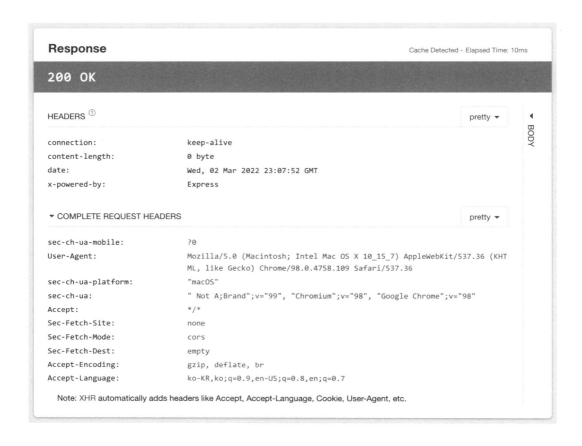

만약 응답에 커스텀 헤더를 추가하고 싶다면 **@Header** 데커레이터를 사용하면 됩니다. 인수로 헤더 이름과 값을 받습니다. 물론 라이브러리에서 제공하는 응답 객체를 사용해서 `res.header()` 메서드 로 직접 설정도 가능합니다.

```
import { Header } from '@nestjs/common';

@Header('Custom', 'Test Header')
@Get(':id')
findOneWithHeader(@Param('id') id: string) {
  return this.usersService.findOne(+id);
}
```

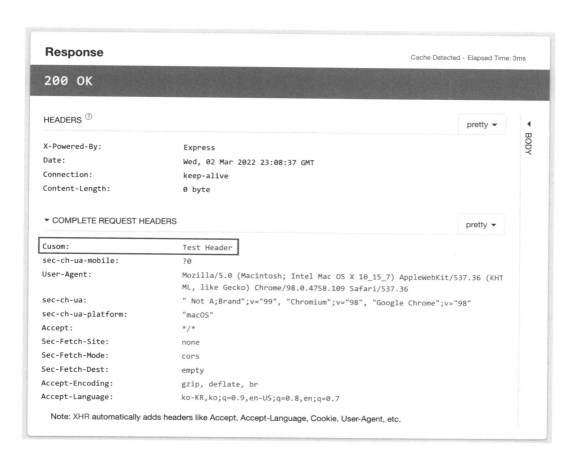

curl 명령어를 사용할 때 자세한 정보를 얻으려면 -v 옵션(또는 --verbose 옵션)을 지정하면 됩니다. -X 옵션을 생략하면 GET으로 동작하므로 옵션이 굳이 필요 없다는 설명이 추가된 것을 볼 수 있습니다. 또한 -v 옵션을 이용하면 헤더를 확인할 수도 있습니다.

```
$ curl http://localhost:3000/users/1 -v
Note: Unnecessary use of -X or --request, GET is already inferred.
*   Trying ::1...
* TCP_NODELAY set
* Connected to localhost (::1) port 3000 (#0)
> GET /users/1 HTTP/1.1
> Host: localhost:3000
> User-Agent: curl/7.64.1
> Accept: */*
>
< HTTP/1.1 200 OK
< X-Powered-By: Express
< Custom: Test Header
< Content-Type: text/html; charset=utf-8
```

```
< Content-Length: 29
< ETag: W/"1d-MU9PTdoaF+1jeHzvs+kaeFq7QDs"
< Date: Mon, 27 Sep 2021 01:23:29 GMT
< Connection: keep-alive
<
* Connection #0 to host localhost left intact
This action returns a #1 user* Closing connection 0
```

3.1.6 리디렉션

종종 서버가 요청을 처리한 후, 요청을 보낸 클라이언트를 다른 페이지로 이동하고 싶은 경우가 있습니다. 이를 리디렉션_{redirection}이라 합니다. 응답 본문에 리디렉션할 URL을 포함해서 클라이언트가스스로 페이지를 이동하게 해도 되지만, @Redirect 데커레이터를 사용하면 쉽게 구현이 가능합니다. 데커레이터의 두 번째 인수는 상태 코드입니다. 301 Moved Permanently는 요청한 리소스가 헤더에 주어진 리소스로 완전히 이동됐다는 뜻입니다. 이 상태 코드를 200과 같이 다른 것으로 바꾸어 응답할 수 있습니다. 하지만 301, 307, 308과 같이 Redirect로 정해진 응답 코드가 아닐 경우 브라우저가제대로 반응하지 않을 수 있습니다.

```
import { Redirect } from '@nestjs/common';

@Redirect('https://nestjs.com', 301)
@Get(':id')
findOne(@Param('id') id: string) {
  return this.usersService.findOne(+id);
}
```

요청을 보내봅시다.

```
$ curl 'http://localhost:3000/users/1' -v
*   Trying ::1...
* TCP_NODELAY set
* Connected to localhost (::1) port 3000 (#0)
> GET /users/1 HTTP/1.1
> Host: localhost:3000
> User-Agent: curl/7.64.1
> Accept: */*
>
< HTTP/1.1 301 Moved Permanently
< X-Powered-By: Express
< Custom: Test Header
< Location: https://nestjs.com
```

```
< Vary: Accept
< Content-Type: text/plain; charset=utf-8
< Content-Length: 52
< Date: Tue, 14 Sep 2021 21:14:59 GMT
< Connection: keep-alive
<
* Connection #0 to host localhost left intact
Moved Permanently. Redirecting to https://nestjs.com* Closing connection 0
```

요청 처리 결과에 따라 동적으로 리디렉트하고자 한다면 응답으로 다음과 같은 객체를 리턴하면 됩니다.

```
{
  "url": string,
  "statusCode": number
}
```

예를 들어 쿼리 매개변수로 버전 숫자를 전달받아 해당 버전의 페이지로 이동한다고 하면 다음처럼 구현할 수 있습니다.

```
@Get('redirect/docs')
@Redirect('https://docs.nestjs.com', 302)
getDocs(@Query('version') version) {
  if (version && version === '5') {
    return { url: 'https://docs.nestjs.com/v5/' };
  }
}
```

참고로 앞서 설명했듯이 Nest는 자바스크립트 객체를 리턴하면 JSON 스트링으로 직렬화를 해서 보내줍니다.

이제 브라우저에서 http://localhost:3000/redirect/docs?version=5를 입력하면 https://docs.nestjs.com/v5/ 페이지로 이동됩니다.

3.1.7 라우트 매개변수

라우트(라우팅) 매개변수는 패스 매개변수라고도 합니다. 이미 앞선 예제에서 사용했습니다. 1번 유저의 정보를 가져오려면 http://localhost:3000/users/1로 요청을 합니다. 여기서 1에 해당하는 부분이 유저 ID인데 당연히 동적으로 구성됩니다. 즉 경로를 구성하는 매개변수가 됩니다. 전달받은 매개변

수는 함수 인수에 @Param 데커레이터로 주입받을 수 있습니다.[4]

라우트 매개변수를 전달받는 방법은 2가지가 있습니다. 먼저 매개변수가 여러 개 전달될 경우 객체로 한 번에 받는 방법입니다. 이 방법은 params의 타입이 any가 되어 권장하지 않습니다. 물론 라우트 매개변수는 타입이 항상 string이기 때문에 명시적으로 { [key: string]: string } 타입을 지정해도 됩니다.

```
@Delete(':userId/memo/:memoId')
deleteUserMemo(@Param() params: { [key: string]: string }) {
  return 'userId: ${params.userId}, memoId: ${params.memoId}';
}
```

더 일반적인 방법은 다음 코드처럼 라우팅 매개변수를 따로 받는 것입니다. REST API를 구성할 때는 라우팅 매개변수의 개수가 너무 많아지지 않게 설계하는 것이 좋기 때문에 따로 받아도 코드가 많이 길어지지는 않습니다.

```
@Delete(':userId/memo/:memoId')
deleteUserMemo(
  @Param('userId') userId: string,
  @Param('memoId') memoId: string,
) {
  return 'userId: ${userId}, memoId: ${memoId}';
}
```

3.1.8 하위 도메인 라우팅

서버에서 제공하는 기능을 API로 외부에 공개하기로 했다고 가정합시다. 현재 회사가 사용하고 있는 도메인은 example.com이고, API 요청은 api.example.com으로 받기로 했습니다. 즉, http://example.com, http://api.example.com로 들어온 요청을 서로 다르게 처리하고 싶다고 합시다. 또한 하위 도메인에서 처리하지 못하는 요청은 원래의 도메인에서 처리되도록 하고 싶다고 합시다. 이런 경우 하위 도메인 라우팅 기법을 쓸 수 있습니다.

먼저 새로운 컨트롤러를 생성합니다. 이후 컴포넌트 생성에 대한 자세한 설명은 생략하겠습니다.

```
$ nest g co Api
```

---

[4]   의존성 주입에 대해서는 이후의 장에서 설명합니다. 지금은 매개변수를 이렇게 받을 수 있다고만 생각하고 넘어갑시다.

app.controller.ts에 이미 루트 라우팅 경로를 가진 엔드포인트가 존재합니다. ApiController에서도 같은 엔드포인트를 받을 수 있도록 하기 위해 ApiController가 먼저 처리되도록 순서를 수정합니다.

```
@Module({
  controllers: [ApiController, AppController],
  ...
})
export class AppModule { }
```

@Controller 데커레이터는 ControllerOptions 객체를 인수로 받는데, host 속성에 하위 도메인을 기술하면 됩니다.

```
@Controller({ host: 'api.example.com' })  //하위 도메인 요청 처리 설정
export class ApiController {
  @Get()  //같은 루트 경로
  index(): string {
    return 'Hello, API';  //다른 응답
  }
}
```

이제 각각 GET 요청을 보내면 응답을 다르게 주는 것을 볼 수 있을 겁니다.

CAUTION 로컬에서 테스트를 하기 위해 하위 도메인을 api.localhost로 지정하면 curl 명령어가 제대로 동작하지 않습니다. 이는 api.localhost가 로컬 요청을 받을 수 있도록 설정되어 있지 않기 때문입니다. 이를 해결하려면 /etc/hosts 파일의 마지막에 127.0.0.1 api.localhost를 추가하고 서버를 다시 구동하면 됩니다. 윈도우의 경우도 마찬가지입니다.

■ /etc/hosts

```
...
127.0.0.1 api.localhost
127.0.0.1 v1.api.localhost
```

코드는 이렇게 바꿉니다.

```
@Controller({ host: 'api.localhost' })  //localhost로 변경
export class ApiController {
  @Get()
  index(): string {
    return 'Hello, API';
  }
}
```

이제 각각 요청을 보내면 원하는 대로 동작하는 것을 볼 수 있습니다.

```
$ curl http://localhost:3000
Hello World!
$ curl http://api.localhost:3000
Hello, API
```

앞서 우리는 요청 패스를 @Param 데커레이터로 받아 동적으로 처리할 수 있었습니다. 유사하게 @HostParam 데커레이터를 이용하면 서브 도메인을 변수로 받을 수 있습니다. API 버저닝을 하는 방법은 여러 가지 있지만 하위 도메인을 이용하는 방법을 많이 사용합니다. 다음과 같이 하위 도메인 라우팅으로 쉽게 API를 버전별로 분리할 수 있습니다.

```
@Controller({ host: ':version.api.localhost' })
export class ApiController {
  @Get()
  index(@HostParam('version') version: string): string {
    return 'Hello, API ${version}';
  }
}
```

host param이 없는 host로 요청을 하면 기존 도메인으로 요청이 처리되는 것을 볼 수 있습니다.

```
$ curl http://v1.api.localhost:3000
Hello, API v1
$ curl http://api.localhost:3000
Hello World!
```

3.1.9 페이로드 다루기

POST, PUT, PATCH 요청은 보통 처리에 필요한 데이터를 함께 실어 보냅니다. 이 데이터 덩어리, 즉 페이로드payload를 본문body [5]이라고 합니다. NestJS에는 데이터 전송 객체data transfer object, DTO가 구현되어 있어 본문을 쉽게 다룰 수 있습니다.

앞서 생성한 Users 리소스를 생성하기 위해 POST /users로 들어오는 본문을 CreateUserDto로 받았습니다. 이제 회원 가입을 처리하기 위해 이름과 이메일을 추가해봅시다.

```
export class CreateUserDto {
```

---

5   https://developer.mozilla.org/ko/docs/Web/HTTP/Messages#본문

```
  name: string;
  email: string;
}

@Post()
create(@Body() createUserDto: CreateUserDto) {
  const { name, email } = createUserDto;

  return '유저를 생성했습니다. 이름: ${name}, 이메일: ${email}';
}
```

이제 유저 생성 API를 요청하고 본문에 데이터가 잘 들어가 있는지 확인해봅시다.

```
$ curl -X POST http://localhost:3000/users -H "Content-Type: application/json" -d '{"name":
"YOUR_NAME", "email": "YOUR_EMAIL@gmail.com"}'
유저를 생성했습니다. 이름: YOUR_NAME, 이메일: YOUR_EMAIL@gmail.com
```

GET 요청에서 서버에 전달할 데이터를 포함할 때는 일반적으로 요청 주소에 포함시킵니다. 예를 들어 유저 목록을 가져오는 요청은 GET /users?offset=0&limit=10과 같이 페이징 옵션이 포함되도록 구성할 수 있습니다. offset은 데이터 목록 중 건너뛸 개수를 의미하고 limit는 offset 이후 몇 개의 데이터를 가져올지 지정합니다. 이 두 쿼리 매개변수를 @Query DTO로 묶어 처리할 수 있습니다.

```
export class GetUsersDto {
  offset: number;
  limit: number;
}
```

지금까지 백엔드 애플리케이션의 관문이라 할 수 있는 컨트롤러를 Nest에서 어떻게 사용하는지 살펴봤습니다. 정리하자면, 컨트롤러는 서버로 들어오는 요청을 처리하고 응답을 가공합니다. 서버에서 제공하는 기능을 어떻게 클라이언트와 주고받을지에 대한 인터페이스를 정의하고 데이터의 구조를 기술합니다.

3.2 유저 서비스의 인터페이스

이제 앞서 1장에서 소개한 유저 서비스의 인터페이스를 정의하고 컨트롤러를 구현하겠습니다. 우리의 유저 서비스는 외부에서 4가지의 요청을 받아 처리합니다. 프런트엔드의 UI 화면까지 다루지는 않을 것이므로 프런트에서 요청이 전달된다고 가정하고 진행하겠습니다.

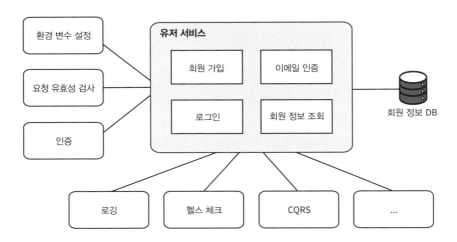

각 요청에 대한 인터페이스는 다음과 같이 정의합니다.

기능	엔드포인트	본문 데이터 예 (JSON)	패스 매개변수	응답
회원 가입	POST /users	{ "name": "YOUR_NAME", "email": "YOUR_EMAIL@ gmail.com", "password": "PASSWORD"}		201
이메일 인증	POST /users/ email-verify	{ "signupVerifyToken": " 임의의 문자열"}		201 액세스 토큰
로그인	POST /users/login	{ "email": "YOUR_EMAIL@ gmail.com", "password": "PASSWORD"}		201 액세스 토큰
회원 정보 조회	GET /users/:id		id: 유저 생성 시 만들어진 유저 ID. email이 아니라 임의의 문자열	200 회원 정보

이제 앞에서 정의한 인터페이스를 컨트롤러에 만들어봅시다. AppController와 AppService는 불필요하므로 삭제 후 컴파일 에러가 발생하는 부분을 수정해줍니다. 그리고 UserController를 생성합니다.

```
$ nest g co Users
```

이제 src 디렉터리 내의 파일은 이렇게 구성되었습니다.

```
src
├── app.module.ts
```

```
├── main.ts
└── users
    └── users.controller.ts
```

먼저 회원 가입 인터페이스를 UsersController에 구현해보겠습니다.

```
import { Body, Controller, Post } from '@nestjs/common';
import { CreateUserDto } from './dto/create-user.dto';

@Controller('users')
export class UsersController {
  @Post()
  async createUser(@Body() dto: CreateUserDto): Promise<void> {
    console.log(dto);
  }
}
```

회원 가입 요청의 본문을 CreateUserDto 클래스로 받습니다. src/users/dto/에 create-user.dto.ts 파일을 만들고 이름, 이메일, 패스워드 데이터를 정의하는 DTO를 정의합니다.

```
export class CreateUserDto {
  readonly name: string;
  readonly email: string;
  readonly password: string;
}
```

이제 서버를 구동하고 요청을 보내서 dto에 데이터가 제대로 전달되는지 확인합니다. 요청 헤더에는 본문이 JSON 형식임을 나타내는 Content-Type 헤더를 추가합니다.

```
$ curl -X POST http://localhost:3000/users -H "Content-Type: application/json" -d '{"name":
"YOUR_NAME", "email": "YOUR_EMAIL@gmail.com"}'
{
  name: 'YOUR_NAME,
  email: 'YOUR_EMAIL@gmail.com',
  password: 'PASSWORD'
}
```

마찬가지로 나머지 인터페이스들도 컨트롤러에 구현합니다.

현업에서는 이렇게 계층별로 구현하는 것보다는 일명 '김밥 썰기'라고 부르는 기능별 구현 방식을 추천합니다. 업무를 진행할 때는 여러 개발자가 본인이 맡은 기능을 여러 레이어에 걸쳐 구현하는 것이 보통입니다. 또한 전체 레이어를 관통하여 구현해야 요청 처리가 전체 레이어에 걸쳐 문제없이 동작하는지 확인할 수 있습니다. 책에서는 컨트롤러, 서비스, 데이터베이스 등의 컴포넌트를 설명한 후 예시를 들기 때문에 레이어별로 구현하는 방식으로 진행합니다.

```typescript
import { Body, Controller, Get, Param, Post, Query } from '@nestjs/common';
import { CreateUserDto } from './dto/create-user.dto';
import { UserLoginDto } from './dto/user-login.dto';
import { VerifyEmailDto } from './dto/verify-email.dto';
import { UserInfo } from './UserInfo';

@Controller('users')
export class UsersController {
  @Post()
  async createUser(@Body() dto: CreateUserDto): Promise<void> {
    console.log(dto);
  }

  @Post('/email-verify')
  async verifyEmail(@Query() dto: VerifyEmailDto): Promise<string> {  //❶
    console.log(dto);
    return;
  }

  @Post('/login')
  async login(@Body() dto: UserLoginDto): Promise<string> {  //❷
    console.log(dto);
    return;
  }

  @Get('/:id')  //❸
  async getUserInfo(@Param('id') userId: string): Promise<UserInfo> {
    console.log(userId);
    return;
  }
}
```

❶ 이메일 인증 시 URL에 포함되어 전달되는 쿼리 매개변수를 @Query 데커레이터와 함께 선언한 DTO로 받습니다.

```typescript
export class VerifyEmailDto {
  signupVerifyToken: string;
}
```

❷ 로그인을 할 때 유저가 입력한 데이터는 본문으로 전달되도록 합니다.

```
export class UserLoginDto {
  email: string;
  password: string;
}
```

❸ 유저 정보 조회 시 유저 아이디를 패스 매개변수 id로 받습니다. @Get 데커레이터의 인수에 있는 id와 @Param 데커레이터의 인수로 있는 id는 이름이 같아야 합니다. 유저 정보는 다음과 같은 인터페이스로 구성됩니다.

```
export interface UserInfo {
  id: string;
  name: string;
  email: string;
}
```

이제 추가로 구현한 요청을 보내서 콘솔에 데이터가 제대로 전달되는지 확인합니다. 반환값은 추후 구현할 것이기 때문에 바로 return을 썼습니다. 각 단계에 대한 요청과 응답은 다음과 같습니다.

■ 이메일 인증

```
$ curl -X POST http://localhost:3000/users/email-verify\?signupVerifyToken\=test_token
{ signupVerifyToken: 'test_token' }
```

■ 로그인

```
$ curl -X POST http://localhost:3000/users/login -H "Content-Type: application/json" -d
'{"email": "YOUR_EMAIL@gmail.com", "password": "PASSWORD"}'
{ email: 'YOUR_EMAIL@gmail.com', password: 'PASSWORD' }
```

■ 회원 정보 조회

```
$ curl -X GET http://localhost:3000/users/user-id
user-id
```

관점 지향 프로그래밍은 횡단 관심사의 분리를 허용함으로써 모듈성을 증가시키는 것이 목적인 프로그래밍 패러다임이다.[1]

백엔드 애플리케이션은 갖춰야 할 요구 사항이 많이 있습니다. 여기서 요구 사항이라 함은 서비스가 제공하는 핵심 기능을 해결하기 위한 사용자의 요구 사항뿐만 아니라 유효성 검사, 로깅, 보안, 트랜잭션과 같이 애플리케이션 전반에 걸쳐 제공해야 하는 공통 요소를 포함합니다. 이를 **횡단 관심사** cross-cutting concern라고 부릅니다.

소스 코드에서 횡단 관심사를 따로 분리하여 구현하지 않으면 우리가 작성하는 애플리케이션의 코드는 횡단 관심사 코드와 섞여 뒤죽박죽이 되고 맙니다. 코드는 읽고 이해하기 어렵게 되고 모듈로서의 응집도가 떨어질 뿐 아니라 유지 보수가 어렵게 됩니다.

관점 지향 프로그래밍 aspect-oriented programming, AOP 패러다임은 이런 어려움을 해결하기 위해 발전해왔고 여러 프레임워크의 기능으로 흡수되었습니다. Nest에서는 횡단 관심사를 비즈니스 로직과 쉽게 분리할 수 있습니다. 대표적인 컴포넌트로 **인터셉터** interceptor가 있습니다(13장에서 더 살펴봅니다). 인터셉터는 서버로 들어오는 요청과 서버에서 나가는 응답 객체를 가로채서 변경할 수 있습니다. 예를 들어 들어오는 요청 객체에 포함된 정보들을 이용하여 로깅 기능을 구성하거나, snake_case로 작성된 응답 객체의 키를 camelCase로 바꿀 수 있습니다. 또 예외 필터를 이용하여 어느 코드에서든 발생하는 에러를 잡아서 일관적인 예외 처리 로직으로 동작하도록 할 수 있습니다.

Nest는 데커레이터를 활용하여 AOP를 적용합니다. 2장에서 타입스크립트 데커레이터의 개념을 자세하게 알아봤습니다. 앞서 컨트롤러의 예에서도 데커레이터가 쓰이고 있고 앞으로 배울 컴포넌트들에서도 데커레이터가 많이 활용됩니다. Nest에서 AOP를 구현할 때 전역으로 적용하지 않고 특정 컴포넌트에만 적용할 때에는 데커레이터를 사용합니다. 이를 잘 활용하면 핵심 코드만 짧고 이해하기 쉽게 작성할 수 있습니다. 또 필요한 데커레이터가 없다면 직접 만들어 사용할 수도 있습니다.

---

1   https://ko.wikipedia.org/wiki/관점_지향_프로그래밍

4

핵심 도메인 로직을 포함하는 프로바이더

4.1 프로바이더

컨트롤러는 요청과 응답을 가공하고 처리하는 역할을 맡는다고 했습니다. 하지만 서버가 제공하는 핵심 기능은 전달받은 데이터를 어떻게 비즈니스 로직으로 해결하는가입니다. 음식 배달 앱에서 메뉴 목록 조회를 요청한다고 했을 때, 사용자 주변에 위치한 가게를 DB에서 검색하는 작업을 수행해야 합니다. 또 사용자가 좋아할 만한 메뉴가 학습되어 있다면 이를 기반으로 추천 메뉴 구성을 바꿀 수도 있을 것입니다. 앱이 제공하고자 하는 핵심 기능, 즉 비즈니스 로직을 수행하는 역할을 하는 것이 **프로바이더**provider입니다. 컨트롤러가 이 역할을 수행할 수도 있겠지만 소프트웨어 구조상 분리해두는 것이 단일 책임 원칙single responsibility principle, SRP에 더 부합하겠죠? 그렇지 않으면 코드가 뒤죽박죽 스파게티처럼 될 겁니다. 😭

프로바이더는 서비스service, 저장소repository, 팩터리factory, 헬퍼helper 등 여러 가지 형태로 구현이 가능합니다. 각각의 개념은 소프트웨어 아키텍처를 다루는 다른 자료를 참고하길 바랍니다.

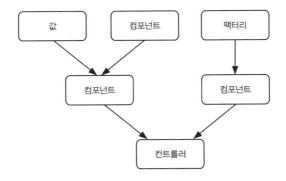

Nest에서 제공하는 프로바이더의 핵심은 의존성을 주입할 수 있다는 점입니다. 의존성을 주입하기 위한 라이브러리가 많이 있지만 Nest가 이를 제공해주기 때문에 손쉽게 사용할 수 있습니다.

> **NOTE** 의존성 주입(dependency injection, DI)은 OOP에서 많이 활용하는 기법입니다. 의존성 주입을 이용하면 객체를 생성하고, 사용할 때 관심사를 분리할 수 있습니다. 이는 코드 가독성과 재사용성이 높은 SW를 만들게 도와줍니다.

UsersController 코드를 다시 살펴봅시다.

```
@Controller('users')
export class UsersController {
  constructor(private readonly usersService: UsersService) {}
    ...

    @Delete(':id')
    remove(@Param('id') id: string) {
      return this.usersService.remove(+id);
    }
}
```

컨트롤러는 비즈니스 로직을 직접 수행하지 않습니다. 컨트롤러에 연결된 UsersService 클래스에서 수행합니다. UsersService는 UsersController의 생성자에서 주입받아, UsersService라는 객체 멤버 변수에 할당되어 사용했습니다. 아직 데이터베이스를 연결하지 않았기 때문에 UsersService 내부의 코드는 문자열을 리턴하는 임시 코드만 작성되어 있지만 UsersService에 어떻게 작업을 위임하는지 보여줍니다.

```
import { Injectable } from '@nestjs/common';

@Injectable()
export class UsersService {
    ...
```

```
  remove(id: number) {
    return 'This action removes a #${id} user';
  }
}
```

@Injectable 데커레이터를 주목하세요. UsersService 클래스에 이 데커레이터를 선언함으로써 다른 어떤 Nest 컴포넌트에서도 주입할 수 있는 프로바이더가 됩니다. 별도의 스코프scope를 지정해주지 않으면 일반적으로 싱글턴 인스턴스가 생성됩니다.

4.2 프로바이더 등록과 사용

4.2.1 프로바이더 등록

프로바이더 인스턴스 역시 모듈에서 사용할 수 있도록 등록을 해줘야 합니다. 자동 생성된 코드에서 UsersModule 모듈에 등록해둔 것을 볼 수 있습니다.

```
@Module({
    ...
  providers: [UsersService]
})
export class UsersModule {}
```

4.2.2 속성 기반 주입

지금까지는 생성자를 통해 프로바이더를 주입받았습니다. 하지만 프로바이더를 직접 주입받아 사용하지 않고 상속 관계에 있는 자식 클래스를 주입받아 사용하고 싶은 경우가 있습니다. 레거시 클래스를 확장한 새로운 클래스를 만드는 경우 새로 만든 클래스를 프로바이더로 제공하고 싶은 경우입니다. 이럴 때는 자식 클래스에서 부모 클래스가 제공하는 함수를 호출하기 위해서는 부모 클래스에서 필요한 프로바이더를 super()를 통해 전달해줘야 합니다. 예를 들어보겠습니다.

■ base-service.ts

```
// @Injectable이 선언되어 있지 않습니다. BaseService 클래스를 직접 참조하지 않기 때문입니다.
export class BaseService {
  constructor(private readonly serviceA: ServiceA) {}

  getHello(): string {
```

```
    return 'Hello World BASE!';
  }

  doSomeFuncFromA(): string {
    return this.serviceA.getHello();
  }
}
```

■ service-A.ts

```
@Injectable()
export class ServiceA {
  getHello(): string {
    return 'Hello World A!';
  }
}
```

■ service-B.ts

```
@Injectable()
export class ServiceB extends BaseService {
  getHello(): string {
    return this.doSomeFuncFromA();
  }
}
```

만약 컨트롤러에서 ServiceB를 주입하고, getHello()를 호출한다면 이는 BaseService의 doSomeFuncFromA 함수를 호출하게 됩니다. 하지만 BaseService는 주입을 받을 수 있는 클래스로 선언되어 있지 않기 때문에 Nest의 IoC 컨테이너는 생성자에 선언된 ServiceA를 주입하지 않습니다. 이 상태에서 컨트롤러에 서비스를 호출하는 엔드포인트를 만들고 작동을 해보면 에러가 발생합니다.

```
@Controller()
export class AppController {
  constructor(
    private readonly serviceB: ServiceB,
  ) { }

  @Get('/serviceB')
  getHelloC(): string {
    return this.serviceB.getHello();
  }
}
```

요청을 확인해볼까요?

```
$ curl http://localhost:3000/serviceB
{
  "statusCode": 500,
  "message": "Internal server error"
}
```

콘솔에 찍혀 있는 콜 스택을 보니 `this.serviceB` 객체가 `undefined`라는 것을 알 수 있습니다.

이 문제를 해결하기 위해서는 ServiceB에서 super를 통해 ServiceA의 인스턴스를 전달해줘야 합니다.

```
@Injectable()
export class ServiceB extends BaseService {
  constructor(private readonly _serviceA: ServiceA) {
    super(_serviceA);
  }

  getHello(): string {
    return this.doSomeFuncFromA();
  }
}
```

이제 에러 없이 원하는 결과를 얻었습니다.

```
$ curl http://localhost:3000/serviceB
Hello World A!
```

이렇게 매번 super로 필요한 프로바이더를 전달하는 방식은 매우 귀찮습니다. 이럴 때는 속성 기반 프로바이더를 이용할 수 있습니다.

```
export class BaseService {
  @Inject(ServiceA) private readonly serviceA: ServiceA;
  ...

  doSomeFuncFromA(): string {
    return this.serviceA.getHello();
  }
}
```

BaseService 클래스의 serviceA 속성에 @Inject 데커레이터를 달아줍니다. 데커레이터의 인수는 타입(클래스 이름), 문자열, 심벌을 사용할 수 있습니다. 어떤 걸 쓸지는 프로바이더가 어떻게 정의되었느냐에 따라 달라집니다. @Injectable이 선언된 클래스는 클래스 이름 타입을 쓰면 됩니다. 문자열과 심벌은 커스텀 프로바이더일 경우 사용합니다. **심화 학습 #1**을 참고하세요.

NOTE   상속 관계에 있지 않는 경우는 속성 기반 주입을 사용하지 말고 생성자 기반 주입을 사용하는 것을 권장합니다.

4.3 유저 서비스에 회원 가입 로직 구현하기

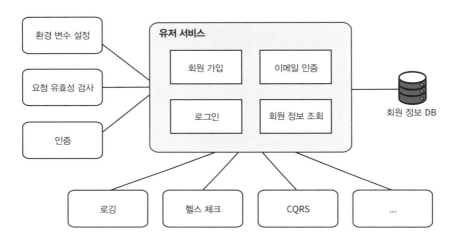

이제 우리가 만들고자 하는 유저 서비스의 핵심 기능인 회원 가입, 이메일 인증, 로그인, 회원 정보 조회 기능을 구현해보겠습니다. 먼저 회원 가입화면을 통해 유저 정보를 입력받아 유저 생성 요청을 받습니다. 프런트엔드에서 유저 생성과 관련한 데이터를 전달해준다고 가정하고 백엔드 기능만을 구현하겠습니다. 이 과정에서 DB에 유저 정보를 저장하고 유저에게 회원 가입 확인 이메일을 발송합니다. DB에 저장하는 로직은 이후 8장에서 TypeORM을 학습한 후 구현하겠습니다. 이메일을 발송하는 것은 가입하고자 하는 회원의 이메일이 유효한 이메일인지 검증하는 과정입니다. 이메일 본문에는 다시 이메일 검증을 위한 요청으로의 링크가 포함되어 있습니다. 사용자가 이 링크를 누르면 이메일 승인 요청이 들어오게 되고 회원 가입 준비 단계에 있는 유저를 승인합니다.

4.3.1 UsersService 프로바이더 생성

nest g s Users 명령어로 UsersService 프로바이더를 생성합니다.

```
$ nest g s Users
CREATE src/users/users.service.spec.ts (453 bytes)
CREATE src/users/users.service.ts (89 bytes)
UPDATE src/app.module.ts (274 bytes)
```

AppModule에 UsersService가 추가되어 있습니다.

```
import { Module } from '@nestjs/common';
import { UsersController } from './users/users.controller';
import { UsersService } from './users/users.service';

@Module({
  imports: [],
  controllers: [UsersController],
  providers: [UsersService],
})
export class AppModule { }
```

아직 테스트를 작성하는 방법을 배우지 않았으니 .spec.ts로 끝나는 파일은 지우겠습니다. 이제 src 디
렉터리 내의 파일은 다음처럼 구성되었습니다.

```
src
├── app.module.ts
├── main.ts
└── users
    ├── UserInfo.ts
    ├── dto
    │   ├── create-user.dto.ts
    │   ├── user-login.dto.ts
    │   └── verify-email.dto.ts
    ├── users.controller.ts
    └── users.service.ts
```

4.3.2 회원 가입

이제 회원 가입 요청을 구현해봅시다. POST /users 엔드포인트를 담당하는 컨트롤러를 수정합니다.

```
import { Body, Controller, Post } from '@nestjs/common';
import { CreateUserDto } from './dto/create-user.dto';
import { UsersService } from './users.service';
```

```
@Controller('users')
export class UsersController {
  constructor(private usersService: UsersService) { }  //❶

  @Post()
  async createUser(@Body() dto: CreateUserDto): Promise<void> {
    const { name, email, password } = dto;
    await this.usersService.createUser(name, email, password);  //❷
  }
}
```

❶ UsersService를 컨트롤러에 주입합니다.

❷ dto에서 얻은 정보를 UsersService에 전달합니다.

내부 구현을 담당하는 UsersService를 구현하기에 앞서 이메일 검증 시 필요한 토큰 형식을 uuid로 쓸 것이기 때문에 uuid 라이브러리를 설치합니다.

```
$ npm i uuid
$ npm i --save-dev @types/uuid
```

UsersService 구현은 다음과 같습니다.

```
import * as uuid from 'uuid';
import { Injectable } from '@nestjs/common';

@Injectable()
export class UsersService {
  async createUser(name: string, email: string, password: string) {
    await this.checkUserExists(email);  //❶

    const signupVerifyToken = uuid.v1();

    await this.saveUser(name, email, password, signupVerifyToken);  //❷
    await this.sendMemberJoinEmail(email, signupVerifyToken);  //❸
  }

  private checkUserExists(email: string) {  //❶
    return false; // TODO: DB 연동 후 구현
  }

  private saveUser(name: string, email: string, password: string, signupVerifyToken: string) {  //❷
    return; // TODO: DB 연동 후 구현
  }
```

```
private async sendMemberJoinEmail(email: string, signupVerifyToken: string) { //❸
  await this.emailService.sendMemberJoinVerification(email, signupVerifyToken);
}
}
```

❶ 가입하려는 유저가 존재하는지 검사합니다. 만약 이미 존재하는 유저, 즉 가입 처리된 유저라면 에러를 발생시킵니다. DB를 연동한 후 구현을 해야 하므로 일단 `false`를 리턴하도록 합니다.

❷ 유저를 데이터베이스에 저장합니다. 우리는 아직 데이터베이스를 연결하지 않았으므로, 제대로 저장했다고 가정합니다. 이때 토큰이 필요한데, 토큰은 유저가 회원 가입 메일을 받고 링크를 눌러 이메일 인증을 할 때 다시 받게 되는 토큰입니다. 이 토큰으로 현재 가입하려는 회원이 본인의 이메일로 인증한 것인지 한 번 더 검증하는 장치를 마련합니다. 토큰을 만들 때는 유효 기간을 설정하여 일정 기간 동안만 인증이 가능하도록 할 수도 있을 것입니다.

❸ 회원 가입 인증 이메일을 발송합니다.

4.3.3 회원 가입 이메일 발송

이메일 서비스를 직접 만들어도 되지만 비즈니스에 더 집중하기 위해 보통 외부 이메일 서비스를 많이 사용합니다. 외부 이메일 서비스를 고를 때 고려할 점은 이메일 전송, 전송 기록 확인, 이메일 보안뿐 아니라 스팸 처리, 바운스(이메일 수신 서버로부터 이메일이 반송되는 것) 확인 기능을 매끄럽게 제공하는지 등입니다. 물론 이메일 전송 자체의 안정성이 가장 중요합니다. 국내외에 좋은 이메일 서비스가 많이 있으니 성능과 가격을 따져보고 선정하기 바랍니다.

여기에서는 간단하게 무료로 이메일 전송을 해주는 **nodemailer**[1]라는 라이브러리를 사용하겠습니다. 테스트용으로만 사용하고 상용 서비스에는 적용하지 마세요.

먼저 라이브러리를 설치합니다.

```
$ npm i nodemailer
$ npm i @types/nodemailer --save-dev
```

`UsersService`는 유저의 정보를 저장, 조회하는 역할을 위주로 합니다. Email 처리를 담당하는 `EmailService` 프로바이더를 새로 만들겠습니다.

---

1 https://www.npmjs.com/package/nodemailer

```
$ nest g s Email
CREATE src/email/email.service.spec.ts (453 bytes)
CREATE src/email/email.service.ts (89 bytes)
UPDATE src/app.module.ts (342 bytes)
```

email 디렉터리로 소스 코드도 분리되었습니다. 역시 .spec.ts 파일은 지워줍니다.

이제 UsersService의 sendMemberJoinEmail 메서드를 구현할 수 있습니다. 먼저 EmailService를 UsersService에서 주입받고 메일 발송 메서드를 호출하면 됩니다.

```
import { EmailService } from 'src/email/email.service';

export class UsersService {
  constructor(private emailService: EmailService) { }
    ...

  private async sendMemberJoinEmail(email: string, signupVerifyToken: string) {
    await this.emailService.sendMemberJoinVerification(email, signupVerifyToken);
  }
}
```

남은 일은 EmailService에서 nodemailer를 이용해서 이메일을 보내는 것이군요. 구글 계정을 이용하여 메일을 전송해보겠습니다.

```
import Mail = require('nodemailer/lib/mailer');
import * as nodemailer from 'nodemailer';

import { Injectable } from '@nestjs/common';

interface EmailOptions {  //❶
  to: string;
  subject: string;
  html: string;
}

@Injectable()
export class EmailService {
  private transporter: Mail;

  constructor() {
    this.transporter = nodemailer.createTransport({  //❷
      service: 'Gmail',
```

```
      auth: {
        user: 'YOUR_GMAIL',
        pass: 'YOUR_PASSWORD',
      }
    });
  }

  async sendMemberJoinVerification(emailAddress: string, signupVerifyToken: string) {
    const baseUrl = 'http://localhost:3000';

    const url = '${baseUrl}/users/email-verify?signupVerifyToken=${signupVerifyToken}';  //❸

    const mailOptions: EmailOptions = {
      to: emailAddress,
      subject: '가입 인증 메일',
      //❹
      html: '
        가입확인 버튼을 누르시면 가입 인증이 완료됩니다.<br/>
        <form action="${url}" method="POST">
          <button>가입확인</button>
        </form>
      '
    }

    return await this.transporter.sendMail(mailOptions);  //❺
  }
}
```

❶ 메일 옵션 타입입니다. 수신자to, 메일 제목subject, html 형식의 메일 본문html을 가집니다.

❷ nodemailer에서 제공하는 Transporter 객체를 생성합니다.

❸ 유저가 누를 버튼이 가질 링크를 구성합니다. 이 링크를 통해 다시 우리 서비스로 이메일 인증 요청이 들어옵니다.

❹ 메일 본문을 구성합니다. form 태그를 이용하여 POST 요청을 합니다.

❺ transporter 객체를 이용하여 메일을 전송합니다.

여기서 주의해야 할 점은 전송 서버로 이용할 이메일 서비스의 계정과 비밀번호, 그리고 유저가 인증할 때 URL을 구성하는 도메인 주소가 하드코딩되어 있다는 것입니다. 도메인 주소는 우리가 지금 로컬에서 서버를 띄워서 구현하고 있기 때문에 localhost:3000으로 했습니다. 'YOUR_GMAIL', 'YOUR_PASSWORD' 부분은 여러분이 사용하시는 Gmail 계정을 소스에 입력해보세요. 이후 장에서는 하드코딩하지 않고 환경 변수로 관리하는 방법을 적용해보겠습니다.

이메일 전송을 위해 아직 한 가지 남은 작업이 있습니다. nodemailer는 간단한 이메일 전송 테스트만을 위해 작성한 라이브러리이기 때문에 Gmail에서 보안이 낮은 앱으로 판단합니다. 따라서 '구글 계정 설정 > Google에 로그인' 메뉴에서 앱 비밀번호를 생성해서 사용해야 합니다. 이렇게 앱 비밀번호를 생성하려면 먼저 2단계 인증을 활성화해야 합니다.

이제 요청을 보내보면 회원 가입 이메일이 해당 주소로 전달되는 것을 볼 수 있습니다.

```
$ curl http://localhost:3000/users -H "Content-Type: application/json" -X POST -d '{"name":"
YOUR_NAME","email":"YOUR_EMAIL@gmail.com","password":"YOUR_PASSWORD"}'
```

■ 받은 메일

■ 메일 본문

4.3.4 이메일 인증

받은 메일을 확인하고 [가입확인] 버튼을 눌러 다시 요청이 전달되는지 확인해보세요. /email-verify 엔드포인트로 요청이 왔을 때 컨트롤러에서 dto 객체를 서버 콘솔 로그로 출력하도록 되어 있습니다. 다음과 같은 로그가 출력될 것입니다.

```
{ signupVerifyToken: '3ce8d960-5ce2-11ec-b778-7359731ca769' }
```

이메일 인증 로직 역시 UsersService에 처리 로직을 위임하도록 합시다.

```
@Post('/email-verify')
async verifyEmail(@Query() dto: VerifyEmailDto): Promise<string> {
  const { signupVerifyToken } = dto;

  return await this.usersService.verifyEmail(signupVerifyToken);
}
```

UsersService에는 이메일 인증 로직을 구현해야 합니다. 역시 데이터베이스가 필요하기 때문에 나중에 구현할 사항을 주석으로 적어두고, 일단은 에러를 일으키도록 해두겠습니다.

```
async verifyEmail(signupVerifyToken: string): Promise<string> {
  // TODO
  // 1. DB에서 signupVerifyToken으로 회원 가입 처리중인 유저가 있는지 조회하고 없다면 에러 처리
  // 2. 바로 로그인 상태가 되도록 JWT를 발급

  throw new Error('Method not implemented.');
}
```

4.3.5 로그인

이제 로그인 요청을 처리해봅시다. 컨트롤러에는 요청, 응답 처리만 하고 UsersService로 위임합니다.

```
@Post('/login')
async login(@Body() dto: UserLoginDto): Promise<string> {
  const { email, password } = dto;

  return await this.usersService.login(email, password);
}
```

로그인 로직은 전달받은 이메일 주소와 패스워드로 가입처리가 완료된 유저가 존재하는지 검사하고, 만약 존재한다면 JWT 토큰을 응답으로 돌려주는 것입니다. 역시 데이터베이스가 구현되어 있지 않기 때문에 예외를 던지도록 구현해두겠습니다.

```
async login(email: string, password: string): Promise<string> {
  // TODO
  // 1. email, password를 가진 유저가 존재하는지 DB에서 확인하고 없다면 에러 처리
  // 2. JWT를 발급

  throw new Error('Method not implemented.');
}
```

4.3.6 유저 정보 조회

이전 구현과 마찬가지로 컨트롤러와 서비스를 구현합니다.

```
@Get('/:id')
async getUserInfo(@Param('id') userId: string): Promise<UserInfo> {
  return await this.usersService.getUserInfo(userId);
}
```

```
async getUserInfo(userId: string): Promise<UserInfo> {
  // TODO
  // 1. userId를 가진 유저가 존재하는지 DB에서 확인하고 없다면 에러 처리
  // 2. 조회된 데이터를 UserInfo 타입으로 응답

  throw new Error('Method not implemented.');
}
```

Node.js는 다른 웹 프레임워크와는 다르게, 멀티 스레드 상태 비저장stateless 모델을 따르지 않습니다. 따라서 싱글턴 인스턴스를 사용하는 것은 안전한 방식입니다. 이는 요청으로 들어오는 모든 정보(DB 커넥션 풀, 전역 싱글턴 서비스 등)들을 공유할 수 있다는 것을 의미합니다.

하지만 GraphQL 애플리케이션의 요청별 캐싱을 한다거나 요청을 추적하거나 또는 멀티테넌시multitenancy[1]를 지원하기 위해서는 요청 기반으로 생명주기를 제한해야 합니다.

컨트롤러와 프로바이더에 **스코프**scope 옵션을 주어 생명주기를 지정하는 방법이 있습니다. 지정하는 방법을 알아보기 전에 스코프에는 어떤 것들이 있는지 살펴봅시다.

- **DEFAULT**: 싱글턴 인스턴스가 전체 애플리케이션에서 공유됩니다. 인스턴스 수명은 애플리케이션 생명주기와 같습니다. 애플리케이션이 부트스트랩[2] 과정을 마치면 모든 싱글턴 프로바이더의 인스턴스가 만들어집니다. 따로 선언하지 않으면 DEFAULT가 적용됩니다.
- **REQUEST**: 들어오는 요청마다 별도의 인스턴스가 생성됩니다. 요청을 처리하고 나면 인스턴스는 쓰레기 수집garbage-collected됩니다.
- **TRANSIENT**: '임시'라는 의미로, 이 스코프를 지정한 인스턴스는 공유되지 않습니다. 이 프로바이더를 주입하는 각 컴포넌트는 새로 생성된 전용 인스턴스를 주입받게 됩니다.

가능하면 DEFAULT 스코프를 사용하는 것을 권장합니다. 싱글턴 인스턴스를 공유한다는 것은 인스턴스를 캐시할 수 있고, 초기화가 애플리케이션 시작 중에 한 번만 발생하므로 메모리와 동작 성능을 향상할 수 있습니다.

프로바이더에 스코프 적용하기

@Injectable 데커레이터에 scope 속성을 주는 방법입니다.

```
import { Injectable, Scope } from '@nestjs/common';

@Injectable({ scope: Scope.REQUEST })
```

---

1 하나의 애플리케이션 인스턴스가 여러 사용자에게 각각 다르게 동작하도록 하는 SW 아키텍처를 말합니다. 반대로 각 사용자마다 인스턴스가 새로 만들어지도록 하는 멀티 인스턴스 방식이 있습니다. 요즘 대부분의 서비스는 멀티테넌시 방식을 채택하고 있습니다.
2 애플리케이션 또는 시스템이 처음 구동되는 과정

```
export class CatsService {}
```

커스텀 프로바이더를 사용할 때 역시 마찬가지입니다.

```
{
  provide: 'CACHE_MANAGER',
  useClass: CacheManager,
  scope: Scope.TRANSIENT,
}
```

컨트롤러에 스코프 적용하기

@Controller 데커레이터는 ControllerOptions을 인수로 받을 수 있습니다. ControllerOptions는
ScopeOptions를 상속합니다.

```
export declare function Controller(options: ControllerOptions): ClassDecorator;

export interface ControllerOptions extends ScopeOptions, VersionOptions {
    path?: string | string[];
    host?: string | RegExp | Array<string | RegExp>;
}

export interface ScopeOptions {
    scope?: Scope;
}
```

따라서 다음 코드와 같이 scope 속성을 전달할 수 있습니다.

```
@Controller({
  path: 'cats',
  scope: Scope.REQUEST,
})
export class CatsController {}
```

스코프 계층

스코프 계층scope hierarchy은 컴포넌트가 가질 수 있는 스코프의 범위를 나타냅니다. 스코프는 컨트롤러와 프로바이더에 선언할 수 있는데 만약 연관된 컴포넌트들이 서로 다른 스코프를 가지게 된다면 어떻게 될까요? 예를 들어 CatsController ➡ CatsService ➡ CatsRepository 같은 종속성 그래프를 가지고 있는 상태에서 CatsService는 REQUEST 스코프를 가지고, 나머지는 모두 DEFAULT 스코프를 가질 경우를 가정해봅시다. 이때 CatsController는 CatsService에 의존적이기 때문에 REQUEST로 변경됩니다. 하지만 CatsRepository는 CatsService에 의존하고 있지 않으므로 그대로 DEFAULT로 남게 됩니다. 즉 종속성을 가진 컴포넌트의 스코프를 따라가게 됩니다.

4장에서 프로바이더를 모듈에 등록할 때는 프로바이더 클래스 이름을 그대로 사용했습니다.

```
@Module({
  providers: [UsersService],
})
export class AppModule {}
```

아직 모듈을 제대로 학습하지는 않았지만 이 방식이 프로바이더를 모듈에 등록하는 일반적인 방법이고 사용하기도 간편합니다. 하지만 기능을 확장하다 보면 라이브러리에 선언된 클래스를 가져오거나, 테스트 코드에 모의 객체mock를 사용하려고 할 때와 같이 이 방식을 사용하지 못하는 경우가 있습니다.

이럴 때 **커스텀 프로바이더**custom provider를 사용하면 좋습니다. 구체적으로 다음 세 가지 경우에 커스텀 프로바이더를 사용해야 합니다.

1. Nest 프레임워크가 만들어주는 인스턴스 또는 캐시된 인스턴스 대신 인스턴스를 직접 생성하고 싶은 경우
2. 여러 클래스가 의존관계에 있을 때 이미 존재하는 클래스를 재사용하고자 할 때
3. 테스트를 위해 모의 버전으로 프로바이더를 재정의하려는 경우. 18장에서 배우게 됩니다.

이 코드에서 @Module 데커레이터의 인수를 주목해봅시다. 이 인수의 타입은 ModuleMetadata입니다.

```
export interface ModuleMetadata {
    /**
     * Optional list of imported modules that export the providers which are
     * required in this module.
     */
    imports?: Array<Type<any> | DynamicModule | Promise<DynamicModule> | ForwardReference>;
    /**
     * Optional list of controllers defined in this module which have to be
     * instantiated.
     */
    controllers?: Type<any>[];
    /**
     * Optional list of providers that will be instantiated by the Nest injector
     * and that may be shared at least across this module.
```

```
     */
    providers?: Provider[];
    /**
     * Optional list of the subset of providers that are provided by this module
     * and should be available in other modules which import this module.
     */
    exports?: Array<DynamicModule | Promise<DynamicModule> | string | symbol | Provider |
ForwardReference | Abstract<any> | Function>;
}
```

프로바이더는 Provider 배열로 선언되었습니다. Nest가 제공하는 Provider의 소스 코드를 다시 따라가보면 다음과 같습니다.

```
export declare type Provider<T = any> = Type<any> | ClassProvider<T> | ValueProvider<T> |
FactoryProvider<T> | ExistingProvider<T>;   //❶

export interface ClassProvider<T = any> {
    /**
     * Injection token
     */
    provide: string | symbol | Type<any> | Abstract<any> | Function;
    /**
     * Type (class name) of provider (instance to be injected).
     */
    useClass: Type<T>;
    /**
     * Optional enum defining lifetime of the provider that is injected.
     */
    scope?: Scope;
}

export interface ValueProvider<T = any> {
    /**
     * Injection token
     */
    provide: string | symbol | Type<any> | Abstract<any> | Function;
    /**
     * Instance of a provider to be injected.
     */
    useValue: T;
}

export interface FactoryProvider<T = any> {
    /**
     * Injection token
     */
```

```
    provide: string | symbol | Type<any> | Abstract<any> | Function;
    /**
     * Factory function that returns an instance of the provider to be injected.
     */
    useFactory: (...args: any[]) => T;
    /**
     * Optional list of providers to be injected into the context of the Factory function.
     */
    inject?: Array<Type<any> | string | symbol | Abstract<any> | Function>;
    /**
     * Optional enum defining lifetime of the provider that is returned by the Factory
function.
     */
    scope?: Scope;
}

export interface ExistingProvider<T = any> {
    /**
     * Injection token
     */
    provide: string | symbol | Type<any> | Abstract<any> | Function;
    /**
     * Provider to be aliased by the Injection token.
     */
    useExisting: any;
}
```

❶ Provider의 타입을 선언합니다. Type을 받을 수 있도록 되어 있기 때문에 클래스 이름을 그대로 쓸 수 있습니다. 그 외 ValueProvider, ClassProvider, FactoryProvider 등을 제네릭으로 받을 수 있습니다.

밸류 프로바이더

밸류 프로바이더(ValueProvider)는 provide와 useValue 속성을 가집니다. useValue는 어떤 타입도 받을 수 있기 때문에 useValue 구문을 이용하여 외부 라이브러리에서 프로바이더를 삽입하거나 실제 구현을 모의 객체로 대체할 수 있습니다. 예를 들어 모의 값을 넣어서 테스트하고 싶다고 가정해 보겠습니다.

```
// 모의 객체 선언
const mockCatsService = {
  /* 테스트에 적용할 값을 변경한다
  ...
  */
```

```
};

@Module({
  imports: [CatsModule],
  providers: [
    {
      provide: CatsService,
      useValue: mockCatsService,
    },
  ],
})
export class AppModule {}
```

provide 속성은 provide: string | symbol | Type<any> | Abstract<any> | Function;로 정의되어 있고, 위 예에서는 Type으로 CatsService를 사용한 것입니다. 즉, CatsService를 프로바이더로 지정하지만 실제 밸류는 mockCatsService를 사용하겠다는 뜻입니다. useValue에는 provide에 선언된 클래스와 동일한 인터페이스를 가진 리터럴 객체 또는 new로 생성한 인스턴스를 사용해야 합니다. 이는 타입스크립트의 타입 호환성type compatibility 덕분입니다. 타입 호환성에 대한 내용은 타입스크립트의 공식 문서[1]를 참고하세요.

앞서 봤던 것처럼 NestJS의 Provider 소스 코드에는 provide 속성을 injection token이라고 주석으로 기술하고 있습니다. 토큰으로 클래스 이름 외에 문자열, 심벌, Abstract, Function 인터페이스를 사용할 수 있습니다. CatsRepository에서 데이터베이스에 연결하기 위해 Connection 객체를 프로바이더로 제공한다고 하면 다음과 같이 임의의 문자열로 선언할 수 있습니다. 다음 예에서는 'CONNECTION'을 토큰으로 사용합니다.

```
import { connection } from './connection';

@Module({
  providers: [
    {
      provide: 'CONNECTION',
      useValue: connection,
    },
  ],
})
export class AppModule {}
```

---

1   https://www.typescriptlang.org/ko/docs/handbook/type-compatibility.html

그리고 이 프로바이더를 가져다 쓰는 CatsRepository에서 같은 토큰으로 주입받을 수 있습니다.

```
@Injectable()
export class CatsRepository {
  constructor(@Inject('CONNECTION') connection: Connection) {}
}
```

클래스 프로바이더

밸류 프로바이더는 useValue 속성을 사용했지만, **클래스 프로바이더**(ClassProvider)는 useClass 속성을 사용합니다. 클래스 프로바이더를 이용하면 프로바이더로 사용해야 할 인스턴스를 동적으로 구성할 수 있습니다. 예를 들어 ConfigService라는 부모 클래스가 있고, 이를 상속받은 DevelopmentConfigService와 ProductionConfigService가 있다고 합시다. 이름에서 알 수 있듯 두 클래스는 각각 개발 환경과 운영 환경에서 다른 속성값을 가집니다. Node.js가 동작하는 환경은 process.env.NODE_ENV라는 환경 변수에 저장되는데 이 값에 따라 다른 ConfigService를 제공하도록 할 수 있습니다.

```
const configServiceProvider = {
  provide: ConfigService,
  useClass:
    process.env.NODE_ENV === 'development'
      ? DevelopmentConfigService
      : ProductionConfigService,
};

@Module({
  providers: [configServiceProvider],
})
export class AppModule {}
```

팩터리 프로바이더

팩터리 프로바이더(FactoryProvider) 역시 프로바이더 인스턴스를 동적으로 구성하고자 할 때 사용합니다. 클래스 프로바이더는 useFactory 속성을 사용합니다. 앞서와는 다르게 타입이 함수로 정의되어 있습니다.

```
/**
 * Factory function that returns an instance of the provider to be injected.
```

```
  */
  useFactory: (...args: any[]) => T;
```

원하는 인수와 리턴 타입으로 함수를 구성하면 됩니다. 함수를 수행하는 과정에서 다른 프로바이더가 필요하다면 주입받아 사용할 수 있습니다. 주의할 점은 주입받을 프로바이더를 inject 속성에 다시 선언해줘야 한다는 것입니다. 아래 예는 'CONNECTION' 프로바이더 인스턴스를 생성하는 과정에서 OptionsProvider가 필요한 경우입니다.

```
const connectionFactory = {
  provide: 'CONNECTION',
  useFactory: (optionsProvider: OptionsProvider) => {
    const options = optionsProvider.get();
    return new DatabaseConnection(options);
  },
  inject: [OptionsProvider],
};

@Module({
  providers: [connectionFactory],
})
export class AppModule {}
```

참고로, 별칭 프로바이더는 프로바이더에 별칭을 붙여 동일한 프로바이더를 별칭으로 접근할 수 있게 해줍니다. 물론 둘의 종속 관계가 싱글턴 스코프일 때는 같은 인스턴스가 됩니다. 예시 코드를 먼저 보겠습니다.

```
@Injectable()
export class LoggerService {
  private getHello(): string {
    return 'This is LoggerService provider';
  }
}
```

모종의 이유로 우리는 LoggerService를 직접 사용할 수 없는 상황입니다. 간단한 예를 들기 위해 예시 코드에서는 getHello 함수를 직접 접근할 수 없는 private 함수로 정의했습니다.

```
const loggerAliasProvider = {
  provide: 'AliasedLoggerService',
  useExisting: LoggerService,
```

```
};

@Module({
    ...
    providers: [LoggerService, loggerAliasProvider],
    ...
})
export class AppModule {}
```

LoggerService 프로바이더를 별칭(AliasedLoggerService)으로 다시 정의했습니다. useExisting 속성에는 별칭 프로바이더의 원본 프로바이더를 지정하여 직접 접근할 수 없었던 LoggerService를 사용한다고 선언합니다.

```
@Controller()
export class AppController {
  constructor(
    @Inject('AliasedLoggerService') private readonly serviceAlias: any,
  ) {}

  @Get('/alias')
  getHelloAlias(): string {
    return this.serviceAlias.getHello();
  }
}
```

AliasedLoggerService를 컨트롤러에서 주입받아 호출해봅시다. 'This is LoggerService provider' 문자열이 잘 전달될까요?

```
$ curl http://localhost:3000/alias
This is LoggerService provider
```

일반적으로 프로바이더를 주입받을 때 타입 선언을 원본 프로바이더 타입으로 지정해주는 것이 좋지만, 예시에서는 private 함수를 호출하려고 했기 때문에 any 타입으로 정의합니다.

프로바이더 내보내기

다른 모듈에 있는 프로바이더를 가져다 쓰기 위해서는 해당 모듈에서 내보내기export를 해줘야 합니다. 커스텀 프로바이더 역시 마찬가지입니다. 내보내기는 토큰을 사용할 수도 있고, 프로바이더 객체를 사용할 수도 있습니다.

■ 'CONNECTION' 토큰을 사용하는 경우

```
const connectionFactory = {
  provide: 'CONNECTION',
  useFactory: (optionsProvider: OptionsProvider) => {
    const options = optionsProvider.get();
    return new DatabaseConnection(options);
  },
  inject: [OptionsProvider],
};

@Module({
  providers: [connectionFactory],
  exports: ['CONNECTION'],
})
export class AppModule {}
```

■ connectionFactory 객체를 그대로 내보내는 경우

```
const connectionFactory = {
  provide: 'CONNECTION',
  useFactory: (optionsProvider: OptionsProvider) => {
    const options = optionsProvider.get();
    return new DatabaseConnection(options);
  },
  inject: [OptionsProvider],
};

@Module({
  providers: [connectionFactory],
  exports: [connectionFactory],
})
export class AppModule {}
```

SW 복잡도를 낮추기 위한 모듈 설계

5.1 모듈: 응집성 있는 설계

일반적으로 **모듈**module이라고 하면 조그만 클래스나 함수처럼 한 가지 일만 수행하는 소프트웨어 컴포넌트가 아니라, 여러 컴포넌트를 조합하여 좀 더 큰 작업을 수행할 수 있게 하는 단위를 말합니다. 음식 배달 서비스에서 유저의 정보를 관리하고 로그인을 처리하는 UsersModule, 유저의 주문을 저장하고 주문 상태를 관리하는 OrdersModule, 가게 사장님과의 채팅 기능을 담당하는 ChatModule 등 여러 개의 모듈이 모여 배달 서비스를 이루게 됩니다.

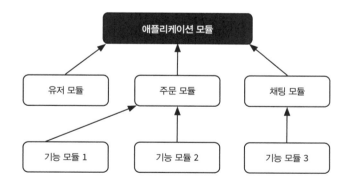

Nest 애플리케이션이 실행되기 위해서는 하나의 루트 모듈이 존재하고 이 루트 모듈(일반적으로 AppModule)은 다른 모듈들로 구성됩니다. 이렇게 모듈로 쪼개는 이유는 여러 모듈에 각기 맡은 바 책임을 나누고 응집도를 높이기 위함입니다. 또한 **마이크로서비스 아키텍처**microservice architecture, MSA 의 관점에서, 모듈이 커지면 하나의 마이크로서비스로 분리할 수도 있을 것입니다. 모듈을 어떻게 나놓을 것인지에 대해 명확한 기준은 없습니다. 여러분이 설계를 하면서 또는 서비스가 커져가면서 유사한 기능끼리 모듈로 묶어야 하게 될 겁니다. 매우 작은 애플리케이션이라면 하나의 모듈만 있어도 충분하겠지만 응집도를 높이는 작업을 게을리하면 의존관계가 복잡한 코드로 변하는 것은 시간문제입니다.

모듈은 @Module 데커레이터를 사용합니다. @Module 데커레이터의 인수로 ModuleMetadata를 받습니다. ModuleMetadata의 정의는 다음과 같습니다.

```
export declare function Module(metadata: ModuleMetadata): ClassDecorator;

export interface ModuleMetadata {
    imports?: Array<Type<any> | DynamicModule | Promise<DynamicModule> | ForwardReference>;
    controllers?: Type<any>[];
    providers?: Provider[];
    exports?: Array<DynamicModule | Promise<DynamicModule> | string | symbol | Provider |
ForwardReference | Abstract<any> | Function>;
}
```

- import: 이 모듈에서 사용하기 위한 프로바이더를 가지고 있는 다른 모듈을 가져옵니다. 다시 음식 배달 서비스의 예를 들면 UsersModule, OrdersModule, ChatModule을 가져와서 함께 빌드되도록 합니다.
- controllers / providers: 앞에서 이미 사용해봤습니다. 모듈 전반에서 컨트롤러와 프로바이더를 사용할 수 있도록 Nest가 객체를 생성하고 주입할 수 있게 해줍니다.
- export: 이 모듈에서 제공하는 컴포넌트를 다른 모듈에서 가져오기import해서 사용하고자 한다면 내보내기export를 해야 합니다. 예를 들어 모듈 A, B, C가 있다고 할 때 만약 A 모듈에서 B 모듈을 가져오고 C 모듈이 A를 가져왔다고 합시다. 이때 C 모듈이 B 모듈을 사용하도록 하고 싶다면 가져온 모듈을 내보내야 합니다. export로 선언했다는 뜻은 어디에서나 가져다 쓸 수 있으므로 public 인터페이스 또는 API로 간주됩니다.

5.1.1 모듈 다시 내보내기
가져온 모듈은 다시 내보내기가 가능합니다. 서비스 전반에 쓰이는 공통 기능을 모아놓은 모듈을 CommonModule, 공통 기능이기는 하지만 앱을 구동시키는 데 필요한 기능(로깅, 인터셉터 등)을 모아둔 모듈을 CoreModule이라고 합시다. AppModule은 앱을 구동하기 위해 CoreModule이 필요한데 CommonModule의 기능도 필요합니다. 이런 경우 AppModule은 둘 다를 가져오는 것이 아니라

CoreModule만을 가져오고, CoreModule에서는 가져온 CommonModule을 다시 내보내면 AppModule에서 CommonModule을 가져오지 않아도 사용할 수 있습니다.

■ CommonModule.ts

```
@Module({
  providers: [CommonService],
  exports: [CommonService],
})
export class CommonModule { }
```

CommonModule에는 CommonService를 제공하고 있습니다.

■ CommonService.ts

```
@Injectable()
export class CommonService {
  hello(): string {
    return 'Hello from CommonService';
  }
}
```

CommonService는 hello라는 기능을 제공합니다.

■ CoreModule.ts

```
@Module({
  imports: [CommonModule],
  exports: [CommonModule],
})
export class CoreModule { }
```

CoreModule은 CommonModule을 가져온 후 다시 내보냅니다.

■ AppModule.ts

```
@Module({
  imports: [CoreModule],
  controllers: [AppController],
  providers: [AppService],
})
export class AppModule {}
```

AppModule은 CoreModule만 가져옵니다.

■ AppController.ts

```
@Controller()
export class AppController {
  constructor(private readonly commonService: CommonService) { }

  @Get('/common-hello')
  getCommonHello(): string {
    return this.commonService.hello();
  }
}
```

이제 AppModule에 속한 AppController에서 CommonModule에 기술된 CommonService 프로바이더를
사용해봅시다.

```
$ curl -X GET http://localhost:3000/common-hello
Hello from CommonService
```

잘 출력되는 것을 볼 수 있습니다. 👍

NOTE 모듈은 프로바이더처럼 주입해서 사용할 수 없습니다. 모듈 간 순환 종속성이 발생하기 때문입니다.

5.1.2 전역 모듈

Nest는 모듈 범위 내에서 프로바이더를 캡슐화합니다. 따라서 어떤 모듈에 있는 프로바이더를 사용
하려면 모듈을 먼저 가져와야 합니다. 하지만 헬퍼와 같은 공통 기능이나 DB 연결과 같은 전역적으
로 쓸 수 있어야 하는 프로바이더가 필요한 경우가 있습니다. 이런 프로바이더를 모아 전역 모듈로 제
공하면 됩니다.

전역 모듈을 만드는 방법은 @Global 데커레이터만 선언하면 됩니다. Nest 프레임워크의 강력함을 다
시 한번 느낄 수 있습니다. 전역 모듈은 루트 모듈이나 코어 모듈에서 한 번만 등록해야 합니다.

```
@Global()
@Module({
  providers: [CommonService],
  exports: [CommonService],
})
export class CommonModule { }
```

객체 지향 언어를 많이 다뤄본 독자라면 모든 것을 전역으로 만드는 게 SW 구조상 좋지 않다는 것을 알고 있을 겁니다. 모듈은 응집도를 높이기 위함이라 했는데 모든 것을 전역으로 만들면 기능이 어디에나 존재하게 된다는 뜻이므로 응집도가 떨어지게 될 것입니다. 꼭 필요한 기능만 모아 전역 모듈로 사용하도록 하세요.

5.2 유저 서비스의 모듈 분리

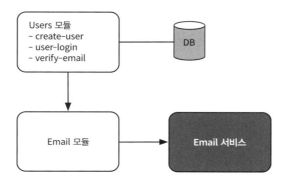

우리가 만들고 있는 유저 서비스는 현재 루트 모듈인 `AppModule` 하나만 존재합니다. 우리 서비스가 발전할 경우 다른 기능이 생길 것을 가정하고 유저 관리 기능을 `UsersModule`로 분리하겠습니다. 또 이메일 전송 기능은 서비스 내에서 직접 구현하든 외부 이메일 서비스를 사용하든 다른 기능과는 분리되어야 합니다. MSA 개념을 적용했다면 별개의 서비스로 분리할 수도 있겠지만 이 책에서는 모듈로 분리하여 유저 모듈과의 구현과 구분하겠습니다. 그림에서 마지막 진한 회색 박스(Email 서비스)는 외부 서비스를 나타냅니다.

5.2.1 UsersModule 분리

먼저 `AppModule`에서 유저 관리 기능을 `UsersModule`로 분리하겠습니다.

```
$ nest g mo Users
```

생성된 `UsersModule` 클래스에 기존 `UsersController`와 `UsersService`를 추가합니다. 또 `UsersService`에서 `EmailService`를 사용해야 하므로 함께 추가합니다.

```
import { Module } from '@nestjs/common';
import { EmailService } from 'src/email/email.service';
```

```
import { UsersController } from './users.controller';
import { UsersService } from './users.service';

@Module({
  imports: [],
  controllers: [UsersController],
  providers: [UsersService, EmailService],
})
export class UsersModule { }
```

AppModule에는 UsersModule이 임포트되어 있는 것을 확인할 수 있습니다. 이제 AppModule에서 직접 UsersController, UsersService, EmailService를 참조할 필요가 없으므로 제거합니다.

```
import { Module } from '@nestjs/common';
import { UsersModule } from './users/users.module';

@Module({
  imports: [UsersModule],
  controllers: [],
  providers: [],
})
export class AppModule { }
```

5.2.2 EmailModule 분리

이제 이메일 기능을 별도 모듈로 분리하여 관리하도록 하기 위해 새로운 모듈과 서비스를 생성합니다.

```
$ nest g mo Email
```

EmailModule에서 EmailService를 제공하도록 하고 UsersService가 속한 UsersModule에서 사용하도록 해야 하므로 내보내기를 합니다.

```
import { Module } from '@nestjs/common';
import { EmailService } from './email.service';

@Module({
  providers: [EmailService],
  exports: [EmailService],
})
export class EmailModule { }
```

UsersModule에는 EmailModule을 가져오고, EmailService를 직접 제공할 필요가 없기 때문에 삭제합니다.

```ts
import { Module } from '@nestjs/common';
import { EmailModule } from 'src/email/email.module';
import { UsersController } from './users.controller';
import { UsersService } from './users.service';

@Module({
  imports: [EmailModule],
  controllers: [UsersController],
  providers: [UsersService],
})
export class UsersModule { }
```

이제 소스 구조는 다음과 같이 되었습니다.

```
src
├── app.module.ts
├── email
│   ├── email.module.ts
│   └── email.service.ts
├── main.ts
└── users
    ├── UserInfo.ts
    ├── dto
    │   ├── create-user.dto.ts
    │   ├── user-login.dto.ts
    │   └── verify-email.dto.ts
    ├── users.controller.ts
    ├── users.module.ts
    └── users.service.ts
```

회원 가입 요청을 보내서 이메일이 잘 전송되는지 확인해보세요.

동적 모듈을 활용한 환경 변수 구성

6.1 동적 모듈

앞 장에서는 정적 모듈을 사용하여 애플리케이션을 구성했습니다. 이름에서 알 수 있듯 동적 모듈 dynamic module은 모듈이 생성될 때 동적으로 어떠한 변수들이 정해집니다. 즉, 호스트 모듈(프로바이더나 컨트롤러와 같은 컴포넌트를 제공하는 모듈)을 가져다 쓰는 소비 모듈에서 호스트 모듈을 생성할 때 동적으로 값을 설정하는 방식입니다.

정적 모듈에 비해 동적 모듈을 사용하면 코드가 간결해집니다. 모듈 인스턴스가 생성될 때 결정되기는 하지만 모듈 인스턴스마다 다르게 결정되어야 하는 것들을 소비 모듈에서 지정할 수 있기 때문입니다. 또한 동적 모듈은 정적 모듈과 함께 제공할 수도 있습니다.

동적 모듈의 대표적인 예로 보통 Config라고 부르는 모듈이 있습니다. Config 모듈은 실행 환경에 따라 서버에 설정되는 **환경 변수**environmental variable를 관리하는 모듈입니다. **ConfigModule**을 동적으로 생성하는 예를 보기 전에 잠시 **Node.js** 서버에서 일반적으로 사용하는 환경 변수 관리 방법을 살펴보겠습니다.

6.2 dotenv를 이용한 Config 설정

회사마다 조금씩 차이가 있지만 일반적으로 서비스를 개발할 때 로컬local 또는 개발development이라 부르는 개발자 PC 환경에서 개발과 테스트를 하고, 개발한 코드를 스테이지stage 서버라고 부르는 테스트 환경에 배포하여 통합 테스트를 진행합니다. 이후 테스트 서버 환경에서 문제가 없다면 다시 프로덕션production 서버로 배포하는 과정을 거칩니다.

이렇게 실행 환경이 달라지게 되는데 실행 환경에 따라 달라지는 변수들이 있습니다. 예를 들어 연결할 데이터베이스의 호스트 이름이 DATABASE_HOST라는 환경 변수가 있다고 할 때 이 환경 변수의 값은 각각의 환경에 따라 다음 예과 같이 다른 이름을 가지게 됩니다.

- 로컬 환경: localhost
- 스테이지 환경: stage-reader.dextto.com
- 프로덕션 환경: prod-reader.dextto.com

환경마다 다른 호스트 이름을 가지는 데이터베이스에 연결하기 위해 코드를 따로 작성해야 하는 것은 매우 비효율적입니다. 그렇다면 이를 어떻게 해결해야 할까요?

Node.js 라이브러리에 **dotenv**[1]라는 유명한 라이브러리가 있습니다. 각 환경 변수를 .env 확장자를 가진 파일에 저장해두고 서버가 구동될 때 이 파일을 읽어 해당 값을 환경 변수로 설정해주는 역할을 합니다.

간단하게 dotenv 라이브러리를 설치해봅시다.

```
$ npm i --save dotenv
$ npm i --save-dev @types/dotenv
```

NOTE @types/dotenv는 dotenv 라이브러리를 타입스크립트에서 쓸 수 있도록 타입을 선언해둔 패키지입니다. 타입스크립트가 아닌 바닐라 자바스크립트로 작성된 라이브러리를 타입스크립트에서 가져다 쓸 때는 타입 추론을 돕기 위해 d.ts 파일을 배포합니다. 만약 여러분이 사용하려는 라이브러리의 d.ts 파일이 없다면 직접 작성해서 오픈소스에 기여해보세요.[2]

dotenv는 기본으로 루트 디렉터리에 존재하는 .env 확장자를 가진 파일을 읽습니다. 위에서 예로 들었던 DATABASE_HOST라는 환경 변수를 각 파일에 저장합니다.

■ .development.env

```
DATABASE_HOST=local
```

---

1   https://github.com/motdotla/dotenv
2   https://github.com/DefinitelyTyped/DefinitelyTyped

■ .stage.env

```
DATABASE_HOST=stage-reader.dextto.com
```

■ .production.env

```
DATABASE_HOST=prod-reader.dextto.com
```

CAUTION 환경 변수 파일은 시크릿 키와 같이 민감한 정보가 저장되는 경우가 많습니다. 따라서 소스 코드 저장소에 배포되지 않도록 해야 합니다. 깃을 사용한다면 `.gitignore` 파일에 추가해야 합니다. 이 책의 소스 코드 저장소에도 .env 파일이 존재하지 않으므로 직접 생성하길 바랍니다. 하지만 이렇게 .env 파일을 소스 코드 저장소에서 제거해버리면 서비스를 배포할 때마다 직접 서버에서 .env 파일을 생성해줘야 합니다.

민감한 정보를 포함하는 변수는 서버가 구동될 때 환경 변수로 설정하는 방법이 있습니다. 예를 들어 AWS의 Secret Manager에서 값을 읽어서 프로비저닝 과정에서 환경 변수에 넣어줄 수 있습니다. 이러한 방법은 이 책의 범위를 벗어나므로 다른 자료를 참고하세요.

Node.js는 `NODE_ENV`라는 환경 변수를 활용하여 서버의 환경을 구분합니다. `NODE_ENV`는 다음 명령어로 설정하거나 OS가 구동될 때 변수를 설정해야 합니다.

- 윈도우: `set NODE_ENV=development`
- 리눅스 또는 macOS: `export NODE_ENV=development`

매번 터미널을 새로 열때마다 `NODE_ENV`를 새로 설정하는 것은 귀찮은 일이니, `package.json` 파일을 수정하여 `npm run start:dev` 명령이 수행될 때 `NODE_ENV`가 development로 설정되도록 합시다. 또한 깨끗한 상태에서 다시 컴파일하도록 `prebuild` 명령을 먼저 수행하게 했습니다.

```
"scripts": {
    "prebuild": "rimraf dist",
    ...
    "start:dev": "npm run prebuild && NODE_ENV=development nest start --watch",
    ...
}
```

이제 만들어둔 .env 파일을 `NODE_ENV`에 따라 읽도록 해봅시다.

```
import { NestFactory } from '@nestjs/core';
import { AppModule } from './app.module';
import * as dotenv from 'dotenv';
import * as path from 'path';
```

```
dotenv.config({ //❶
  path: path.resolve(
    (process.env.NODE_ENV === 'production') ? '.production.env'
      : (process.env.NODE_ENV === 'stage') ? '.stage.env' : '.development.env'
  )
});

async function bootstrap() {
  const app = await NestFactory.create(AppModule);
  await app.listen(3000);
}
bootstrap();
```

❶ dotenv의 환경을 설정합니다. .env 파일의 경로를 `NODE_ENV`의 값에 따라 다르게 지정합니다.

이제 환경 변수 `DATABASE_HOST`의 값을 출력하는 코드를 작성합니다.

```
@Controller()
export class AppController {

  @Get()
  getHello(): string {
    return process.env.DATABASE_HOST;
  }
}
```

환경에 맞게 잘 읽어오는 것을 확인할 수 있습니다. `package.json`에서 `NODE_ENV`의 값을 stage, production으로 바꾸어가면서 출력이 변경되는지 확인해보세요. `NODE_ENV`는 앱 구동 시 설정되는 값이므로 변경 후에는 서버를 재시동해야 합니다.

```
$ curl -X GET http://localhost:3000
local
```

6.3 Nest에서 제공하는 Config 패키지

앞 절에서는 dotenv 패키지를 직접 사용하는 방법을 살펴봤습니다. 그런데 Nest는 dotenv를 내부적으로 활용하는 **@nestjs/config** 패키지를 제공합니다. 이를 이용해서 `ConfigModule`을 동적으로 생성해봅시다. 다음 명령어로 패키지를 설치합시다.

```
$ npm i --save @nestjs/config
```

이 패키지에는 ConfigModule 이름을 가진 모듈이 이미 존재합니다. 이 모듈을 동적 모듈로 가져옵니다.

```
...
import { ConfigModule } from '@nestjs/config';

@Module({
  imports: [ConfigModule.forRoot()],
  ...
})
export class AppModule { }
```

정적 모듈을 가져올 때와는 달리 ConfigModule.forRoot() 메서드를 호출하는 것을 볼 수 있습니다. forRoot 메서드는 DynamicModule을 리턴하는 정적 메서드입니다. 동적 모듈을 작성할 때 forRoot 라는 이름 대신 어떤 다른 이름을 써도 상관없지만 관례상 forRoot나 register를 붙입니다. 비동기 함수일 때는 forRootAsync, registerAsync로 합니다.

```
static forRoot(options?: ConfigModuleOptions): DynamicModule;
```

인수로는 ConfigModuleOptions를 받습니다. 즉, ConfigModule은 소비 모듈이 원하는 옵션값을 전달하여 원하는 대로 **동적으로** ConfigModule을 생성합니다. ConfigModule을 위와 같이 가져왔다면 프로젝트의 루트 디렉터리에 있는 .env 파일을 찾아 환경 변수로 등록합니다. 우리는 3개의 .env 파일을 가지고 있으므로 envFilePath 옵션을 주도록 합시다.

```
import { ConfigModule } from '@nestjs/config';

@Module({
  imports: [ConfigModule.forRoot({
    envFilePath: (process.env.NODE_ENV === 'production') ? '.production.env'
      : (process.env.NODE_ENV === 'stage') ? '.stage.env' : '.development.env'
  })],
  controllers: [AppController],
  providers: [AppService, ConfigService],
})
export class AppModule { }
```

이제 다시 앞에서와 같이 환경 변수 값이 잘 출력되는지 확인해보세요.

ConfigModuleOptions에는 envFilePath 외에도 여러 가지 옵션이 있습니다.

```
export interface ConfigModuleOptions {
    cache?: boolean;
    isGlobal?: boolean;
    ignoreEnvFile?: boolean;
    ignoreEnvVars?: boolean;
    envFilePath?: string | string[];
    encoding?: string;
    validate?: (config: Record<string, any>) => Record<string, any>;
    validationSchema?: any;
    validationOptions?: Record<string, any>;
    load?: Array<ConfigFactory>;
    expandVariables?: boolean;
}
```

Nest가 제공하는 ConfigModule은 .env 파일에서 읽어온 환경 변수 값을 가져오는 프로바이더인 ConfigService가 있습니다. 이를 원하는 컴포넌트에서 주입하여 사용하면 됩니다.

```
import { Controller, Get } from '@nestjs/common';
import { ConfigService } from '@nestjs/config';

@Controller()
export class AppController {
  constructor(
    private readonly configService: ConfigService,
  ) { }

  @Get('/db-host-from-config')
  getDatabaseHostFromConfigService(): string {
    return this.configService.get('DATABASE_HOST');
  }
}
```

Nest 공식 문서에는 ConfigModule을 동적 모듈로 직접 작성하는 예가 나와 있습니다. @nest/config 패키지를 사용하지 않고 직접 dotenv를 사용하여 .env 파일이 존재하는 폴더를 동적으로 전달합니다. 현업에서는 충분히 있을 수 있는 요구 사항이라고 생각합니다. .env 파일을 별도로 관리하고 싶을 때 또는 직접 동적 모듈을 만들 때 참고해보세요.

6.4 유저 서비스에 환경 변수 구성하기

dotenv와 @nestjs/config 패키지를 이용하여 환경 변수를 구성하는 방법을 살펴봤습니다. 이번 절에서는 유저 서비스의 이메일 모듈에 하드코딩되어 있는 변수들을 환경 변수로 다뤄보겠습니다. 먼저 @nestjs/config 패키지를 설치합니다. 그리고 환경 변수의 유효성 검사를 위한 **joi** 라이브러리도 설치하겠습니다.

```
$ npm i @nestjs/config
$ npm i joi
```

앞에서는 설명의 편의를 위해 프로젝트 루트 디렉터리에 .env 파일을 만들었습니다. 일반적인 상용 프로젝트에서는 .env 파일을 development, stage, production 환경에 따라 분리하여 관리합니다. 즉 .development.env, .stage.env, .production.env 파일을 각각 생성하고 적당한 값을 적습니다. 아래는 .development.env의 예입니다.

```
EMAIL_SERVICE=Gmail
EMAIL_AUTH_USER=YOUR_GMAIL
EMAIL_AUTH_PASSWORD=YOUR_GMAIL_PASSWORD
EMAIL_BASE_URL=http://localhost:3000
```

6.4.1 커스텀 Config 파일 작성

모든 환경 변수가 .env 파일에 선언되어 있지만, 가져다 쓸 때는 DatabaseConfig, EmailConfig와 같이 의미 있는 단위로 묶어서 처리하고 싶습니다. @nestjs/config 패키지에서 제공하는 ConfigModule을 이용하여 이 요구 사항을 구현해보겠습니다.

먼저 이메일 관련 환경 변수를 관리하는 emailConfig.ts를 src/config 디렉터리에 작성합니다. 이 소스 코드에는 앞서 이메일을 발송하기 위해 사용했던 계정 정보와 패스워드를 작성합니다. 또 nodemailer의 이메일 발송자 서비스로 하드코딩해둔 service('Gmail' 문자열)와 baseUrl도 환경 변수로 관리하겠습니다.

```
import { registerAs } from "@nestjs/config";

export default registerAs('email', () => ({
  service: process.env.EMAIL_SERVICE,
  auth: {
    user: process.env.EMAIL_AUTH_USER,
    pass: process.env.EMAIL_AUTH_PASSWORD,
```

```
    },
    baseUrl: process.env.EMAIL_BASE_URL,
}));
```

@nestjs/config 패키지에서 제공하는 registerAs 함수의 선언을 살펴보면 조금 복잡합니다. 첫 번째 인수로 토큰을 문자열로 받고, 두 번째 인수로 ConfigFactory 함수를 상속하는 타입 TFactory의 함수를 받아서 TFactory와 ConfigFactoryKeyHost를 합친 타입의 함수를 리턴합니다.

```
export interface ConfigFactoryKeyHost<T = unknown> {
    KEY: string;
    asProvider(): {
        imports: [ReturnType<typeof ConfigModule.forFeature>];
        useFactory: (config: T) => T;
        inject: [string];
    };
}

export declare function registerAs<TConfig extends ConfigObject, TFactory extends
ConfigFactory = ConfigFactory<TConfig>>(token: string, configFactory: TFactory): TFactory &
ConfigFactoryKeyHost<ReturnType<TFactory>>;
```

emailConfig.ts의 코드를 쉽게 설명하면 'email'이라는 토큰으로 ConfigFactory를 등록할 수 있는 함수라고 이해하면 됩니다. 이 함수를 이용해서 곧이어 설명할 ConfigModule을 동적으로 등록합니다.

6.4.2 동적 ConfigModule 등록

ConfigModule을 등록하기 전에 실행 환경에 따른 .env 파일을 루트 경로가 아니라 src/config/env 디렉터리에 모아서 관리하도록 해봅시다.

```
src/config
├── emailConfig.ts
└── env
    ├── .development.env
    ├── .production.env
    └── .stage.env
```

Nest 기본 빌드 옵션은 .ts 파일 외의 애셋asset은 제외하도록 되어 있습니다. 따라서 .env 파일을 out 디렉터리(dist 디렉터리)에 복사할 수 있도록 nest-cli.json에서 옵션을 바꿔줘야 합니다.

```
{
  ...
  "compilerOptions": {
    "assets": [
      {
        "include": "./config/env/*.env",
        "outDir": "./dist"
      }
    ]
  }
}
```

이제 AppModule에 ConfigModule을 동적 모듈로 등록해보겠습니다.

```
import { Module } from '@nestjs/common';
import { ConfigModule } from '@nestjs/config';
import emailConfig from './config/emailConfig';
import { validationSchema } from './config/validationSchema';
import { UsersModule } from './users/users.module';

@Module({
  imports: [
    UsersModule,
    ConfigModule.forRoot({
      envFilePath: ['${__dirname}/config/env/.${process.env.NODE_ENV}.env'],  //❶
      load: [emailConfig],  //❷
      isGlobal: true,  //❸
      validationSchema,  //❹
    }),
  ],
  controllers: [],
  providers: [],
})
export class AppModule {}
```

❶ envFilePath는 NODE_ENV의 값이 stage라면 dist 디렉터리 아래에 존재하는 파일인 .stage.env 파일의 절대 경로를 가지게 됩니다.

❷ load 속성을 통해 앞에서 구성해둔 ConfigFactory를 지정합니다.

❸ 전역 모듈로 동작하게 해서 어느 모듈에서나 사용할 수 있게 했습니다. 필요하다면 EmailModule 에만 임포트하면 되겠습니다.

❹ 환경 변수의 값에 대해 유효성 검사를 수행하도록 joi를 이용하여 유효성 검사 객체를 작성합니다.

```
import * as Joi from 'joi';

export const validationSchema = Joi.object({
  EMAIL_SERVICE: Joi.string()
    .required(),
  EMAIL_AUTH_USER: Joi.string()
    .required(),
  EMAIL_AUTH_PASSWORD: Joi.string()
    .required(),
  EMAIL_BASE_URL: Joi.string()
    .required()
    .uri()
});
```

하나 더 고려할 게 있는데 `EMAIL_AUTH_USER`, `EMAIL_AUTH_PASSWORD`와 같이 소스 코드 저장소에 값을 기록해두면 안 되는 환경 변수도 있습니다. 그래서 `.stage.env` 파일은 이런 식으로 저장소에 올려둬야 합니다.

```
EMAIL_SERVICE=Gmail
EMAIL_AUTH_USER=
EMAIL_AUTH_PASSWORD=
EMAIL_BASE_URL=http://stage.dextto.com
```

이런 변수들은 Nest가 구동되기 전에 서버가 프로비저닝되는 과정에서 다른 비밀번호 관리 시스템(예를 들어 AWS Secret Manager)에서 읽어와서 소스 코드 내의 .env 파일을 수정하도록 하는 방법을 쓰거나, 미리 컴파일된 dist 파일을 다른 저장소에서 가져와서 마찬가지로 수정하여 구동하는 방법을 써야 합니다. 이 부분은 이 책에서 자세히 다루지는 않습니다. 다른 자료를 참고하여 구현해보세요.

이제 `emailConfig`를 우리가 사용하려고 하는 곳에 주입받아 사용할 수 있습니다.

```
import { ConfigType } from '@nestjs/config';
import { Inject, Injectable } from '@nestjs/common';
import emailConfig from 'src/config/emailConfig';

...
@Injectable()
export class EmailService {
  ...

  constructor(
    @Inject(emailConfig.KEY) private config: ConfigType<typeof emailConfig>,  //❶
```

```
  ) {
    this.transporter = nodemailer.createTransport({
      service: config.service,  //❷
      auth: {
        user: config.auth.user,  //❷
        pass: config.auth.pass,  //❷
      }
    });
  }

  async sendMemberJoinVerification(emailAddress: string, signupVerifyToken: string) {
    const baseUrl = this.config.baseUrl;  //❷
    ...
  }

  ...
}
```

❶ 주입받을 때는 @Inject 데커레이터의 토큰을 앞서 만든 ConfigFactory의 KEY인 'email' 문자
  열로 넣어주면 됩니다.

❷ .env 파일에 있는 값들을 사용합니다.

다시 유저 생성 API를 호출하여 이메일이 잘 전송되는지 확인해보세요.

우리는 NestJS를 공부하고 있지만 좋은 SW 개발자가 되기 위해서는 좋은 SW 아키텍처를 설계하고 이해하는 공부도 게을리하지 말아야 합니다. 토이 프로젝트의 수준이 아닌 현업에서 작성하는 소프트웨어는 시간이 지날수록 점점 크기가 커지고 복잡해집니다. 아키텍처를 가다듬는 작업을 꾸준히 해야 하는 이유입니다. 객체 지향 원칙과 SOLID 설계 원칙, 레이어드 아키텍처 등을 학습할 수 있는 좋은 자료로 로버트 마틴의 《클린 아키텍처》(인사이트, 2019)를 강력히 추천합니다. 모든 아키텍처를 다 다루지는 않지만, 종속성을 가지는 컴포넌트들을 버그가 없고 클린하게 설계하는 패턴을 이해하기 쉽게 설명해줍니다.

SOLID 원칙의 D에 해당하는 의존관계 역전 원칙을 구현하기 위해서는 **제어 반전**inversion of control, IoC 컨테이너라는 기술이 필요합니다. 이미 우리가 앞에서 프로바이더를 다른 컴포넌트에 주입할 때 사용했던 기술입니다. Nest는 프레임워크에 IoC를 구현하고 있습니다. 다른 라이브러리를 가져다 붙일 필요 없이 사용하기만 하면 되고 그 사용법도 매우 간단합니다. 앞에서 봤던 코드를 다시 보겠습니다.

```
export class UsersController {
  constructor(private readonly usersService: UsersService) { }
    ...
}
```

UsersController는 UsersService에 의존하고 있습니다. 하지만 UsersService 객체의 생명주기에는 전혀 관여하지 않습니다. 어디선가 자신의 생성자에 주어지는 객체를 가져다 쓰고 있을 뿐입니다. 이 역할을 하는 것이 IoC입니다. IoC의 도움으로 객체의 생명주기에 신경 쓰지 않아도 됩니다.[1] 이로 인해 코드가 간결해지고 이해하기 쉬워지게 되는 것도 큰 장점입니다.

의존성 주입dependency injection, DI은 이렇게 IoC 컨테이너가 직접 객체의 생명주기를 관리하는 방식입니다. 예를 들어 A 객체에서 B 객체가 필요하다고 할 때(A는 B에 의존), A 클래스에는 B 클래스를 직접 생성(new)하여 사용할 수 있습니다. 이때 문제는 B의 구현체가 변경되었을 때 발생합니다. A는 B를 직접 참조하고 있으므로 B가 변경될 때마다 컴파일러는 A를 다시 컴파일해야 합니다. A와 B가 클래스가 아니라 모듈이라고 하면 그 변경의 크기는 더 커지게 되고 컴파일 시간은 더 오래 걸릴 것입니다.

---

1   물론 최근 객체 지향 언어에서는 객체를 메모리에서 삭제하는 일은 가비지 컬렉터가 알아서 해줍니다.

이를 해결하려면 B에 대한 인터페이스 IB를 정의하고, A에서는 IB 타입을 이용하면 됩니다. 하지만 IB의 구현체 B, B' 등을 직접 생성해야 하는 것은 여전합니다. 여기서 IoC의 강력함이 발휘됩니다.

예를 들어 IoC를 사용하지 않는 다음과 같은 코드가 있습니다.

```typescript
export interface Person {
  getName: () => string;
}

@Injectable()
export class Dexter implements Person {  //❶
  getName() {
    return 'Dexter';
  }
}

@Injectable()
export class Jane implements Person {  //❶
  getName() {
    return 'Jane';
  }
}

class MyApp {  //❷
    private person: Person;
    constructor() {
        this.person = new Dexter();
    }
}
```

❶ Person 인터페이스를 구현하는 2개의 클래스 Dexter, Jane이 있습니다. 각 클래스는 getName 함수의 구현체가 다릅니다.

❷ MyApp 클래스는 Person 타입의 멤버 변수를 가지고 생성자에서 구현체를 생성합니다.

IoC를 이용하면 이렇게 바꿀 수 있습니다.

```typescript
class MyApp {
    constructor(@Inject('Person') private p: Person) { }
}
```

이제 Person 객체의 관리는 IoC가 담당합니다. Person은 인터페이스인데 Person을 실제 구현한 클래스를 어디선가 정의를 해둬야 객체를 생성할 수 있을 것입니다. 이것은 모듈에서 선언합니다.

```
@Module({
  controllers: [UsersController],
  providers: [
    UsersService,
    {
      provide: 'Person',
      useClass: Dexter
    }
  ]
})
...
```

객체로 선언할 때 provide 속성에 토큰을 'Person'으로 주고 있습니다. 이 토큰은 프로바이더를 가져다 쓸 때 @Inject 데커레이터의 인수로 넘겨준 것과 같습니다. 만약 Dexter 객체가 아니라 Jane으로 구현을 바꾸고자 한다면 useClass 속성의 클래스 이름만 바꾸면 됩니다.

```
@Module({
  controllers: [UsersController],
  providers: [
    UsersService,
    {
      provide: 'Person',
      useClass: Jane
    }
  ]
})
```

파이프와 유효성 검사:
요청이 제대로 전달되었는가

7.1 파이프

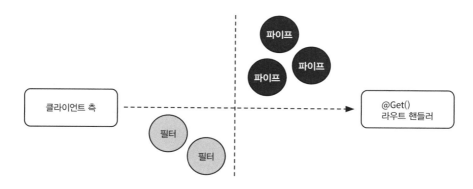

파이프pipe는 요청이 라우터 핸들러로 전달되기 전에 요청 객체를 변환할 수 있는 기회를 제공합니다. 나중에 배우게 될 미들웨어의 역할과 비슷하다고 할 수 있습니다. 하지만 미들웨어는 애플리케이션의 모든 콘텍스트에서 사용하도록 할 수 없습니다. 미들웨어는 현재 요청이 어떤 핸들러에서 수행되는지, 어떤 매개변수를 가지고 있는지에 대한 실행 콘텍스트를 알지 못하기 때문입니다.

[**NOTE**] 한편 라우트 핸들러route handler는 웹 프레임워크에서 사용자의 요청을 처리하는 엔드포인트(쉽게 이야기해서 URL)마다 동작을 수행하는 컴포넌트를 말합니다. 라우트 핸들러가 요청 경로와 컨트롤러를 매핑해준다고 이해하면 됩니다.

파이프는 보통 다음 2가지의 목적으로 사용합니다.

- 변환transformation: 입력 데이터를 원하는 형식으로 변환. 예를 들어 `/users/user/1` 내의 경로 매개변수 문자열 1을 정수로 변환

- 유효성 검사validation: 입력 데이터가 사용자가 정한 기준에 유효하지 않은 경우 예외 처리

@nest/common 패키지에는 여러 내장 파이프가 마련되어 있습니다.

- `ValidationPipe`
- `ParseIntPipe`
- `ParseBoolPipe`
- `ParseArrayPipe`
- `ParseUUIDPipe`
- `DefaultValuePipe`

`ValidationPipe`는 다음 절에서 살펴보겠습니다. `ParseIntPipe`, `ParseBoolPipe`, `ParseArrayPipe`, `ParseUUIDPipe`는 전달된 인수의 타입을 검사하는 용도입니다. `/users/user/:id` 엔드포인트에 전달된 경로 매개변수 `id`는 타입이 문자열입니다. 이를 내부에서는 정수로 사용하고 있다고 합시다. 그렇다면 컨트롤러에서 `id`를 매번 정수형으로 변환해서 쓰는 것은 불필요한 중복 코드를 양산하게 됩니다. 아래 코드와 같이 `@Param` 데커레이터의 두 번째 인수로 파이프를 넘겨 현재 실행 콘텍스트 (`ExecutionContext`)에 바인딩할 수 있습니다.

```
@Get(':id')
findOne(@Param('id', ParseIntPipe) id: number) {
  return this.usersService.findOne(id);
}
```

이제 `id`에 정수로 파싱 가능하지 않은 문자를 전달해봅시다.

```
$ curl http://localhost:3000/users/WRONG
{
  "statusCode": 400,
  "message": "Validation failed (numeric string is expected)",
  "error": "Bad Request"
}
```

유효성 검사 에러가 발생하면서 에러 응답을 돌려줍니다. 또한 요청이 컨트롤러에 전달되지 않은 것을 알 수 있습니다.

클래스를 전달하지 않고 파이프 객체를 직접 생성하여 전달할 수도 있습니다. 이 경우는 생성할 파이프 객체의 동작을 원하는 대로 바꾸고자 할 때 사용합니다. 예를 들어 앞의 에러에서 상태 코드를 406 Not Acceptable로 변경해서 내보내고 싶다고 합시다.

```
@Get(':id')
findOne(@Param('id', new ParseIntPipe({ errorHttpStatusCode: HttpStatus.NOT_ACCEPTABLE }))
id: number) {
  return this.usersService.findOne(id);
}
```

결과를 보죠.

```
$ curl http://localhost:3000/users/WRONG
{
  "statusCode": 406,
  "message": "Validation failed (numeric string is expected)",
  "error": "Not Acceptable"
}
```

DefaultValuePipe는 인수의 값에 기본값을 설정할 때 사용합니다. 쿼리 매개변수가 생략된 경우 유용하게 사용할 수 있습니다. 유저 목록을 조회할 때 오프셋offset 기반 페이징을 사용하고 있다고 합시다. 쿼리 매개변수로 offset과 limit을 받습니다.

```
@Get()
findAll(
  @Query('offset', new DefaultValuePipe(0), ParseIntPipe) offset: number,
  @Query('limit', new DefaultValuePipe(10), ParseIntPipe) limit: number,
) {
  console.log(offset, limit);

  return this.usersService.findAll();
}
```

두 매개변수를 생략하고 호출하고 잘 동작하는지 확인해봅시다.

```
$ curl http://localhost:3000/users
```

콘솔 창에 0과 10이 잘 출력되나요? 매개변수를 생략하지 않고 null이나 undefined를 전달하면 예외가 발생하는 것을 확인할 수 있을 겁니다.

7.2 파이프의 내부 구현 이해하기

이제 마지막으로 ValidationPipe를 어떻게 활용하는지 알아보겠습니다. Nest는 이미 Validation Pipe를 제공하지만 우리는 ValidationPipe를 직접 만들어보겠습니다. 이 과정을 통해 나중에 커스텀 파이프가 필요할 때 어떻게 만들면 될지를 배울 수 있습니다.

커스텀 파이프는 PipeTransform 인터페이스를 상속받은 클래스에 @Injectable 데커레이터를 붙여주면 됩니다.

■ validation.pipe.ts

```typescript
import { PipeTransform, Injectable, ArgumentMetadata } from '@nestjs/common';

@Injectable()
export class ValidationPipe implements PipeTransform {
  transform(value: any, metadata: ArgumentMetadata) {
    console.log(metadata);
    return value;
  }
}
```

PipeTransform의 원형은 다음처럼 정의되어 있습니다.

```typescript
export interface PipeTransform<T = any, R = any> {
    transform(value: T, metadata: ArgumentMetadata): R;
}
```

구현해야 하는 transform 함수는 2개의 매개변수를 가지고 있습니다.

* value: 현재 파이프에 전달된 인수

* metadata: 현재 파이프에 전달된 인수의 메타데이터

ArgumentMetadata의 정의는 다음과 같습니다.

```typescript
export interface ArgumentMetadata {
    readonly type: Paramtype;
    readonly metatype?: Type<any> | undefined;
    readonly data?: string | undefined;
}

export declare type Paramtype = 'body' | 'query' | 'param' | 'custom';
```

- **type**: 파이프에 전달된 인수가 본문인지, 쿼리 매개변수인지, 매개변수(경로 매개변수)인지 아니면 커스텀 매개변수인지를 나타냅니다. 커스텀 매개변수는 10장의 **심화 학습 #2**에서 설명합니다.
- **metatype**: 라우트 핸들러에 정의된 인수의 타입을 알려줍니다. 핸들러에서 타입을 생략하거나 바닐라 자바스크립트를 사용하면 undefined가 됩니다.
- **data**: 데커레이터에 전달된 문자열. 즉, 매개변수의 이름입니다.

예를 들어 유저 정보를 가져오는 라우터 핸들러를 다음과 같이 구현했다고 합시다.

```
@Get(':id')
findOne(@Param('id', ValidationPipe) id: number) {
  return this.usersService.findOne(id);
}
```

GET /users/1 요청에 대해 transform 함수에 전달되는 인수를 출력해보면 value는 1이 되고 metadata는 다음과 같은 객체가 됩니다.

```
{ metatype: [Function: Number], type: 'param', data: 'id' }
```

7.3 유효성 검사 파이프 만들기

Nest 공식 문서에는 @UsePipes 데커레이터와 joi 라이브러리를 이용하여 커스텀 파이프를 바인딩하는 방법을 설명하고 있습니다. 앞 장에서도 본 joi는 널리 사용되는 유효성 검사 라이브러리입니다. 스키마라고 부르는 유효성 검사 규칙을 가진 객체를 만들고 이 스키마에 검사하고자 하는 객체를 전달하여 평가validate하는 방식입니다. 하지만 joi는 이후에 설명하는 class-validator와 비교하면 스키마를 적용하는 문법이 번거롭습니다. 아쉽게도 class-validator를 사용하는 방식은 바닐라 자바스크립트에는 적용할 수 없기 때문에 타입스크립트로 애플리케이션을 작성하지 않거나 joi의 사용법에 익숙하신 분은 공식 문서를 참조하여 적용하는 것을 검토해보세요.

class-validator를 먼저 설치해봅시다. **class-transformer** 라이브러리도 함께 설치합니다. 두 라이브러리는 동일한 저자가 만들었습니다. 함께 사용하면 유효성 검사에 편리하게 적용할 수 있습니다.

```
$ npm i --save class-validator class-transformer
```

그럼 신규 유저를 생성할 때 본문body이 유효성에 적합한지 검사하도록 해봅시다.

■ dto/create-user.dto

```
import { IsString, MinLength, MaxLength, IsEmail } from 'class-validator';

export class CreateUserDto {
  @IsString()
  @MinLength(1)
  @MaxLength(20)
  name: string;

  @IsEmail()
  email: string;
}
```

class-validator를 사용하면 다양한 데커레이터를 선언하여 쓰기도 쉽고 이해하기도 쉬운 코드를 작성할 수 있습니다. 이 코드에서 CreateUserDto의 name 속성은 1글자 이상 20글자 이하인 문자열을 받도록 되어 있습니다. email 속성은 이메일 형식을 따르는지 체크합니다.

> [NOTE] class-validator가 지원하는 다양한 데커레이터가 있습니다. 공식 문서를 통해 사용법을 확인해보세요.
> • https://github.com/typestack/class-validator

이제 위에서 정의한 것과 같은 dto 객체를 받아서 유효성 검사를 하는 파이프(ValidationPipe)를 직접 구현해봅시다.

```
import { PipeTransform, Injectable, ArgumentMetadata, BadRequestException } from '@nestjs/
common';
import { validate } from 'class-validator';
import { plainToClass } from 'class-transformer';

@Injectable()
export class ValidationPipe implements PipeTransform<any> {
  async transform(value: any, { metatype }: ArgumentMetadata) {
    if (!metatype || !this.toValidate(metatype)) {
      return value;
    }
    const object = plainToClass(metatype, value);
    const errors = await validate(object);
    if (errors.length > 0) {
      throw new BadRequestException('Validation failed');
    }
    return value;
  }

  private toValidate(metatype: Function): boolean {
    const types: Function[] = [String, Boolean, Number, Array, Object];
```

```
      return !types.includes(metatype);
    }
  }
```

먼저 전달된 `metatype`이 파이프가 지원하는 타입인지 검사합니다. 그리고 class-transformer의 `plainToClass` 함수를 통해 순수(plain 또는 literal) 자바스크립트 객체를 클래스의 객체로 바꿔줍니다. class-validator의 유효성 검사 데커레이터는 타입이 필요합니다. 네트워크 요청을 통해 들어온 데이터는 역직렬화 과정에서 본문의 객체가 아무런 타입 정보도 가지고 있지 않기 때문에 타입을 지정하는 변환 과정을 `plainToClass`로 수행하는 것입니다. 마지막으로 유효성 검사에 통과했다면 원래의 값을 그대로 전달합니다. 검사에 실패했다면 400 BadRequest 에러를 던집니다.

이제 이 `ValidationPipe`를 적용해봅시다.

```
@Post()
create(@Body(ValidationPipe) createUserDto: CreateUserDto) {
  return this.usersService.create(createUserDto);
}
```

잘못된 데이터를 전달하면 에러가 발생하는 것을 확인할 수 있습니다.

```
$ curl http://localhost:3000/users -X POST -H "Content-Type: application/json" -d
'{"name":"","email":"YOUR_EMAIL@gmail.com"}'
{
  "statusCode": 400,
  "message": "Validation failed",
  "error": "Bad Request"
}
```

`ValidationPipe`를 모든 핸들러에 일일이 지정하지 않고 전역으로 설정하려면 부트스트랩 과정에서 적용하면 됩니다. 이미 앞에서 다른 컴포넌트를 전역으로 지정할 때 봤던 것과 유사합니다.

```
import { ValidationPipe } from './validation.pipe';

async function bootstrap() {
  const app = await NestFactory.create(AppModule);
  app.useGlobalPipes(new ValidationPipe())
  await app.listen(3000);
}
bootstrap();
```

ValidationPipe를 직접 만들어 사용해봤습니다. 하지만 이미 Nest가 마련해둔 ValidationPipe가 있기 때문에 굳이 따로 만들 필요는 없습니다. 동작 원리만 파악하고 Nest가 제공하는 Validation Pipe를 가져다 쓰도록 하세요.

7.4 유저 서비스에 유효성 검사 적용하기

서비스 운영 중에는 공개된 호스트 도메인으로 해킹 등 끊임없이 불필요한 요청이 들어옵니다. 불필요한 요청을 막기 위해 특정 IP에서 들어오는 요청을 일정 기간 동안 무시하는 방법도 있습니다. 라우터 핸들러까지 요청이 들어왔을 때 잘못된 요청을 걸러내는 것 또한 중요합니다. 클라이언트가 API를 주어진 스펙대로 호출하지 않거나, 정확하게 구현했다 하더라도 변경된 API 스펙에 맞춰 수정되지 않는 경우도 있습니다.

앞서 사용자가 잘못된 요청을 보냈을 때 유효성 검사를 수행하는 파이프를 따로 둬 비즈니스 로직과 분리되도록 하는 방법을 알아봤습니다. 이 장에서는 우리가 작성하고 있는 유저 서비스에 ValidationPipe를 적용해보겠습니다. 이어서 class-validator에서 제공하지 않는 유효성 검사기를 직접 만들어보겠습니다.

7.4.1 유저 생성 본문의 유효성 검사

유저 서비스의 소스에 유효성 검사에 필요한 라이브러리를 설치해줍니다.

```
$ npm i --save class-validator class-transformer
```

그리고 Nest에서 제공하는 ValidationPipe를 전역으로 적용합니다. 이때 뒤에서 사용할 class-transformer가 적용되게 하려면 transform 속성을 true로 주어야 한다는 점에 주의합니다.

```
import { ValidationPipe } from '@nestjs/common';

async function bootstrap() {
  const app = await NestFactory.create(AppModule);
  app.useGlobalPipes(new ValidationPipe({
      transform: true,
  }));
  await app.listen(3000);
}
bootstrap();
```

이제 유저 생성 요청에 포함된 본문의 정의를 다시 보겠습니다.

```
export class CreateUserDto {
  readonly name: string;
  readonly email: string;
  readonly password: string;
}
```

이름, 이메일, 패스워드가 아무런 제약 없이 선언되어 있습니다. 서비스는 다음과 같은 규칙을 가져야 한다고 가정하겠습니다.

- 사용자 이름은 2자 이상 30자 이하인 문자열이어야 한다.
- 사용자 이메일은 60자 이하의 문자열로서 이메일 주소 형식에 적합해야 한다.
- 사용자 패스워드는 영문 대소문자와 숫자 또는 특수문자(!, @, #, $, %, ^, &, *, (,))로 이뤄진 8자 이상 30자 이하의 문자열이어야 한다.

class-validator를 이용하여 위 규칙을 적용해봤습니다.

```
import { IsEmail, IsString, Matches, MaxLength, MinLength } from 'class-validator';

export class CreateUserDto {
  @IsString()
  @MinLength(2)
  @MaxLength(30)
  readonly name: string;

  @IsString()
  @IsEmail()
  @MaxLength(60)
  readonly email: string;

  @IsString()
  @Matches(/^[A-Za-z\d!@#$%^&*()]{8,30}$/)
  readonly password: string;
}
```

7.4.2 class-transformer 활용

class-transformer에서 제공하는 기능 중에 많이 사용되는 @Transform 데커레이터의 정의를 살펴보 겠습니다.

```
export declare function Transform(transformFn: (params: TransformFnParams) => any, options?:
TransformOptions): PropertyDecorator;

export interface TransformFnParams {
    value: any;
    key: string;
    obj: any;
    type: TransformationType;
    options: ClassTransformOptions;
}
```

Transform 데커레이터는 transformFn를 인수로 받습니다. transformFn은 이 데커레이터가 적용되는 속성의 값(value)과 그 속성을 가지고 있는 객체(obj) 등을 인수로 받아 속성을 변형한 후 리턴하는 함수입니다.

name 속성에 @Transform 데커레이터를 다음과 같이 적용해서 TransformFnParams에 어떤 값들이 전달되는지 확인해봅시다. transformFn은 변형한 속성을 다시 리턴해야 하는데 아무 작업도 하지 않았으니, param.value를 그대로 돌려줍니다.

```
@Transform(params => {
  console.log(params);
  return params.value;
})
@IsString()
@MinLength(2)
@MaxLength(30)
readonly name: string;
```

유저 생성 요청과 요청을 보낸 후 콘솔에 출력된 TransformFnParams 객체입니다.

```
$ curl -X POST http://localhost:3000/users -H "Content-Type: application/json" -d '{"name":
"YOUR_NAME", "email": "YOUR_EMAIL@gmail.com", "password":"pass123$"}'
{
  value: 'YOUR_NAME',
  key: 'name',
  obj: {
    name: 'YOUR_NAME',
    email: 'YOUR_EMAIL@gmail.com',
    password: 'pass123$'
  },
  type: 0,
  options: {
```

```
        enableCircularCheck: false,
        enableImplicitConversion: false,
        excludeExtraneousValues: false,
        excludePrefixes: undefined,
        exposeDefaultValues: false,
        exposeUnsetFields: true,
        groups: undefined,
        ignoreDecorators: false,
        strategy: undefined,
        targetMaps: undefined,
        version: undefined
    }
}
```

유저 생성 본문 중 name의 앞뒤에 공백이 포함되면 안 된다고 합시다. 하지만 사용자는 충분히 공백을 넣고 요청을 할 수도 있습니다. 이 공백을 제거하는 로직은 클라이언트에서 수행해도 되지만 백엔드에 요청이 왔을 때에 대해서도 방어 코드를 추가할 수 있습니다. class-transformer를 이용하여 공백을 제거해봅시다.

```
@Transform(params => params.value.trim())
@IsString()
@MinLength(2)
@MaxLength(30)
readonly name: string;
```

이제 name 앞뒤에 포함된 공백은 trim() 함수로 잘라내게 됩니다.

> **CAUTION** trim() 함수가 처리하지 못하는 공백도 있습니다. 공백처럼 보이는 유니코드 문자가 의도치 않게 들어오는 경우가 있는데 이런 문자들을 처리하기 위해서는 trim() 함수 말고 다른 방법을 사용해야 합니다.

TransformFnParams에는 obj 속성이 있습니다. obj는 현재 속성이 속해 있는 객체를 가리킨다고 했습니다. 즉, name 속성을 가지고 있는 CreateUserDto 객체를 뜻합니다. obj의 다른 속성값에 따라 구현을 달리 할 수도 있습니다. 예를 들어 password는 name과 동일한 문자열을 포함할 수 없도록 하고 싶다고 하면 다음처럼 구현할 수도 있습니다.

```
@Transform(({ value, obj }) => {
  if (obj.password.includes(obj.name.trim())) {
    throw new BadRequestException('password는 name과 같은 문자열을 포함할 수 없습니다.');
  }
  return value.trim();
})
```

이제 잘못된 요청을 보내서 유효성 검사기가 잘 동작하는지 확인해봅시다.

■ email의 형식이 잘못된 경우

```
$ curl -X POST http://localhost:3000/users -H "Content-Type: application/json" -d '{"name":
" YOUR_NAME ", "email": "@gmail.com", "password": "PASSWORD"}'
{
  "statusCode": 400,
  "message": [
    "email must be an email"
  ],
  "error": "Bad Request"
}
```

■ password의 길이가 짧은 경우

```
$ curl -X POST http://localhost:3000/users -H "Content-Type: application/json" -d '{"name":
" YOUR_NAME ", "email": "YOUR_EMAIL@gmail.com", "password": "PASS"}'
{
  "statusCode": 400,
  "message": [
    "password must match /^[A-Za-z\\d!@#$%^&*()]{8,30}$/ regular expression"
  ],
  "error": "Bad Request"
}
```

■ password에 이름과 같은 문자열이 포함된 경우

```
$ curl -X POST http://localhost:3000/users -H "Content-Type: application/json" -d '{"name":
" YOUR_NAME ", "email": "YOUR_EMAIL@gmail.com", "password": "YOUR_NAME-PASSWORD"}'
{
  "statusCode": 400,
  "message": "password는 name과 같은 문자열을 포함할 수 없습니다.",
  "error": "Bad Request"
}
```

■ name의 앞뒤에 공백이 포함된 경우: 정상 동작

```
$ curl -X POST http://localhost:3000/users -H "Content-Type: application/json" -d '{"name":
" YOUR_NAME ", "email": "YOUR_EMAIL@gmail.com", "password": "PASSWORD"}'
```

7.4.3 커스텀 유효성 검사기 작성

@Transform 내에서 예외를 던지는 게 썩 마음에 들지 않나요? 그럴 경우에는 직접 필요한 유효성 검사를 수행하는 데커레이터를 만들어 활용할 수 있습니다. 커스텀 유효성 검사기를 작성하는 것은

Nest의 기술이 아니라 class-validator의 영역이지만 익혀두면 유용하게 써먹을 수 있습니다.

먼저 데커레이터를 만듭니다. 앞의 경우 패스워드에 이름이 포함되어 있지 않아야 하므로 NotIn이라는 이름의 데커레이터를 만들어보겠습니다.

■ not-in.ts

```typescript
import { registerDecorator, ValidationOptions, ValidationArguments, ValidatorConstraint,
ValidatorConstraintInterface } from 'class-validator';

export function NotIn(property: string, validationOptions?: ValidationOptions) {  //❶
  return (object: Object, propertyName: string) => {  //❷
    registerDecorator({  //❸
      name: 'NotIn',  //❹
      target: object.constructor,  //❺
      propertyName,
      options: validationOptions,  //❻
      constraints: [property],  //❼
      validator: {  //❽
        validate(value: any, args: ValidationArguments) {
          const [relatedPropertyName] = args.constraints;
          const relatedValue = (args.object as any)[relatedPropertyName];
          return typeof value === 'string' && typeof relatedValue === 'string' &&
            !relatedValue.includes(value);
        }
      },
    });
  };
}
```

❶ 데커레이터의 인수는 객체에서 참조하려고 하는 다른 속성의 이름과 ValidationOptions를 받습니다.

❷ registerDecorator를 호출하는 함수를 리턴합니다. 이 함수의 인수로 데커레이터가 선언될 객체와 속성 이름을 받습니다.

❸ registerDecorator 함수는 ValidationDecoratorOptions 객체를 인수로 받습니다.

❹ 데커레이터의 이름을 NotIn으로 합니다.

❺ 이 데커레이터는 객체가 생성될 때 적용됩니다.

❻ 유효성 옵션은 데커레이터의 인수로 전달받은 것을 사용합니다.

❼ 이 데커레이터는 속성에 적용되도록 제약을 주었습니다.

❽ 가장 중요한 유효성 검사 규칙이 validator 속성에 기술됩니다. 이는 ValidatorConstraintInterface를 구현한 함수입니다.

이제 이 데커레이터를 name 속성에 적용해봅시다.

```
@Transform(params => params.value.trim())
@NotIn('password', { message: 'password는 name과 같은 문자열을 포함할 수 없습니다.' })
@IsString()
@MinLength(2)
@MaxLength(30)
name: string;
```

다시 password에 name 문자열이 포함되도록 요청해보면 NotIn 데커레이터가 잘 동작하는 것을 확인할 수 있습니다.

```
$ curl -X POST http://localhost:3000/users -H "Content-Type: application/json" -d '{"name":
" YOUR_NAME ", "email": "YOUR_EMAIL@gmail.com", "password": "YOUR_NAME-PASSWORD"}'
{
  "statusCode": 400,
  "message": [
    "password는 name과 같은 문자열을 포함할 수 없습니다.",
    "password must match /^[A-Za-z\\d!@#$%^&*()]{8,30}$/ regular expression"
  ],
  "error": "Bad Request"
}
```

이 밖에도 class-validator와 class-transformer의 유용한 기능이 많이 있습니다. 문서를 읽어보고 활용해보면 좋겠습니다. 😎

최근 개발되는 많은 시스템은 '인가'를 얻기 위한 수단으로 JWT를 사용합니다. 이후 10장에서 우리가 만들고 있는 유저 서비스에서도 로그인을 수행하면 JWT를 발급합니다. 클라이언트는 발급받은 JWT를 요청마다 헤더에 실어 보냅니다. 서버에서는 전달받은 JWT가 유효한지 검증을 하고 JWT에 포함된 정보로 인가를 수행하게 됩니다.

인증authentication과 **인가**authorization는 항상 함께 등장하는 개념이면서 사용할 때 헷갈리는 용어이기도 합니다. 문맥상 어색하지 않은 경우가 있어 이 둘의 차이를 두지 않고 사용하는 경우도 빈번합니다만, 이 책에서는 이를 엄격히 구분해서 사용합니다. 이하 내용은 인증/인가 서비스를 제공하는 Auth0 사에서 기술한 내용을 번역한 글입니다.[1]

인증과 인가는 최신 컴퓨터 시스템에서 널리 사용되지만 사람들이 종종 혼동하는 용어입니다. 이 두 용어는 모두 보안과 관련이 있습니다.

인증

인증은 어떤 개체(사용자 또는 장치)의 신원을 확인하는 과정입니다. 개체는 보통 어떤 **인증 요소** authentication factor를 증거로 제시하여 자신을 인증합니다. 예를 들어 은행에 가서 돈을 인출하려면 하면 은행직원은 여러분이 누구인지 확인하기 위해 신분증을 제시해달라고 요청할 수 있습니다. 비행기 티켓을 구매하려고 하면 여러분이 비행기를 탈 수 있는 자격이 되는지 증명하기 위해 여권을 제시해야 할 수도 있습니다. 두 예는 모두 신원(인증된 사용자)을 확인하기 위해 인증 절차가 어떻게 진행되는지를 보여줍니다.

온라인에서도 마찬가지입니다. 여러분이 메타 프로필이나 회사 메일 클라이언트 프로그램에 접속하려고 할 때 비슷한 일이 일어납니다. 신분증이나 여권을 제시하는 대신 아이디/패스워드를 입력하거나 휴대폰에 전달된 SMS에 적혀 있는 코드를 입력하는 것이지요. 인증 요소는 하나일 수도 있고 두 개two-factor 또는 그 이상multi-factor일 수도 있습니다.

---

1 https://auth0.com/intro-to-iam/authentication-vs-authorization/

인가

인증과 달리 인가는 어떤 개체가 어떤 리소스에 접근할 수 있는지 또는 어떤 동작을 수행할 수 있는지를 검증하는 것, 즉 접근 권한을 얻는 일을 말합니다. 예를 들어 공연장에 입장하기 위해 티켓을 제시하는 상황을 생각해보세요. 이 경우 공연 기획사에서는 여러분의 신원이 무엇인지에 대해서는 관심이 없습니다. 여러분이 공연장에 입장할 권한이 있는지 여부에만 관심이 있죠. 입장 권한을 증명하려면 신분증이나 여권 대신 티켓만 있으면 됩니다. 티켓이 여러분의 신원 정보를 포함하고 있지 않더라도 인가 과정에서 검증이 실패하는 것이 아닙니다.

인터넷 기반 앱에서는 일반적으로 토큰이라 부르는 가공물을 사용하여 인가를 다룹니다. 유저가 로그인을 하면 애플리케이션은 유저가 무엇을 할 수 있는가에 관심을 갖습니다. 사용자 신원을 바탕으로 인가 세부사항을 가진 토큰을 생성합니다. 시스템은 인가 토큰을 이용해서 어떤 권한을 부여할지, 즉 리소스 접근 요청을 허용할지 거부할지를 결정합니다.

인증 vs. 인가

인증과 인가가 무엇을 뜻하는지 밝히긴 했지만 이 용어들은 종종 혼용되어 혼란의 원인이 됩니다. 은행의 예에서 은행직원에게 건넨 신분증은 직원이 여러분 계좌의 자산에 접근하기 위한 인가에도 사용합니다. 비슷한 시나리오로, 회의실 출입을 제어하기 위해 배지를 사용하는 회사는 배지를 이용해서 사람(이름과 사진)을 인증하고 접근을 인가합니다. 이렇듯 인증과 인가는 어떤 시나리오에서는 서로 바꿔서 사용할 수 있는 주제입니다. 그래서 혼란을 야기합니다.

중요한 점은 인증은 인가로 이어지지만 인가가 인증으로 이어지지는 않는다는 점입니다. 신원증명이 접근 권한을 승인하기에 충분하다고 해도, 즉 무언가를 얻는 데 인가를 받을 수 있다고 해도 인가가 항상 개체를 식별하는 데 사용할 수 있는 게 아니라는 거지요.

예를 들어 탑승권은 비행기를 타는 데 인가를 하는 역할도 하고 신원 데이터도 포함하고 있습니다. 그래서 승무원들은 탑승권으로 여러분의 이름을 알 수 있습니다. 하지만 공연 티켓은 신원 세부사항을 담고 있지는 않겠죠. 티켓은 단지 공연장에 입장할 권리를 나타낼 뿐 다른 무엇도 아니라는 것입니다.

요약

- 인증은 유저나 디바이스의 신원을 증명하는 행위입니다.

- 인가는 유저나 디바이스에게 접근 권한을 부여하거나 거부하는 행위입니다.

- 인증은 인가 의사결정의 한 요소가 될 수 있습니다.

- 인가 가공물(토큰)로 유저나 디바이스의 신원을 파악하는 방법은 유용하지 않습니다.

영속화:
데이터를 기록하고 다루기

Nest는 다양한 데이터베이스와 연결할 수 있습니다. Node.js 드라이버가 존재하는 데이터베이스가 있다면 가져다 적용할 수 있습니다. RDBMS는 물론 NoSQL DB도 가능합니다. 또한 MikroORM, Sequelize, Knex.js, TypeORM, Prisma 같은 ORM을 지원합니다. 만약 ORM을 사용하지 않겠다고 하면 Node.js에서 지원하는 데이터베이스 라이브러리를 사용하면 됩니다. 이 책에서는 MySQL과 TypeORM을 이용하여 데이터를 다루겠습니다.

> NOTE   객체 관계 매핑(object-relational mapping, ORM)이란 데이터베이스의 관계를 객체로 바꾸어 개발자가 OOP로 데이터베이스를 쉽게 다룰 수 있도록 해주는 도구입니다. SQL 문을 그대로 코드에 기술하고 그 결과를 쿼리셋으로 다루는 방식에서 세부 쿼리문을 추상화하는 것으로 발전했습니다. 개발자는 ORM에서 제공하는 인터페이스를 통해 일반적인 라이브러리를 호출하듯 DB에 데이터를 업데이트하고 조회할 수 있습니다.

8.1 MySQL 데이터베이스 설정

로컬 PC에 직접 MySQL을 설치해도 되지만 다른 프로젝트와 개발 환경을 분리하기 위해 도커를 이용하여 실행하겠습니다. MySQL 버전은 8로 지정했습니다. DB에 연결할 때 Username은 root, Password는 test로 설정했습니다. 더 자세한 내용은 도커 허브Docker Hub의 가이드[1]를 참조하세요.

```
$ docker run --name mysql-local -p 3306:3306/tcp -e MYSQL_ROOT_PASSWORD=test -d mysql:8
```

---

1   https://hub.docker.com/_/mysql

MySQL이 도커에서 잘 실행되고 있는지 확인해봅니다.

```
$ docker ps
CONTAINER ID    IMAGE     COMMAND              CREATED        STATUS         PORTS
NAMES
12acf9e0919d    mysql:8   "docker-entrypoint.s…"   6 minutes ago   Up 6 minutes
0.0.0.0:3306->3306/tcp, :::3306->3306/tcp, 33060/tcp    mysql-local
```

데이터베이스와 테이블을 생성하거나 데이터를 조회하고 조작하기 위해서는 콘솔에서 작업해도 좋고 DB 클라이언트 툴을 사용해도 좋습니다. 좋은 상용 툴도 많지만 이 책에서는 무료로 쓸 만한 **DBeaver**라는 툴을 사용하겠습니다. 다운로드 페이지에서 설치를 하고 실행해봅시다.

- https://dbeaver.io/download/

실행 후 Connection 메뉴에서 MySQL을 선택한 다음 Server Host와 Password 등을 입력합니다.

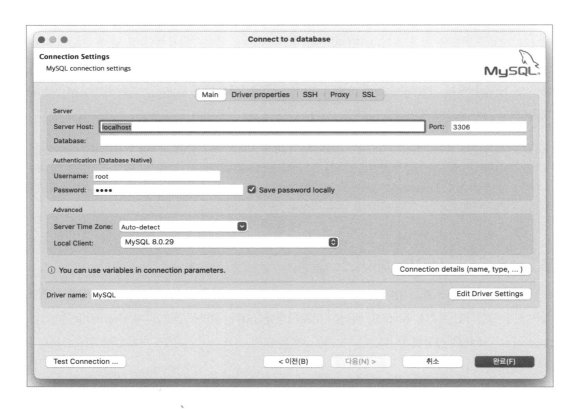

이때 주의할 점이 있는데, MySQL 8.0부터는 설정에서 퍼블릭 키public key 등록을 허용해줘야 합니다.

이제 테스트를 위한 데이터베이스를 하나 생성하겠습니다. 이때 한글 정렬이 잘 되도록 하기 위해 Charset은 utf8mb4로, Collation은 utf8mb4_unicode_ci로 해주는 것이 좋습니다.

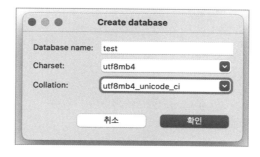

test 데이터베이스가 잘 생성된 것을 확인할 수 있습니다.

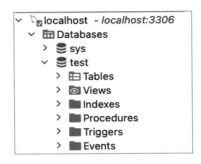

8.2 TypeORM으로 데이터베이스 연결

이 장에서는 Nest에서 제공하는 데이터베이스 연결에 대한 기본적인 내용은 생략하고 유저 서비스에서 데이터베이스를 연결해서 데이터를 다루는 방법을 바로 알아보겠습니다. MySQL과 TypeORM 외의 도구를 사용하겠다면 공식 문서를 참고하세요.

Nest에 MySQL을 연결하기 위해 라이브러리를 설치합시다.

```
$ npm i typeorm@0.3.7 @nestjs/typeorm@9.0.0 mysql2
```

이제 **@nestjs/typeorm** 패키지에서 제공하는 `TypeOrmModule`을 이용하여 DB에 연결할 수 있습니다.

```
...
import { TypeOrmModule } from '@nestjs/typeorm';

@Module({
  imports: [
       ...
    TypeOrmModule.forRoot({  //❶
      type: 'mysql',  //❷)
      host: 'localhost',  //❸
      port: 3306,  //❹
      username: 'root',  //❺
      password: 'test',  //❺
      database: 'test',  //❻
      entities: [__dirname + '/**/*.entity{.ts,.js}'],  //❼
      synchronize: true,  //❽
    }),
  ],
})
export class AppModule {}
```

❶ AppModule에 TypeOrmModule을 동적 모듈로 가져옵니다.

❷ TypeOrmModule이 다루고자 하는 데이터베이스의 타입입니다. 우리는 MySQL을 이용합니다.

❸ 연결할 데이터베이스 호스트의 주소를 입력합니다.

❹ 데이터베이스에서 연결을 위해 열어놓은 포트 번호입니다. MySQL은 기본값으로 3306번 포트를 사용합니다.

❺ 데이터베이스에 연결할 유저명과 패스워드입니다.

❻ 연결하고자 하는 데이터베이스 스키마 이름입니다. 앞서 만든 test 스키마를 사용합니다.

❼ 소스 코드 내에서 TypeORM이 구동될 때 인식하도록 할 엔티티(엔터티)entity 클래스의 경로를 지정합니다.

❽ synchronize 옵션은 서비스 구동 시 소스 코드 기반으로 데이터베이스 스키마를 동기화할지 여부입니다. 로컬 환경에서 구동할 때는 개발의 편의를 위해 true로 합니다.

> **CAUTION** synchronize 옵션을 true로 지정하면 서비스가 실행되고 데이터베이스가 연결될 때 데이터베이스가 초기화되므로 절대 프로덕션에서는 true로 지정하지 마세요!

TypeOrmModule.forRoot 함수에 전달하는 TypeOrmModuleOptions 객체를 좀 더 자세히 살펴보겠습니다.

```
export declare type TypeOrmModuleOptions = {
    retryAttempts?: number;
    retryDelay?: number;
    toRetry?: (err: any) => boolean;
    autoLoadEntities?: boolean;
    keepConnectionAlive?: boolean;
    verboseRetryLog?: boolean;
} & Partial<DataSourceOptions>;
```

• retryAttempts: 연결 시 재시도 횟수. 기본값은 10입니다.

• retryDelay: 재시도 간의 지연 시간. 단위는 ms이고 기본값은 3000입니다.

• toRetry: 에러가 났을 때 연결을 시도할지 판단하는 함수. 콜백으로 받은 인수 err를 이용하여 연결여부를 판단하는 함수를 구현하면 됩니다.

• autoLoadEntities: 엔티티를 자동 로드할지 여부

• keepConnectionAlive: 애플리케이션 종료 후 연결을 유지할지 여부

• verboseRetryLog: 연결을 재시도할 때 verbose 레벨로 에러 메시지를 보여줄지 여부. 로깅에서 verbose 메시지는 상세 메시지를 의미합니다.

TypeOrmModuleOptions는 위에서 설명한 타입과 DataSourceOptions 타입의 Partial 타입을 교차(&)한 타입입니다. Partial 제네릭 타입은 선언한 타입의 일부 속성만을 가질 수 있도록 하는 타입입니다. 교차 타입은 교차시킨 타입의 속성들을 모두 가지는 타입입니다. DataSourceOptions의 정의를 보면 Nest가 지원하는 데이터베이스가 어떤 것들인지 알 수 있습니다. MySQL 외에도 PostgreSQL, MS SQL, Oracle뿐만 아니라 Native, Mongo, Amazon Aurora도 지원합니다.

```
export declare type DataSourceOptions =
    MysqlConnectionOptions |
    PostgresConnectionOptions |
    CockroachConnectionOptions |
    SqliteConnectionOptions |
    SqlServerConnectionOptions |
    SapConnectionOptions |
    OracleConnectionOptions |
    CordovaConnectionOptions |
    NativescriptConnectionOptions |
    ReactNativeConnectionOptions |
    SqljsConnectionOptions |
    MongoConnectionOptions |
    AuroraMysqlConnectionOptions |
    AuroraPostgresConnectionOptions |
    ExpoConnectionOptions |
    BetterSqlite3ConnectionOptions |
    CapacitorConnectionOptions
    SpannerConnectionOptions;
```

각 데이터베이스 인터페이스는 BaseDataSourceOptions 인터페이스를 상속받아 속성을 오버라이딩합니다. 우리가 설정한 옵션 외의 세부 옵션을 조정하려면 MysqlConnectionOptions를 살펴보기 바랍니다.

앞에서 기술한 TypeOrmModuleOptions 객체를 환경 변수에서 값을 읽어오도록 변경해봅시다.

```
...
import { TypeOrmModule } from '@nestjs/typeorm';

@Module({
  imports: [
        ...
    TypeOrmModule.forRoot({
      type: 'mysql',
      host: process.env.DATABASE_HOST, //'localhost',  //❶
      port: 3306,
```

```
        username: process.env.DATABASE_USERNAME, //'root',  //❶
        password: process.env.DATABASE_PASSWORD, //'test',  //❶
        database: 'test',
        entities: [__dirname + '/**/*.entity{.ts,.js}'],
        synchronize: process.env.DATABASE_SYNCHRONIZE === 'true',  //❶
      }),
    ],
  })
  export class AppModule {}
```

❶ 환경 변수에서 host, username, password, synchronize의 값을 읽습니다. .development.env
  파일에는 다음 내용이 추가되어야 합니다.

```
...
DATABASE_HOST=localhost
DATABASE_USERNAME=root
DATABASE_PASSWORD=test
DATABASE_SYNCHRONIZE=true
```

[NOTE] Nest는 데이터베이스를 연결하는 또 다른 방법을 제공합니다. 루트 디렉터리에 **ormconfig.json** 파일이 있다
면 TypeOrmModule.forRoot()에 옵션 객체를 전달하지 않아도 됩니다(다만 이 ormconfig.json 파일을 사용하는 방
식은 typeorm 0.3 버전에서는 지원하지 않습니다). 여기서 주의할 점이 있습니다. JSON 파일에는 엔티티의 경로를 __
dirname으로 불러올 수 없기 때문에 빌드 후 생성되는 디렉터리 이름인 dist를 붙여주어야 합니다.

■ ormconfig.json
```
{
  "type": "mysql",
  "host": "localhost",
  "port": 3306,
  "username": "root",
  "password": "test",
  "database": "test",
  "entities": ["dist/**/*.entity{.ts,.js}"],
  "synchronize": true
}
import { TypeOrmModule } from '@nestjs/typeorm';

@Module({
  imports: [
    TypeOrmModule.forRoot(),
  ],
})
export class AppModule {}
```

ormconfig.json으로 기술된 데이터베이스 옵션에는 비밀번호와 같은 민감한 정보가 포함되어 있습니다. username, password와 같은 값은 환경 변수에서 읽어오도록 해야 할 것입니다. 하지만 ormconfig.json 파일을 이용하면 dotenv로 읽어온 값을 넣을 수가 없습니다. 이를 위해서는 개발 환경에 따라 ormconfig.json 파일을 프로비저닝할 때 환경에 맞는 파일로 교체해주는 장치가 필요합니다. 이 방법은 부록을 참고하세요.

8.3 회원 가입을 요청한 유저의 정보 저장하기

이제 회원 가입을 요청을 받았을 때 회원 정보를 저장하는 작업을 해보겠습니다. Nest는 저장소 패턴[2]을 지원합니다. 먼저 유저 엔티티를 정의해봅시다.

■ user.entity.ts

```typescript
import { Column, Entity, PrimaryColumn } from 'typeorm';

@Entity('User')
export class UserEntity {
  @PrimaryColumn()
  id: string;

  @Column({ length: 30 })
  name: string;

  @Column({ length: 60 })
  email: string;

  @Column({ length: 30 })
  password: string;

  @Column({ length: 60 })
  signupVerifyToken: string;
}
```

이제 이 유저 엔티티를 데이터베이스에서 사용할 수 있도록 TypeOrmModuleOptions의 entities 속성의 값으로 넣어주어야 합니다.

```typescript
@Module({
  imports: [
```

---

2 https://docs.microsoft.com/ko-kr/dotnet/architecture/microservices/microservice-ddd-cqrs-patterns/infrastructure-persistence-layer-design

```
    TypeOrmModule.forRoot({
        ...
      entities: [UserEntity],
          ...
    }),
  ],
})
export class AppModule {}
```

하지만 이미 우리는 이미 dist 디렉터리 내의 .entity.ts 또는 .entity.js로 끝나는 파일명을 가진 소스 코드를 참조하도록 해뒀기 때문에 별다른 구현이 필요 없습니다.

```
{
  ...
  entities: [__dirname + '/**/*.entity{.ts,.js}'],
  ...
}
```

이제 서비스를 다시 구동하면 User 테이블이 생성되어 있는 것을 확인할 수 있습니다. 이는 로컬 환경에서는 synchroize 옵션이 true로 되어 있기 때문입니다.

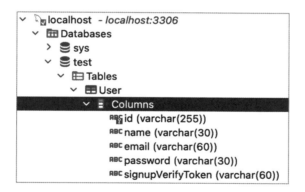

User 테이블이 준비되었습니다. 이제 TODO로 남겨둔 서비스 내 함수들을 구현해봅시다.

```
...
import { TypeOrmModule } from '@nestjs/typeorm';
import { UserEntity } from './entity/user.entity';

@Module({
  imports: [
        ...
```

```
        TypeOrmModule.forFeature([UserEntity]),  //❶
    ],
    ...
})
export class UsersModule {}
```

❶ UsersModule에서 forFeature() 메서드로 유저 모듈 내에서 사용할 저장소를 등록합니다.

```
...
import { InjectRepository } from '@nestjs/typeorm';
import { Repository } from 'typeorm';
import { UserEntity } from './entity/user.entity';

export class UsersService {
  constructor(
        ...
    @InjectRepository(UserEntity) private usersRepository: Repository<UserEntity>,  //❶
  ) { }
    ...
}
```

❶ UsersSevice에 @InjectRepository 데커레이터로 유저 저장소를 주입합니다.

```
private async saveUser(name: string, email: string, password: string, signupVerifyToken:
string) {
  const user = new UserEntity();  //❶
  user.id = ulid();  //❷
  user.name = name;  //❷
  user.email = email;  //❷
  user.password = password;  //❷
  user.signupVerifyToken = signupVerifyToken;  //❷
  await this.usersRepository.save(user);  //❸
}
```

❶ 새로운 유저 엔티티 객체를 생성합니다.

❷ 인수로 전달받은 유저 정보를 엔티티에 설정합니다.

❸ 저장소를 이용하여 엔티티를 데이터베이스에 저장합니다.

NOTE 엔티티의 id는 보통 숫자로 많이 사용하지만 이 책에서는 편의상 string으로 사용했습니다. 랜덤한 스트링을 생성하기 위해서는 ulid 라이브러리를 이용합니다. npm i ulid 명령어로 패키지를 설치하면 됩니다.

유저 생성 API를 호출하면 DB에 저장이 잘 되는 것을 확인할 수 있습니다.

기존 유저 정보를 확인하는 함수도 구현해봅시다.

```
private async checkUserExists(emailAddress: string): Promise<boolean> {
  const user = await this.usersRepository.findOne({
    where: { email: emailAddress }
  );

  return user !== undefined;
}
```

만약 유저 생성시 해당 이메일로 이미 유저가 존재한다면 422 에러를 내도록 합니다.

```
async createUser(name: string, email: string, password: string) {
  const userExist = await this.checkUserExists(email);
  if (userExist) {
    throw new UnprocessableEntityException('해당 이메일로는 가입할 수 없습니다.');
  }
    ...
}
```

이제 점점 유저 서비스가 모습을 갖춰가고 있습니다. 😎

8.4 트랜잭션 적용

트랜잭션은 요청을 처리하는 과정에서 데이터베이스에 변경이 일어나는 요청을 독립적으로 분리하고 에러가 발생했을 경우 이전 상태로 되돌리게 하기 위해 데이터베이스에서 제공하는 기능입니다.

TypeORM에서 트랜잭션을 사용하는 방법은 2가지가 있습니다.[3]

---

3   https://typeorm.io/#/transactions

- QueryRunner를 이용해서 단일 DB 커넥션 상태를 생성하고 관리하기

- transaction 함수를 직접 사용하기

이 2가지 방법을 어떻게 적용하는지 살펴보겠습니다.

8.4.1 QueryRunner를 사용하는 방법

QueryRunner를 이용하면 트랜잭션을 완전히 제어할 수 있습니다.

```
...
import { DataSource, ... } from 'typeorm';

@Injectable()
export class UsersService {
  constructor(
      ...
      private dataSource: DataSource,  //❶
  ) { }
    ...
}
```

❶ 먼저 typeorm에 제공하는 DataSource 객체를 주입합니다.

이제 DataSource 객체에서 트랜잭션을 생성할 수 있습니다. 유저를 저장하는 로직에 트랜잭션을 걸어봅시다.

```
private async saveUserUsingQueryRunner(name: string, email: string, password: string,
signupVerifyToken: string) {
  const queryRunner = this.dataSource.createQueryRunner();  //❶

  await queryRunner.connect();  //❷
  await queryRunner.startTransaction();  //❷

  try {
    const user = new UserEntity();
    user.id = ulid();
    user.name = name;
    user.email = email;
    user.password = password;
    user.signupVerifyToken = signupVerifyToken;

    await queryRunner.manager.save(user);  //❸
```

```
    //throw new InternalServerErrorException();  //일부러 에러를 발생시켜본다.  //❺

    await queryRunner.commitTransaction();  //❹
  } catch (e) {
    //에러가 발생하면 롤백
    await queryRunner.rollbackTransaction();  //❺
  } finally {
    //직접 생성한 QueryRunner는 해제시켜주어야 함
    await queryRunner.release();  //❻
  }
}
```

❶ 주입받은 DataSource 객체에서 QueryRunner를 생성합니다.

❷ QueryRunner에서 DB에 연결 후 트랜잭션을 시작합니다.

❸ 정상 동작을 수행했다면 트랜잭션을 커밋하여 **영속화**persistence합니다.

❹ DB 작업을 수행한 후 커밋을 해서 영속화를 완료합니다.

❺ 이 과정에서 에러가 발생하면 직접 롤백을 수행합니다.

❻ finally 구문을 통해 생성한 QueryRunner 객체를 해제합니다. 생성한 QueryRunner는 해제해야 합니다.

주석으로 막힌 라인의 주석을 풀어 롤백이 제대로 되는지도 확인해보세요.

8.4.2 transaction 함수를 직접 이용하는 방법

또 다른 방법으로 dataSource 객체 내의 transaction 함수를 바로 이용하는 방법도 있습니다. 이 함수의 주석을 보겠습니다.

```
/**
 * Wraps given function execution (and all operations made there) into a transaction.
 * All database operations must be executed using provided entity manager.
 */
transaction<T>(runInTransaction: (entityManager: EntityManager) => Promise<T>): Promise<T>;
```

주석 내용은 이런 뜻입니다.

transaction 메서드는 주어진 함수 실행을 트랜잭션으로 래핑합니다. 모든 데이터베이스 연산은 제공된 엔티티 매니저를 이용하여 실행해야 합니다.

transaction 메서드는 EntityManager를 콜백으로 받아 사용자가 어떤 작업을 수행할 함수를 작성할 수 있게 해줍니다.

```
private async saveUserUsingTransaction(name: string, email: string, password: string,
signupVerifyToken: string) {
  await this.dataSource.transaction(async manager => {
    const user = new UserEntity();
    user.id = ulid();
    user.name = name;
    user.email = email;
    user.password = password;
    user.signupVerifyToken = signupVerifyToken;

    await manager.save(user);

    // throw new InternalServerErrorException();
  });
}
```

역시 잘 동작하는지 확인하시고 나서 고의로 에러를 일으킨 후 롤백동작을 확인해보세요.

> **CAUTION** saveUserUsingQueryRunner 함수의 경우 예를 들기 위해 함수 내에서 트랜잭션을 걸고 예외를 처리했습니다. 이 경우 에러가 발생해도 메일이 전송되어 버립니다. 실제 구현에서는 에러 발생 시 메일 발송이 되지 않도록 처리해보세요.

8.5 마이그레이션

넓은 의미의 **마이그레이션**migration은 애플리케이션이 구동되는 OS를 바꾸거나 데이터베이스를 MySQL에서 Oracle로 바꾸는 것과 같이 인프라를 교체하는 것을 포함합니다. 데이터베이스를 다룰 때에도 마이그레이션이라는 용어를 자주 접하게 됩니다. 서비스를 개발하다 보면 데이터베이스 스키마를 변경할 일이 빈번하게 발생합니다. 신기능을 추가하면서 새로운 테이블을 생성하기도 하고 테이블 필드의 이름이나 속성을 변경해야 하는 일도 생깁니다. 만약 이전에 저장해둔 데이터가 현재의 도메인 구조와 다르다면 모든 데이터의 값을 수정할 일도 생깁니다. 이런 과정 역시 마이그레이션이라고 부릅니다.

TypeORM은 마이그레이션을 쉽고 안전하게 하는 방법을 제공합니다. TypeORM 마이그레이션을 사용하면 여러 이점을 얻을 수 있습니다. 첫째 마이그레이션을 위한 SQL 문을 직접 작성하지 않아도 됩니다. 직접 데이터 스키마를 생성, 수정, 삭제하며 두려움을 느껴본 분들이라면 TypeORM 마이그레이션이 자동으로 생성해주는 마이그레이션 코드에 안도감을 느끼실 것입니다. 또 만약 마이그레이션이 잘못 적용되었다면 마지막 적용한 마이그레이션 사항을 되돌리는 작업도 간단히 명령어로 수행할 수 있습니다. 물론 데이터의 값을 변경하는 마이그레이션이라면 원복하는 코드를 직접 작성해야 하기는 합니다.

그리고 롤링 업데이트가 가능한 마이그레이션이 아니라면 적용하기 전에 DB를 백업하는 것을 잊지 말아야 합니다. TypeORM 마이그레이션을 이용하면 마이그레이션 코드를 일정한 형식으로 소스 저장소에서 관리할 수 있습니다. 즉 데이터베이스의 변경점을 소스 코드로 관리할 수 있다는 뜻입니다. 소스 코드로 관리할 때의 또 다른 장점은 코드 리뷰가 가능하다는 점입니다. 마이그레이션 코드가 자동 생성되기는 하지만 직접 추가 코드를 넣을 경우도 생깁니다. 사내 코드 리뷰 프로세스에 따라 리뷰어가 승인한 코드는 더 탄탄한 코드가 됩니다. SQL 문을 직접 작성해서 특정 디렉터리에 모아서 보관할 수도 있겠지만 TypeORM이 제공하는 일관된 형식을 사용하면 이미 해당 지식을 가진 신규 개발자가 쉽게 적응할 수 있습니다.

마지막으로 TypeORM 마이그레이션을 적용하여 마이그레이션 이력을 관리할 수 있습니다. 언제 어떤 마이그레이션이 일어났는지를 특정 테이블에 기록하고, 필요할 경우 처음부터 순서대로 다시 수행할 수도 있습니다.

> **NOTE** TypeORM을 사용하지 않는다면 자신이 사용하는 ORM이 제공하는 마이그레이션 툴을 찾아보세요. 예를 들어 Sequelize의 경우에도 마이그레이션을 제공합니다.[4]

이제 우리가 생성한 데이터베이스를 대상으로 TypeORM 마이그레이션을 적용해보겠습니다. 먼저 migration CLI로 명령어를 수행해야 하므로 필요한 패키지를 설치해줍니다. typeorm CLI는 typeorm 패키지에 포함되어 있고 typeorm 패키지는 앞에서 이미 설치했습니다. typeorm CLI는 타입스크립트로 작성된 엔티티 파일을 읽어 들입니다. 따라서 typeorm CLI를 실행하기 위해 ts-node 패키지를 글로벌 환경으로 설치합니다.

```
$ npm i -g ts-node
```

이제 ts-node를 이용해서 우리 프로젝트 디렉터리 내에서 `npm run typeorm` 명령으로 typeorm CLI를 실행할 수 있는 환경을 구성합니다. `package.json` 파일에 다음 코드를 추가하세요.

---

4 https://sequelize.org/v5/manual/migrations.html

```
"scripts": {
    ...
    "typeorm": "ts-node --r ts-node/register ./node_modules/typeorm/cli.js -d ormconfig.ts"
}
```

-d 옵션은 --datasource 옵션의 약어입니다. typeorm 0.3에서 마이그레이션 기능을 사용하려면 DataSource 객체를 typeorm cli에 전달해줘야 합니다. ormconfig.ts 파일을 루트 디렉터리에 생성합시다.

■ ormconfig.ts

```
import { DataSource } from 'typeorm'

export const AppDataSource = new DataSource({
  type: 'mysql',
  host: 'localhost',
  port: 3306,
  username: 'root',
  password: 'test',
  database: 'test',
  entities: [__dirname + '/**/*.entity{.ts,.js}'],
  synchronize: false,
  migrations: [__dirname + '/**/migrations/*.js'],
  migrationsTableName: 'migrations',
});
```

username 등의 값은 localhost에서 사용하는 값으로 하드코딩했습니다. development 환경이 아닐 경우 마이그레이션이 필요한 환경에 맞는 값으로 수정해서 사용해야 합니다. 환경 변수에서 값을 읽어오도록 하면 ormconfig.ts 파일이 ConfigModule.forRoot로 환경 변수를 읽어오기 전에 컴파일되기 때문에 서버 구동 과정에서 에러가 발생합니다. 따라서 tsconfig.json에서 컴파일 대상 소스를 다음과 같이 지정해줘야 합니다.

```
{
  ...
  "include": [
    "src/**/*"
  ]
}
```

마이그레이션을 CLI로 생성하고 실행할 수 있는 환경이 구성되었습니다! 다음 할 일은 마이그레이션 이력을 관리할 테이블을 설정해야 합니다. TypeOrmModuleOptions에 마이그레이션 관련 옵션을 추가합니다.

```
{
  ...
  synchronize: false,  //❶
  migrationsRun: false,  //❷
  migrations: [__dirname + '/**/migrations/*.js'],  //❸



  migrationsTableName: 'migrations'  //❹
}
```

❶ 마이그레이션 테스트를 원활하게 하기 위해 `synchronize`를 `false`로 변경합니다. 그렇지 않으면 서버가 새로 구동될 때마다 테이블이 자동으로 생겨서 불편합니다.

❷ 서버가 구동될 때 작성된 마이그레이션 파일을 기반으로 마이그레이션을 수행하게 할지 설정하는 옵션입니다. `false`로 설정하여 CLI 명령어를 직접 입력하도록 합니다.

❸ 마이그레이션을 수행할 파일이 관리되는 경로를 설정합니다. 마이그레이션 이력이 기록되는 테이블 이름. 생략할 경우 기본값은 `migrations`입니다.

이제 User 테이블을 삭제한 다음 서버를 재시동합니다. `synchronize` 옵션을 `false`로 했기 때문에 User 테이블이 생성되어 있지 않습니다.

마이그레이션 파일을 생성하는 방법은 2가지가 있습니다.

- `migration:create`: 수행할 마이그레이션 내용이 비어 있는 파일을 생성합니다.
- `migration:generate`: 현재 소스 코드와 `migrations` 테이블에 기록된 이력을 기반으로 마이그레이션 파일을 자동 생성합니다.

먼저 `migration:create` 명령어를 사용해봅시다.

```
$ npm run typeorm migration:create src/migrations/CreateUserTable
```

생성된 파일입니다.

```
import { MigrationInterface, QueryRunner } from "typeorm";

export class CreateUserTable1640444480113 implements MigrationInterface {  //❶

  public async up(queryRunner: QueryRunner): Promise<void> {  //❷
```

```
  }

  public async down(queryRunner: QueryRunner): Promise<void> {  //❸
  }

}
```

❶ migration:create 명령으로 설정한 이름과 파일 생성 시각(UNIX 시간)을 조합한 이름을 가진 클래스가 생성됩니다.

❷ up 함수는 migration:run 명령으로 마이그레이션이 수행될 때 실행되는 코드를 작성합니다.

❸ down 함수는 migration:revert 명령으로 마이그레이션을 되돌릴 때 실행되는 코드를 작성합니다.

우리는 마이그레이션을 실행하고, 되돌리는 코드를 직접 작성하는 것을 원하지 않습니다. 생성된 파일을 삭제하고 migration:generate 명령으로 새로운 파일을 생성해봅시다.

```
$ npm run typeorm migration:generate src/migrations/CreateUserTable -- -d ./ormconfig.ts
```

소스 코드 내에서 entity.ts 파일과 migrationsTableName 옵션으로 설정된 migrations 테이블을 조회한 결과를 비교한 마이그레이션 파일이 생성되었습니다.

```
import { MigrationInterface, QueryRunner } from "typeorm";

export class CreateUserTable1640444480113 implements MigrationInterface {
  name = 'CreateUserTable1640444480113'

  public async up(queryRunner: QueryRunner): Promise<void> {
    await queryRunner.query('CREATE TABLE User (id varchar(255) NOT NULL, name varchar(30)
NOT NULL, email varchar(60) NOT NULL, password varchar(30) NOT NULL, signupVerifyToken
varchar(60) NOT NULL, PRIMARY KEY (id)) ENGINE=InnoDB');  //❶
  }

  public async down(queryRunner: QueryRunner): Promise<void> {
    await queryRunner.query('DROP TABLE \'User\'');  //❷
  }
}
```

❶ User 테이블을 생성하는 SQL 문을 실행하는 코드

❷ User 테이블을 삭제하는 SQL 문을 실행하는 코드

이제 마이그레이션을 수행해봅시다. 먼저 `migration:run`으로 테이블을 생성합니다.

```
$ npm run typeorm migration:run

> book-nestjs-backend@2.0.0 typeorm /Users/dextto/src/nestjs/book-nestjs-backend/user-
service/ch8-database
> node --require ts-node/register ./node_modules/typeorm/cli.js "migration:run"

query: SELECT * FROM 'INFORMATION_SCHEMA'.'COLUMNS' WHERE 'TABLE_SCHEMA' = 'test' AND
'TABLE_NAME' = 'migrations'
query: SELECT * FROM 'test'.'migrations' 'migrations' ORDER BY 'id' DESC
0 migrations are already loaded in the database.
1 migrations were found in the source code.
1 migrations are new migrations that needs to be executed.
query: START TRANSACTION
query: CREATE TABLE User (id varchar(255) NOT NULL, name varchar(30) NOT NULL, email
varchar(60) NOT NULL, password varchar(30) NOT NULL, signupVerifyToken varchar(60) NOT NULL,
PRIMARY KEY (id)) ENGINE=InnoDB
query: INSERT INTO 'test'.'migrations'('timestamp', 'name') VALUES (?, ?) -- PARAMETERS:
[1640441100470,"CreateUserTable1640444480113"]
Migration CreateUserTable1640444480113 has been executed successfully.
query: COMMIT
```

User 테이블이 생성되고, `migrations` 테이블에 마이그레이션 이력이 기록되어 있음을 확인할 수 있습니다.

이제 다시 마지막 적용된 마이그레이션을 되돌려봅시다. 적용된 게 하나밖에 없으므로 유저 테이블을 삭제하는 코드가 수행됩니다.

```
npm run typeorm migration:revert

> book-nestjs-backend@2.0.0 typeorm /Users/dextto/src/nestjs/book-nestjs-backend/user-
service/ch8-database
> node --require ts-node/register ./node_modules/typeorm/cli.js "migration:revert"
```

```
query: SELECT * FROM 'INFORMATION_SCHEMA'.'COLUMNS' WHERE 'TABLE_SCHEMA' = 'test' AND
'TABLE_NAME' = 'migrations'
query: SELECT * FROM 'test'.'migrations' 'migrations' ORDER BY 'id' DESC
1 migrations are already loaded in the database.
CreateUserTable1640444480113 is the last executed migration. It was executed on Sat Dec 25
2021 23:05:00 GMT+0900 (GMT+09:00).
Now reverting it...
query: START TRANSACTION
query: DROP TABLE 'User'
query: DELETE FROM 'test'.'migrations' WHERE 'timestamp' = ? AND 'name' = ? -- PARAMETERS:
[1640441100470,"CreateUserTable1640444480113"]
Migration CreateUserTable1640444480113 has been reverted successfully.
query: COMMIT
```

User 테이블은 삭제되고, 다시 migratons 테이블을 확인하면 마지막 이력이 삭제되어 있습니다.

CAUTION 서버가 구동될 때 마이그레이션 파일이 자동 적용되게 할 수 있습니다. 이 방법은 마이그레이션 파일에 오류가 없다는 확신이 있어야 하므로 코드 리뷰를 신중히 하고 로컬에서 충분히 테스트를 했을 때 적용하세요.

```
{
    ...
    migrationsRun: true
}
```

저장소 패턴repository pattern은 데이터베이스와 같은 저장소를 다루는 로직을 데이터 레이어로 분리하여 핵심 비즈니스 로직에 집중할 수 있도록 해줍니다. 저장소는 인터페이스를 통해 데이터를 처리하도록 추상화되어 있으므로 필요할 경우 데이터 저장소를 변경하기 쉽다는 장점도 가집니다. 마틴 파울러는 《엔터프라이즈 애플리케이션 아키텍처 패턴》(위키북스, 2015)에서 저장소를 다음과 같이 기술합니다.

> 저장소는 도메인 모델 계층과 데이터 매핑의 중간자 역할을 하며 메모리 내의 도메인 개체 집합에 대해서도 비슷한 방식으로 작업을 수행합니다. 클라이언트 객체는 쿼리를 선언적으로 빌드하고 저장소에 요청합니다. 개념적으로 저장소는 데이터베이스에 저장되는 객체 집합과 그것들에 대해 수행하는 작업을 캡슐화해서 영속화 계층에 더 가까운 방법을 제공합니다. 저장소는 또한 작업 도메인 및 데이터 할당 또는 매핑 간의 종속성을 명확하게 한 방향으로 구분하려는 목적을 지원합니다.

다음 그림[1]을 보면 비즈니스 로직을 처리하는 클라이언트는 직접 데이터 소스를 다루지 않습니다. 저장소를 활용하여 엔티티 객체를 영속화하고, 역시 저장소를 통해 데이터를 비즈니스 엔티티 객체로 전달받습니다. 영속화, 쿼리 요청과 응답을 가공하는 저장소는 데이터 소스에 맞는 구현체를 가집니다.

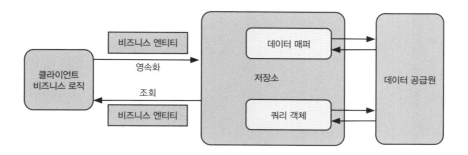

즉, 데이터를 데이터베이스에 저장하기 적합하게 매핑을 하고 쿼리 결과를 클라이언트가 원하는 방식으로 가공합니다. 만약 데이터베이스를 MySQL에서 PostgreSQL로 변경하고자 한다면 클라이언트와의 인터페이스는 그대로 두고 구현부만 적합하게 변경하면 됩니다.

---

1 https://docs.microsoft.com/ko-kr/previous-versions/msp-n-p/ff649690(v=pandp.10)

9

요청 처리 전에 부가 기능을
수행하기 위한 미들웨어

9.1 미들웨어

웹 개발에서 일반적으로 **미들웨어**middleware라 함은 라우트 핸들러가 클라이언트의 요청을 처리하기
전에 수행되는 컴포넌트를 말합니다.

Nest의 미들웨어는 기본적으로 Express의 미들웨어와 동일합니다. Express 문서[1]에는 미들웨어가 다
음과 같은 동작을 수행할 수 있다고 기술되어 있습니다.

- 어떤 형태의 코드라도 수행할 수 있다.
- 요청과 응답에 변형을 가할 수 있다.
- 요청/응답 주기를 끝낼 수 있다.
- 여러 개의 미들웨어를 사용한다면 next()로 호출 스택상 다음 미들웨어에 제어권을 전달한다.

요청/응답 주기를 끝낸다는 것은 응답을 보내거나 에러 처리를 해야 한다는 뜻입니다. 만약 현재 미
들웨어가 응답 주기를 끝내지 않을 것이라면 반드시 next()를 호출해야 합니다. 그렇지 않으면 애플
리케이션은 더이상 아무것도 할 수 없는 상태[2]가 됩니다.

---

1   https://expressjs.com/en/guide/using-middleware.html
2   hanging이라고 표현합니다.

미들웨어를 활용하여 다음과 같은 작업들을 수행합니다.

- **쿠키 파싱**: 쿠키를 파싱하여 사용하기 쉬운 데이터 구조로 변경합니다. 이를 이용하면 라우터 핸들러가 매번 쿠키를 파싱할 필요가 없습니다.
- **세션 관리**: 세션 쿠키를 찾고, 해당 쿠키에 대한 세션의 상태를 조회해서 요청에 세션 정보를 추가합니다. 이를 통해 다른 핸들러가 세션 객체를 이용할 수 있게 해줍니다.
- **인증/인가**: 사용자가 서비스에 접근 가능한 권한이 있는지 확인합니다. 단, Nest는 인가를 구현할 때 가드를 이용하도록 권장하고 있습니다.
- **본문 파싱**: 본문은 POST/PUT 요청으로 들어오는 JSON 타입뿐 아니라 파일 스트림과 같은 데이터도 있습니다. 이 데이터를 유형에 따라 읽고 해석한 다음 매개변수에 넣는 작업을 합니다. 앞서 컨트롤러를 다룰 때 봤던 본문은 이렇게 분석된 결과가 포함되어 있습니다.

그 외 원하는 기능이 있다면 직접 구현도 가능합니다. 필자가 속해 있는 회사에서는 데이터베이스 트랜잭션이 필요한 요청이 있을 때마다 트랜잭션을 걸고 동작을 수행한 후 커밋하는 미들웨어를 작성해서 사용하고 있습니다. 커스텀 미들웨어를 잘 만들면 도메인에 관심사를 집중하여 애플리케이션을 작성할 수 있습니다.

미들웨어와 비슷한 개념으로 인터셉터가 있습니다. 인터셉터에 대해서는 13장에서 설명합니다.

9.2 Logger 미들웨어

미들웨어는 함수로 작성하거나 `NestMiddleware` 인터페이스를 구현한 클래스로 작성할 수 있습니다. 들어온 요청에 포함된 정보를 로깅하기 위한 `Logger`를 미들웨어로 구현해봅시다.

■ logger.middleware.ts

```
import { Injectable, NestMiddleware } from '@nestjs/common';
import { Request, Response, NextFunction } from 'express';

@Injectable()
export class LoggerMiddleware implements NestMiddleware {
  use(req: Request, res: Response, next: NextFunction) {
    console.log('Request...');
    next();
  }
}
```

미들웨어를 모듈에 포함시키기 위해서는 해당 모듈은 `NestModule` 인터페이스를 구현해야 합니다.

NestModule에 선언된 `configure` 함수를 통해 미들웨어를 설정합니다.

■ **app.module.ts**

```typescript
import { MiddlewareConsumer, Module, NestModule } from '@nestjs/common';
import { LoggerMiddleware } from './logger/logger.middleware';
import { UsersModule } from './users/users.module';

@Module({
  imports: [UsersModule],
})
export class AppModule implements NestModule {
  configure(consumer: MiddlewareConsumer): any {
    consumer
      .apply(LoggerMiddleware)
      .forRoutes('/users');
  }
}
```

/users 경로로 들어오는 요청을 수행해보면 콘솔에 Request...이 찍히는 걸 확인할 수 있습니다.

9.3 MiddlewareConsumer

이전 코드에서 `configure` 메서드에 인수로 전달된 `MiddlewareConsumer` 객체를 이용해서 미들웨어를 어디에 적용할지 관리할 수 있습니다. `apply` 메서드의 원형은 다음과 같습니다.

```typescript
apply(...middleware: (Type<any> | Function)[]): MiddlewareConfigProxy;
```

`apply` 메서드에 미들웨어 함수 또는 클래스를 콤마로 나열하면 됩니다. 이때 미들웨어가 나열된 순서대로 적용됩니다. 만약 `Logger2Middleware`라는 미들웨어가 하나 더 있다고 해봅시다.

```typescript
import { Injectable, NestMiddleware } from '@nestjs/common';
import { Request, Response, NextFunction } from 'express';

@Injectable()
export class Logger2Middleware implements NestMiddleware {
  use(req: Request, res: Response, next: NextFunction) {
    console.log('Request2...');
    next();
  }
}
```

그리고 2개 미들웨어를 모두 적용한다면 이렇게 되겠죠.

```
configure(consumer: MiddlewareConsumer): any {
  consumer
    .apply(LoggerMiddleware, Logger2Middleware)
    .forRoutes('/users')
}
```

/users 경로의 요청에 로그가 2개 찍히는 것을 볼 수 있습니다.

forRoutes 메서드의 원형도 살펴봅시다. forRoute는 apply 함수의 리턴 타입인 Middleware ConfigProxy에 정의되어 있습니다.

```
import { Type } from '../type.interface';
import { RouteInfo } from './middleware-configuration.interface';
import { MiddlewareConsumer } from './middleware-consumer.interface';
export interface MiddlewareConfigProxy {
    exclude(...routes: (string | RouteInfo)[]): MiddlewareConfigProxy;
    forRoutes(...routes: (string | Type<any> | RouteInfo)[]): MiddlewareConsumer;
}
```

예제에서 봤듯 forRoutes의 인수로 문자열 형식의 경로를 직접주거나, 컨트롤러 클래스 이름을 주어도 되고, RouteInfo 객체를 넘길 수도 있습니다. 보통은 컨트롤러 클래스를 주어 동작하도록 합니다.

```
import { MiddlewareConsumer, Module, NestModule } from '@nestjs/common';
import { LoggerMiddleware } from './logger/logger.middleware';
import { Logger2Middleware } from './logger/logger2.middleware';
import { UsersController } from './users/users.controller';
import { UsersModule } from './users/users.module';

@Module({
  imports: [UsersModule],
})
export class AppModule implements NestModule {
  configure(consumer: MiddlewareConsumer): any {
    consumer
      .apply(LoggerMiddleware, Logger2Middleware)
      .forRoutes(UsersController);
  }
}
```

미들웨어에서 next() 함수 호출부를 주석으로 막아서 행이 걸리는지 확인해보세요. 또한 use 함수 내에서 응답을 바로 주도록 하면 다음 미들웨어가 동작하지 않는 것도 확인할 수 있습니다.

```
@Injectable()
export class LoggerMiddleware implements NestMiddleware {
  use(req: Request, res: Response, next: NextFunction) {
    console.log('Request...');
    res.send('DONE');
  }
}
```

exclude 함수는 예상하듯이 미들웨어를 적용하지 않을 라우팅 경로를 설정합니다.

```
...
export class AppModule implements NestModule {
  configure(consumer: MiddlewareConsumer): any {
    consumer
      .apply(LoggerMiddleware, Logger2Middleware)
      .exclude({ path: '/users', method: RequestMethod.GET })  //❶
      .forRoutes(UsersController)
  }
}
```

❶ /users 경로로 전달된 GET 요청일 때는 LoggerMiddleware, Logger2Middleware가 무시됩니다.

9.4 전역으로 적용하기

지금까지는 특정 모듈에 미들웨어를 적용하는 방법을 살펴봤습니다. 미들웨어를 모든 모듈에 적용하려면 main.ts를 수정해야 합니다. NestFactory.create로 만든 앱은 INestApplication 타입을 가지고 있는데, 여기에 정의된 use() 메서드를 사용하여 미들웨어를 설정합니다. 하지만 use() 메서드는 클래스를 인수로 받을 수 없습니다.

함수로 정의된 미들웨어를 다시 만들어봅시다.

```
import { Request, Response, NextFunction } from 'express';

export function logger3(req: Request, res: Response, next: NextFunction) {
  console.log('Request3...');
  next();
}
```

```
};
```

그리고 `main.ts`에서 적용합니다.

```
import { logger3 } from './logger3/logger3.middleware';

async function bootstrap() {
  const app = await NestFactory.create(AppModule);
  app.use(logger3);
  await app.listen(3000);
}
bootstrap();
```

exclude 옵션을 다시 풀고 요청을 보내면 `logger3` 미들웨어가 먼저 적용되는 것을 알 수 있습니다.

```
...
[Nest] 45985  - 2021-09-29 22:44:35     LOG [RouterExplorer] Mapped {/users/:id, PATCH}
route +0ms
[Nest] 45985  - 2021-09-29 22:44:35     LOG [RouterExplorer] Mapped {/users/:id, DELETE}
route +0ms
[Nest] 45985  - 2021-09-29 22:44:35     LOG [NestApplication] Nest application successfully
started +2ms
Request3...
Request...
Request2...
```

NOTE 함수로 만든 미들웨어의 단점은 DI 컨테이너를 사용할 수 없다는 것입니다. 즉, 프로바이더를 주입받아 사용할 수 없습니다.

유저 서비스에서는 딱히 미들웨어를 적용할 게 딱히 없습니다. 다음 장에서 미들웨어와 유사한 가드를 이용하여 라우터 핸들러에서 요청을 처리하기 전 응답 객체를 처리하는 방법을 알아보겠습니다.

10

권한 확인을 위한 가드: JWT 인증/인가

10.1 가드

앞서 **인증**authentication을 미들웨어로 구현하는 것이 좋은 사례라고 했습니다. 애플리케이션은 사용자의 권한을 확인하기 위해 인증과 인가를 수행해야 합니다. 인증은 요청자가 자신이 누구인지 증명하는 과정입니다. 최근에는 매 요청마다 헤더에 JWT 토큰을 실어 보내고 이 토큰을 통해 요청자가라우터에 접근 가능한지 확인하는 방식을 많이 사용합니다. 쉽게 이야기해서 현재 요청자가 해당 서비스의 올바른 유저인지 검증합니다.

이해 비해 **인가**authorization는 인증을 통과한 유저가 요청한 기능을 사용할 권한이 있는지를 판별하는 것을 말합니다. 퍼미션permission, 롤role, 접근 제어 목록access control list, ACL 같은 개념을 사용하여 유저가 가지고 있는 속성으로 리소스 사용을 허용할지 판별합니다. 인가는 **가드**guard를 이용하여구현할 수 있는 좋은 사례입니다.

[NOTE] 보통 인증과 인가가 실패할 경우의 응답에 대한 HTTP 상태 코드는 각각 401 Unauthorized와 403 Forbidden입니다. 401의 이름이 Unauthorized로 되어 있으므로 주의 바랍니다.

그러면 인가를 인증처럼 미들웨어로 구현하면 안 될까요? 불행히도 미들웨어는 실행 콘텍스트 (ExecutionContext)에 접근하지 못합니다. 단순히 자신의 일만 수행하고 next()를 호출합니다. 즉, 다음에 어떤 핸들러가 실행될지 알 수 없습니다. 이에 반해 가드는 실행 콘텍스트 인스턴스에 접근할 수 있어 다음 실행될 작업을 정확히 알고 있습니다.

10.2 가드를 이용한 인가

가드를 이용해서 인가 기능을 간단히 구현해보겠습니다. 실제 인가는 여러분이 만들 서비스의 내부 규칙에 따라 달라지게 됩니다. 예를 들어 사용자가 가입한 요금제에 따라 서비스에서 제공하는 기능이 다를 경우, 요청 객체에 포함된 정보(예: 토큰)를 분석하여 사용자가 해당 기능을 사용할 수 있는지 판단합니다.

가드는 CanActivate 인터페이스를 구현해야 합니다.

```
import { CanActivate, ExecutionContext, Injectable } from '@nestjs/common';
import { Observable } from 'rxjs';

@Injectable()
export class AuthGuard implements CanActivate {
  canActivate(
    context: ExecutionContext,
  ): boolean | Promise<boolean> | Observable<boolean> {
    const request = context.switchToHttp().getRequest();
    return this.validateRequest(request);
  }

  private validateRequest(request: any) {
    return true;
  }
}
```

10.2.1 실행 콘텍스트

canActivate 함수는 ExecutionContext 인스턴스를 인수로 받습니다. ExecutionContext는 ArgumentsHost를 상속받는데, 요청과 응답에 대한 정보를 가지고 있습니다. 우리는 HTTP로 기능을 제공하고 있으므로 인터페이스에서 제공하는 함수 중 switchToHttp() 함수를 사용하여 필요한 정보를 가져올 수 있습니다.

```
export interface ExecutionContext extends ArgumentsHost {
    getClass<T = any>(): Type<T>;
    getHandler(): Function;
}


export interface ArgumentsHost {
    getArgs<T extends Array<any> = any[]>(): T;
    getArgByIndex<T = any>(index: number): T;
    switchToRpc(): RpcArgumentsHost;
    switchToHttp(): HttpArgumentsHost;
    switchToWs(): WsArgumentsHost;
    getType<TContext extends string = ContextType>(): TContext;
}


export interface HttpArgumentsHost {
    getRequest<T = any>(): T;
    getResponse<T = any>(): T;
    getNext<T = any>(): T;
}
```

이렇게 얻은 정보를 내부 규칙으로 평가하는 validateRequest 함수를 통해 인가를 진행합니다. 편의상 validateRequest는 true를 리턴한다고 하겠습니다. false로 바꾼 후 요청을 해보면 403 Forbidden 에러가 발생하게 됩니다. 만약 다른 에러를 응답으로 반환하고 싶다면 직접 다른 예외를 생성해서 던져야 합니다.

10.2.2 가드 적용

가드를 적용하는 방법은 앞서 예외 필터를 적용하는 것과 유사합니다. 컨트롤러 범위 또는 메서드 범위로 적용하고자 한다면 @UseGuards(AuthGuard) 와 같이 사용하면 됩니다. AuthGuard 인스턴스의 생성은 Nest가 맡아서 합니다. 만약 여러 종류의 가드를 적용하고 싶다면 쉼표로 이어 선언하면 됩니다.

```
@UseGuards(AuthGuard)
@Controller()
export class AppController {
  constructor(private readonly appService: AppService) { }


  @UseGuards(AuthGuard)
  @Get()
  getHello(): string {
    return this.appService.getHello();
  }
}
```

전역으로 가드를 적용하고 싶다면 부트스트랩 과정을 수정해야 합니다.

```
...
async function bootstrap() {
  const app = await NestFactory.create(AppModule);
  app.useGlobalGuards(new AuthGuard());  //❶
  await app.listen(3000);
}
bootstrap();
```

❶ useGlobalGuards 함수를 사용하여 전역 가드를 설정합니다.

가드에 종속성 주입을 사용해서 다른 프로바이더를 주입해서 사용하고 싶다면 커스텀 프로바이더로 선언해야 합니다.

■ app.module.ts

```
import { Module } from '@nestjs/common';
import { APP_GUARD } from '@nestjs/core';

@Module({
  providers: [
    {
      provide: APP_GUARD,
      useClass: AuthGuard,
    },
  ],
})
export class AppModule {}
```

가드를 적용하는 방법을 알아봤습니다. 이제 유저 서비스에 실제로 가드를 적용해서 인증/인가를 구현하면 되겠네요. 하지만 그 전에 인증 방식에 대해 먼저 이해하고 넘어가겠습니다.

10.3 인증

사용자의 리소스를 보호하기 위해서는 서버에 접속하는 클라이언트가 리소스의 주인인지 확인하는 인증 절차를 거쳐야 합니다. 사용자가 아이디와 비밀번호로 로그인하면 로그아웃할 때까지는 사용자가 가진 권한 내에서 서비스를 이용할 수 있습니다. 즉, 사용자가 가진 리소스를 조회하고 변경할 수 있게 됩니다. 그렇다고 매번 리소스에 접근할 때마다 아이디와 패스워드를 입력받도록 하는 것은 말이 안 되는 UX겠지요.

그렇다면 어떻게 아이디와 패스워드를 한 번만 제출했는데도 매번 리소스에 대해 접근이 가능하게 할 수 있을까요? 여러 가지가 인증 방식이 있지만 주로 세션이나 토큰을 이용한 방식을 사용합니다. 특히 토큰은 뒤에서 소개할 장점으로 인해 많은 서비스에서 채택하고 있고, 그중에서도 JWT를 이용하는 방식이 거의 표준이 되었습니다. 최근에 만들어진 서비스는 거의 모두 사용한다고 해도 무방할 듯합니다.

10.3.1 세션 기반 인증

세션은 로그인에 성공한 유저가 서비스를 사용하는 동안 저장하고 있는 유저 정보입니다. 서버는 세션을 생성하고 나서 세션을 데이터베이스에 저장하고, 이후 사용자의 요청에 포함된 세션 정보가 세션 DB에 저장되어 있는지 확인합니다. 브라우저에는 데이터를 저장할 수 있는 공간이 있습니다. 현재 열려 있는 브라우저를 닫거나 새로운 탭 또는 창을 열면 데이터가 삭제되는 세션 저장소[1]와 창을 닫아도 데이터가 남아 있는 로컬 저장소,[2] 그리고 간단한 데이터를 저장할 수 있는 쿠키[3]가 있습니다.

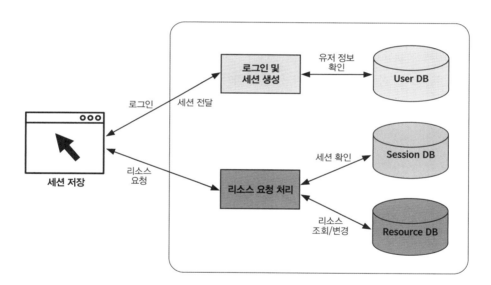

세션 방식의 단점은 악의적인 공격자가 브라우저에 저장된 데이터를 탈취할 수 있다는 것입니다. 비록 세션을 알 수 없는 문자열로 만들었다고 해도, HTTP는 보안에 취약하기 때문에 중간에 전달되는 데이터 역시 가로챌 수 있습니다. 이렇게 탈취된 세션을 이용하면 마치 해당 사용자인 것처럼 서버에

---

1   https://developer.mozilla.org/ko/docs/Web/API/Window/sessionStorage
2   https://developer.mozilla.org/ko/docs/Web/API/Window/localStorage
3   https://developer.mozilla.org/ko/docs/Web/HTTP/Cookies

접근할 수 있게 됩니다. 이를 방지하기 위해 HTTPS로 암호화된 통신을 하고 세션에 유효기간을 정해둡니다. 유효기간이 만료된 세션인 경우 다시 로그인을 유도하게 합니다. 유효기간은 서비스 사용자가 사용에 불편함이 없는 적당한 시간으로 정해야 합니다.

세션은 서버의 저장소에 저장되고 빠른 응답을 위해 메모리에 상주시키는 경우가 많습니다. 이로 인해 서비스에 사용자가 몰렸을 경우 요청마다 세션을 확인해야 하므로 DB에 많은 부하를 일으키게 되고 메모리 부족으로 서비스 장애가 발생할 수도 있습니다. 클라우드를 이용하면 서버와 DB를 유연하게 증설할 수 있다고 하지만 그 시간에 서비스 장애를 겪을 수도 있습니다. Redis와 같은 인프라를 이용하여 메모리에 상주하는 세션을 좀 더 빠르게 처리하도록 하는 방법을 사용하기도 합니다.

또한 서비스가 여러 도메인으로 나누어져 있는 경우 CORS 문제로 인해 도메인 간 세션을 공유하도록 하기 위한 처리가 번거롭습니다.

10.3.2 토큰 기반 인증

세션이 사용자 인증 정보를 서버에 저장하는 방식인 반면, 토큰은 사용자가 로그인했을 때 서버에서 토큰을 생성해서 전달하고 따로 저장소에 저장하지 않는 방식입니다. 로그인 이후 요청에 대해 클라이언트가 전달한 토큰 검증만 수행합니다. 이렇게 하기 위해서는 당연히 특정한 검증 방식이 필요한데, JWT를 많이 사용합니다.

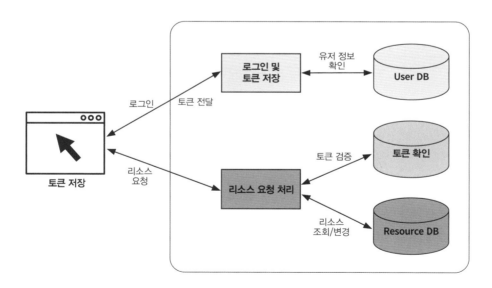

토큰 기반 인증을 이용하면 세션과 같이 상태를 관리할 필요가 없어 어느 도메인의 서비스로 보내더라도 같은 인증을 수행할 수 있게 됩니다. 이를 확장하면 메타, 구글 계정으로 다른 서비스에 로그인

을 할 수 있는 Oauth를 구현할 수 있습니다. 또한 토큰 기반 인증 방식은 세션 저장소가 서버에 필요하지 않기 때문에 세션 기반 방식에서 발생하는 문제가 줄어듭니다.

이어서 JWT의 동작 원리를 알아보고 로그인에 적용해보겠습니다.

10.4 JWT

JSON 웹 토큰JSON Web Token, JWT[4]은 RFC 7519에 소개된 것으로서 문서의 초록을 옮기면 다음과 같습니다.[5]

> JWT는 두 당사자 사이에 이전될 수 있는 클레임을 나타내는 간결하고 URL에서 안전한 방법입니다. JWT에 포함된 클레임은 JSON으로 인코딩되어 JSON 웹 서명JSON Web Signature, JWS의 페이로드 또는 JSON 웹 암호화JSON Web Encryption, JWE의 일반 텍스트로 사용됩니다. 클레임을 디지털 방식으로 서명하거나 메시지 인증 코드message authentication code, MAC로 암호화해서 무결성을 보호합니다.

https://jwt.io에서 JSON 객체로 JWT를 인코딩해보거나 인코딩되어 있는 JWT를 입력하여 JSON 객체로 디코딩해볼 수 있습니다.

---

4 JWT는 발음이 'jot'이라고 하지만 국내에서는 그렇게 읽는 사람을 본 적은 없습니다. 😊

5 https://datatracker.ietf.org/doc/html/rfc7519

JWT는 헤더, 페이로드, 시그너처 3가지 요소를 가지며 점(.)으로 구분됩니다. 헤더와 페이로드는 각각 base64로 인코딩되어 있습니다. base64로 인코딩을 하면 사람이 읽을 수 없고 디코딩이 필요하지만 JWT를 HTTP 헤더나 요청 매개변수 또는 폼 매개변수로 사용할 수 있습니다. 또 JSON 문자열을 데이터베이스나 프로그래밍 언어에서 지원하지 않는 경우가 있기 때문에 이 경우를 위해서도 base64 인코딩이 필요합니다.

10.4.1 헤더

점(.)으로 구분된 가장 첫 번째 문자열은 헤더입니다. 헤더는 일반적으로 JWT의 유형("typ")과 어떤 알고리즘("alg")에 의해 인코딩되었는지를 포함합니다.

```
{
    "typ":"JWT",
    "alg":"HS256"
}
```

- "typ" 매개변수는 JWS[6]와 JWE[7]에 정의된 미디어 타입입니다. 이는 JWT를 처리하는 애플리케이션에게 페이로드가 무엇인지를 알려주는 역할을 합니다. 즉, 이 토큰은 JWT라는 것을 뜻하므로 "JWT"라는 값으로 정의하라고 권고하고 있습니다.
- "alg" 매개변수는 토큰을 암호화하는 알고리즘입니다. 암호화하지 않을 경우는 "none"으로 정의하고, 암호화를 할 경우 해당 알고리즘을 기술합니다. 위의 예에서는 HS256으로 토큰을 암호화했다는 뜻입니다.

10.4.2 페이로드

페이로드는 클레임claim이라 부르는 정보를 포함합니다.

등록된 클레임

IANA JWT 클레임 레지스트리에 등록된registered 클레임입니다. 필수는 아니지만 JWT가 상호 호환성을 가지려면 작성해야 합니다.

- "iss"(issuer, 발급자): 누가 토큰을 발급(생성)했는지를 나타냅니다. 애플리케이션에서 임의로 정의한 문자열 또는 URI 형식을 가집니다.

---

6   https://datatracker.ietf.org/doc/html/rfc7515
7   https://datatracker.ietf.org/doc/html/rfc7516

- "sub"(subject, 주제): 일반적으로 주제에 대한 설명을 나타냅니다. 토큰 주제는 발급자가 정의하는 문맥상 또는 전역으로 유일한 값을 가져야 합니다. 문자열 또는 URI 형식을 가집니다.

- "aud"(audience, 수신자): 누구에게 토큰이 전달되는가를 나타냅니다. 주로 보호된 리소스의 URL 을 값으로 설정합니다.

- "exp"(expiration, 만료 시간): 언제 토큰이 만료되는지를 나타냅니다. 만료 시간이 지난 토큰은 수락되어서는 안 됩니다. 일반적으로 UNIX Epoch 시간[8]을 사용합니다.

- "nbf"(not before, 정의된 시간 이후): 정의된 시간 이후에 토큰이 활성화됩니다. 토큰이 유효해지는 시간 이전에 미리 발급되는 경우 사용합니다. 일반적으로 UNIX Epoch 시간을 사용합니다.

- "iat"(issued at, 토큰 발급 시간): 언제 토큰이 발급되었는지를 나타냅니다. 일반적으로 UNIX Epoch 시간을 사용합니다.

- "jti"(JWT ID, 토큰 식별자): 토큰의 고유 식별자로서, 같은 값을 가질 확률이 없는 암호학적 방법으로 생성되어야 합니다. 공격자가 JWT를 재사용하는 것을 방지하기 위해 사용합니다.

공개 클레임

JWT 발급자는 표준 클레임에 덧붙여 공개되어도 무방한 페이로드를 공개public 클레임으로 정의합니다. 하지만 이름 충돌을 방지하기 위해 IANA JWT 클레임 레지스트리에 클레임 이름을 등록하거나 합리적인 예방 조치를 해야 합니다. 보통 URI 형식으로 정의합니다.

```
{
    "http://example.com/is_root": true
}
```

비공개 클레임

JWT 발급자와 사용자 간에 사용하기로 약속한 클레임입니다. 서비스 도메인 내에서 필요한 이름과 값을 비공개private 클레임으로 정의합니다. 이름 충돌이 발생하지 않도록 주의해야 합니다.

10.4.3 시그너처

헤더와 페이로드는 단순히 base64로 인코딩하기 때문에 공격자는 원하는 값을 넣고 토큰을 생성할 수 있습니다. 따라서 생성된 토큰이 유효한지 검증하는 장치가 필요합니다. 헤더에서 "alg":"HS256"

---

8 1970년 1월 1일 00:00:00 세계 협정시(UTC) 부터의 경과 시간을 초로 환산하여 정수로 나타낸 시간

이라고 선언한다면 이 토큰은 HMAC-SHA256 알고리즘으로 암호화해야 합니다. 당연히 암호화할 때 사용하는 secret은 토큰을 생성하고 검증하는 서버에서만 안전한 방법으로 저장해야 합니다.

HS256 방식의 암호화는 헤더와 페이로드를 base64로 인코딩한 문자열과 secret(다음 예에서는 'secret'이라는 문자열을 사용)을 이용하여 HMACSHA256 알고리즘에 넣어주면 됩니다.

```
HMACSHA256(
  base64UrlEncode(header) + "." +
  base64UrlEncode(payload),
  'secret'
)
```

NOTE JWT 토큰을 생성할 때는 직접 base64 인코딩과 암호화 알고리즘을 사용하지 않고 JWT 생성 라이브러리를 사용합니다. 이후 예시에서 사용해보겠습니다.

앞의 JWT를 공격자가 다시 구성하여 페이로드를 수정한 후 secret을 WRONG_SECRET으로 잘못 사용한 JWT를 생성했다고 해봅시다.

```
"http://example.com/is_root": false
```

이렇게 생성된 토큰의 값은 다음과 같습니다.

```
eyJ0eXAiOiJKV1QiLCJhbGciOiJIUzI1NiJ9.eyJpc3MiOiJqb2UiLCJleHAiOjEzMDA4MTkzODAsImh0dHA6Ly9leGF
tcGxlLmNvbS9pc19yb290IjpmYWxzZX0.Odfx2MvLVLzXYBaV8l1tlTY5Xifa46F8emgZudbhT04
```

jwt.io에서 우측 Decoded에 정상적인 암호secret를 먼저 제대로 입력하고, 좌측 Encoded 영역에 잘못된 토큰을 붙여 넣으면 Invalid Signature라고 표시될 것입니다. 잘못된 secret으로 인코딩했기 때문입니다.

Encoded PASTE A TOKEN HERE

eyJ0eXAiOiJKV1QiLCJhbGciOiJIUzI1NiJ9.ey
Jpc3MiOiJqb2UiLCJleHAiOjEzMDA4MTkzODAsI
mh0dHA6Ly9leGFtcGxlLmNvbS9pc19yb290Ijpm
YWxzZX0.Odfx2MvLVLzXYBaV8l1tlTY5Xifa46F
8emgZudbhT04

⊗ Invalid Signature

Decoded EDIT THE PAYLOAD AND SECRET

HEADER: ALGORITHM & TOKEN TYPE

```
{
  "typ": "JWT",
  "alg": "HS256"
}
```

PAYLOAD: DATA

```
  "exp": 1300819380,
  "http://example.com/is_root": false
}
```

VERIFY SIGNATURE

```
HMACSHA256(
  base64UrlEncode(header) + "." +
  base64UrlEncode(payload),
  secret
) □ secret base64 encoded
```

SHARE JWT

CAUTION 페이로드에 들어갈 비공개 클레임은 비밀번호와 같은 중요 정보를 포함하면 안 됩니다. Signature는 이 토큰이 유효한 토큰인지 검사할 뿐이지 페이로드를 암호화하는 게 아니기 때문입니다.

10.5 유저 서비스의 이메일 인증 처리와 JWT 발급

10.5.1 회원 가입 이메일 인증

이제 회원 가입 요청 시 발송된 이메일 인증을 통해 회원 가입을 완료하고, 요청의 응답으로 토큰을 발급하여 로그인 상태가 되도록 하겠습니다. 이어서 가입된 유저 정보로 로그인 기능을 구현합니다. 로그인 요청 응답으로 역시 토큰을 발급하겠습니다.

먼저 회원 가입 요청에 포함된 이메일에는 다음 링크가 포함되어 있었습니다.

```
const url = '${baseUrl}/users/email-verify?signupVerifyToken=${signupVerifyToken}';
```

signupVerifyToken은 회원 가입시 서버에서 발급한 임의의 문자열로서 해당 메일을 받은 사용자만 알 수 있는 유일한 값입니다. 버튼을 누르면 이 signupVerifyToken을 POST /users/email-verify 엔드포인트로 요청합니다. 이 요청을 처리하여 응답으로 JWT 문자열을 돌려줍니다.

```
async verifyEmail(signupVerifyToken: string): Promise<string> {
  const user = await this.usersRepository.findOne({  //❶
    where: { signupVerifyToken }
  });

  if (!user) {  //❷
    throw new NotFoundException('유저가 존재하지 않습니다');
  }

  return this.authService.login({  //❸
    id: user.id,
    name: user.name,
    email: user.email,
  });
}
```

❶ signupVerifyToken으로 회원 가입 중인 유저를 찾습니다.

❷ 만약 DB에 저장되어 있지 않다면 에러를 던집니다.

❸ AuthService에 로그인 처리를 요청합니다.

> **NOTE** AuthService는 AuthModule에서 제공됩니다. AuthModule을 등록하고 AuthService에서 사용할 JWT secret을 환경 변수로 등록하는 과정은 생략하겠습니다. 앞 장을 참고하여 직접 구현해보세요.

JWT 토큰을 발급하고 검증하기 위해 Auth0에서 만든 **jsonwebtoken**[9] 패키지를 사용하겠습니다.

```
$ npm i jsonwebtoken
$ npm i --save-dev @types/jsonwebtoken
```

AuthService에서 로그인 처리를 합니다. 응답으로 JWT 토큰을 생성하여 돌려줍니다.

```
import * as jwt from 'jsonwebtoken';
import { Inject, Injectable } from '@nestjs/common';
import authConfig from 'src/config/authConfig';
import { ConfigType } from '@nestjs/config';

interface User {
  id: string;
  name: string;
  email: string;
}
```

---

9 https://github.com/auth0/node-jsonwebtoken

```
@Injectable()
export class AuthService {
  constructor(
    @Inject(authConfig.KEY) private config: ConfigType<typeof authConfig>,
  ) { }

  login(user: User) {
    const payload = { ...user };

    return jwt.sign(payload, this.config.jwtSecret, {
      expiresIn: '1d',
      audience: 'example.com',
      issuer: 'example.com',
    });
  }
}
```

이제 회원 가입 시 받은 이메일의 버튼을 눌러 JWT를 확인해봅시다. 응답으로 이런 JWT 토큰을 받았네요. 이 토큰을 jwt.io에 넣어봅시다.

eyJhbGciOiJIUzI1NiIsInR5cCI6IkpXVCJ9.eyJpZCI6IjAxRktTUzcxNDM2VE1TTlZBMFpZS1pFRkMxIiwibmFtZSI6IkRleHRlciIsImVtYWlsIjoiZGV4dGVyLmhhYW5AZ21haWwuY29tIiwiaWF0IjoxNjM2MjA3OTE5LCJleHAiOjE2MzYyOTQzMTksImF1ZCI6ImV4YW1wbGUuY29tIiwiaXNzIjoiZXhhbXBsZS5jb20ifQ.tOb_xzOjtLoleXOMLWh__ceCezD-RKMeWh3S5uJ0ZPE

Encoded PASTE A TOKEN HERE

eyJhbGciOiJIUzI1NiIsInR5cCI6IkpXVCJ9.ey
JpZCI6IjAxRktTUzcxNDM2VE1TTlZBMFpFR
kMxIiwibmFtZSI6IkRleHRlciIsImVtYWlsIjoi
ZGV4dGVyLmhhYW5AZ21haWwuY29tIiwiaWF0Ijo
xNjM2MjA3OTE5LCJleHAiOjE2MzYyOTQzMTksIm
F1ZCI6ImV4YW1wbGUuY29tIiwiaXNzIjoiZXhhb
XBsZS5jb20ifQ.tOb_xzOjtLoleXOMLWh__ceCe
zD-RKMeWh3S5uJ0ZPE

Decoded EDIT THE PAYLOAD AND SECRET

HEADER: ALGORITHM & TOKEN TYPE

```
{
  "alg": "HS256",
  "typ": "JWT"
}
```

PAYLOAD: DATA

```
{
  "id": "01FKTS71436TMSNVA0ZYKZEFC1",
  "name": "Dexter",
  "email": "dexter.haan@gmail.com",
  "iat": 1636207919,
  "exp": 1636294319,
  "aud": "example.com",
  "iss": "example.com"
}
```

VERIFY SIGNATURE

```
HMACSHA256(
  base64UrlEncode(header) + "." +
  base64UrlEncode(payload),
  secret
) ☐ secret base64 encoded
```

JWT 발급에 사용한 비공개 클레임(id, name, email)과 함께 등록된 클레임(exp, aud, iss)이 포함되어 있는 것을 확인할 수 있습니다. iat는 발급 시간을 나타내므로 자동 생성되었습니다.

10.5.2 로그인

로그인 기능도 함께 만들어보겠습니다. UsersService에서는 이메일 인증과 유사하게 전달받은 이메일과 패스워드로 유저를 찾고 회원 가입되어 있는 유저라면 JWT를 발급합니다.

```
async login(email: string, password: string): Promise<string> {
  const user = await this.usersRepository.findOne({
    where: { email, password }
  });

  if (!user) {
    throw new NotFoundException('유저가 존재하지 않습니다');
  }

  return this.authService.login({
    id: user.id,
    name: user.name,
    email: user.email,
  });
}
```

NOTE 회원 가입을 처리하는 과정에서 DB에 어떠한 회원 정보도 업데이트하지 않았습니다. 이메일의 버튼을 여러 번 눌러 회원 가입이 중복 처리되거나 로그인 시에 이메일, 패스워드만 검증하고 다른 어떤 검증 수단도 적용하지 않은 것입니다. 유저의 상태(가입 중, 가입 완료 등)를 추가하여 이런 처리를 할 수 있을 것입니다. 이는 독자의 몫으로 남기겠습니다.

이제 로그인 요청을 하면 토큰이 잘 전달되는 것을 확인할 수 있습니다.

```
$ curl -X POST http://localhost:3000/users/login -H "Content-Type: application/json" -d
'{"email": "YOUR_EMAIL@gmail.com","password":"pass1234"}'
```

eyJhbGciOiJIUzI1NiIsInR5cCI6IkpXVCJ9.eyJpZCI6IjAxRktUUzcxNDM2VE1TTlZBMFpZS1pFRkMxIiwibm
FtZSI6IkRleHRlciIsImVtYWlsIjoiZGV4dGVyLmhhYW5AZ21haWwuY29tIiwiaWF0IjoxNjM2MjA4NzQ3LCJle
HAiOjE2MzYyOTUxNDcsImF1ZCI6ImV4YW1wbGUuY29tIiwiaXNzIjoiZXhhbXBsZS5jb20ifQ.0pwtUtt3QOeR-
rjhH94mhYKRS2KylWFcGv4WV_gQqjw

이제 토큰을 받았으니 매 요청마다 이 토큰으로 인증을 처리하도록 해보겠습니다.

10.5.3 JWT 인증: 회원 정보 조회

클라이언트는 로그인 후 서버로부터 전달받은 JWT를 저장한 후 리소스를 요청할 때 함께 전달합니다. 이 책에서는 프런트엔드는 따로 구현하지 않기 때문에 헤더로 전달된다고 가정하고 설명을 이어가 겠습니다.

새로운 기능으로 로그인한 유저 본인의 정보를 조회하는 API를 만들어보겠습니다. API 명세는 다음과 같습니다.

```
GET /users/:id
Authorization: Bearer <token>
```

헤더로 전달하는 JWT의 비공개 클레임에 유저의 ID가 포함되어 있지만 REST 형식으로 API 명세를 작성하기 위해 id를 패스 매개변수로 다시 전달하도록 했습니다. Bearer 방식 인증을 사용하기 위해 헤더에 키를 Authorization으로, 값을 Bearer <token>으로 구성합니다. Bearer Token은 OAuth 2.0 스펙 RFC 6750에 정의되어 있지만 일반적인 용도로도 많이 사용합니다.

이제 컨트롤러부터 구현해봅시다.

```
import { Headers } from '@nestjs/common';  //❶

@Controller('users')
export class UsersController {
  constructor(
    private usersService: UsersService,
    private authService: AuthService,  //❷
  ) { }
    ...

    @Get(':id')
    async getUserInfo(@Headers() headers: any, @Param('id') userId: string):
Promise<UserInfo> {
      const jwtString = headers.authorization.split('Bearer ')[1];  //❸

      this.authService.verify(jwtString);  //❹

      return this.usersService.getUserInfo(userId);  //❺
    }
}
```

❶ 컨트롤러에서 헤더를 직접 다뤄야 하므로 `Headers` 데커레이터를 가져옵니다.

❷ `AuthService`를 주입합니다.

❸ 헤더에서 JWT를 파싱합니다.

❹ JWT가 서버에서 발급한 것인지 검증합니다.

❺ `UserService`를 통해 유저 정보를 가져와서 응답으로 돌려줍니다.

다음은 `AuthService`에서 JWT 토큰을 검증하는 로직을 작성합니다.

```
export class AuthService {
    ...
    verify(jwtString: string) {
      try {
        const payload = jwt.verify(jwtString, this.config.jwtSecret) as (jwt.JwtPayload |
string) & User;

        const { id, email } = payload;

        return {
          userId: id,
          email,
        }

      } catch (e) {
        throw new UnauthorizedException()
      }
    }
}
```

역시 jsonwebtoken 라이브러리를 이용하여 검증을 수행합니다. 이때 외부에 노출되지 않는 secret을 사용하므로 이 토큰이 유효한 것인지 확인할 수 있습니다.

`UsersService`는 이전과 같이 데이터베이스에서 정보를 가져옵니다. 매개변수로 전달된 id를 이용하여 검색하면 되겠습니다.

```
export class UsersService {
    ...
    async getUserInfo(userId: string): Promise<UserInfo> {
      const user = await this.usersRepository.findOne({
        where: { id: userId }
      });

      if (!user) {
```

```
        throw new NotFoundException('유저가 존재하지 않습니다');
    }

    return {
      id: user.id,
      name: user.name,
      email: user.email,
    };
  }
}
```

이제 JWT를 이용해서 유저 정보를 조회해볼까요? 클라이언트는 발급받은 JWT를 통해 `userId`를 알고 있고 패스에 포함시킵니다.

```
$ curl http://localhost:3000/users/01FKTS71436TMSNVA0ZYKZEFC1 -H "Authorization: Bearer eyJh
bGciOiJIUzI1NiIsInR5cCI6IkpXVCJ9.eyJpZCI6IjAxRktUUzcxNDM2VE1TTlZBMFpZS1pFRkMxIiwibmFtZSI6IkR
leHRlciIsImVtYWlsIjoiZGV4dGVyLmhhYW5AZ21haWwuY29tIiwiaWF0IjoxNjM2MjU2ODM4LCJleHAiOjE2MzYzNDM
yMzgsImF1ZCI6ImV4YW1wbGUuY29tIiwiaXNzIjoiZXhhbXBsZS5jb20ifQ.bpL3hC4eH25ejz8oBByQp5WPdH1roh1Y
mfoEWpdfYbk"
```

```
{
    "id":"01FKTS71436TMSNVA0ZYKZEFC1",
    "name":"YOUR_NAME",
    "email":"YOUR_EMAIL@gmail.com"
}
```

10.5.4 가드를 이용한 인가 처리

컨트롤러의 '유저 정보 조회' 구현을 다시 살펴봅시다.

```
@Get(':id')
async getUserInfo(@Headers() headers: any, @Param('id') userId: string): Promise<UserInfo> {
  const jwtString = headers.authorization.split('Bearer ')[1];

  this.authService.verify(jwtString);

  return this.usersService.getUserInfo(userId);
}
```

현재 구현 방식은 헤더에 포함된 JWT 토큰의 유효성을 검사하는 로직을 모든 엔드포인트에 중복 구현해야 합니다. 이는 매우 비효율적이고 DRY 원칙에도 위배됩니다. Nest에서 제공하는 가드를 이용하여 이를 핸들러 코드에서 분리해봅시다.

일단 앞서 예시로 만든 것과 같이 `AuthGuard`를 적용해보겠습니다.

```typescript
import { Request } from 'express';
import { Observable } from 'rxjs';
import { CanActivate, ExecutionContext, Injectable } from '@nestjs/common';
import { AuthService } from './auth/auth.service';

@Injectable()
export class AuthGuard implements CanActivate {
  constructor(private authService: AuthService) { }

  canActivate(
    context: ExecutionContext,
  ): boolean | Promise<boolean> | Observable<boolean> {
    const request = context.switchToHttp().getRequest();
    return this.validateRequest(request);
  }

  private validateRequest(request: Request) {
    const jwtString = request.headers.authorization.split('Bearer ')[1];

    this.authService.verify(jwtString);

    return true;
  }
}
```

`validateRequest` 메서드에 앞서 컨트롤러에 구현된 로직을 옮겨왔습니다. 가드는 준비되었으니 `AuthGuard`를 적용해야 합니다. 전역으로 적용하게 되면 회원 가입, 로그인 등 액세스 토큰 없이 요청하는 기능은 사용할 수 없으므로 회원 조회 엔드포인트에만 적용하겠습니다. 물론 컨트롤러를 분리시키고, 분리된 컨트롤러에 적용해도 됩니다.

```typescript
@UseGuards(AuthGuard)
@Get(':id')
async getUserInfo(@Headers() headers: any, @Param('id') userId: string): Promise<UserInfo> {
  return this.usersService.getUserInfo(userId);
}
```

이제 다시 유저 정보 조회가 정상 동작하는지 살펴보세요. 그리고 토큰을 임의로 변경해서 요청해보면 401 Unauthorized 에러가 발생합니다.

```
$ curl http://localhost:3000/users/01FKTS71436TMSNVA0ZYKZEFC1 -H "Authorization: Bearer
WRONG-TOKEN"

{"statusCode":401,"message":"Unauthorized"}
```

이제 좀 더 나은 AOP를 하게 되었군요! 😎

쉬어 가는 페이지 슬라이딩 세션과 리프레시 토큰

토큰을 사용하면 서버에 사용자의 상태를 저장하지 않는다는 장점이 있는 반면, 공격자가 토큰을 탈취한 경우 토큰을 즉시 무효화시키지 못하는 취약점을 가지고 있습니다. 이를 방지하고자 토큰의 유효기간을 짧게, 즉 만료 시간을 생성 시간에서 얼마 지나지 않은 시간으로 설정할 수 있습니다. 하지만 이 방법은 만료된 토큰으로 들어온 요청을 무시하고 다시 사용자에게 로그인 정보를 입력하게 할 수밖에 없습니다. 사용자가 페이지를 이동하거나 어떤 동작을 수행하려 할 때마다 로그인을 해야 한다면 아무도 그 서비스를 사용하려 하지 않을 것입니다.

비상태 저장 방식인 토큰의 보안 취약점을 보강하고 사용자 편의성을 유지하기 위해 슬라이딩 세션을 사용합니다. 슬라이딩 세션은 로그인 정보를 다시 입력하지 않고 현재 가지고 있는 토큰을 새로운 토큰으로 발급하는 방식을 말합니다.

그렇다면 사용자가 로그인하는 과정을 대신해줄 무언가가 필요한데 이를 리프레시 토큰refresh token을 사용하여 해결합니다. 리프레시 토큰은 액세스 토큰과 마찬가지로 JWT를 사용할 수 있고 액세스 토큰에 비해 만료 시간이 깁니다. 처음 사용자가 로그인할 때 액세스 토큰과 함께 리프레시 토큰을 발급하고, 클라이언트는 액세스 토큰 만료로 에러가 발생한 경우 리프레시 토큰을 이용하여 새로운 액세스 토큰을 발급해달라는 요청을 합니다. 마찬가지로 리프레시 토큰 만료로 다시 리프레시 토큰을 발급받고자 하는 경우에도 가장 최근에 발급한(클라이언트는 항상 최신 리프레시 토큰만 가짐) 리프레시 토큰으로 새로운 토큰을 발급받습니다.

리프레시 토큰이 탈취된다면 액세스 토큰보다 더 오랜 기간 보안에 구멍이 생기기 때문에 클라이언트는 반드시 안전한 공간에 저장해야 합니다. 액세스 토큰과 리프레시 토큰의 만료 기간은 사용자의 패턴을 보고 적당한 기간으로 설정하면 됩니다. 액세스 토큰을 5분 미만으로 짧게 가져가는 경우도 있고, 24시간으로 설정하는 경우도 있습니다. 리프레시 토큰 역시 한 달 이상으로 하는 경우가 많지만 6개월 또는 아예 만료하지 않도록 하는 경우도 있습니다. 이때는 토큰을 암호화하고 암호화 키를 저장하는 등의 별도의 보안장치를 마련해야 할 것입니다. 트래픽이 외부로 아예 나가지 않는 내부 망에서 사용할 수도 있겠습니다.

리프레시 토큰은 보통 서버의 DB에 저장해두고 요청에 포함된 리프레시 토큰과 비교합니다. 비상태 저장 방식의 장점이 약화되기는 했지만, 비상태 저장과 보안성, 사용성을 위해 타협한 방식이라 하겠습니다.

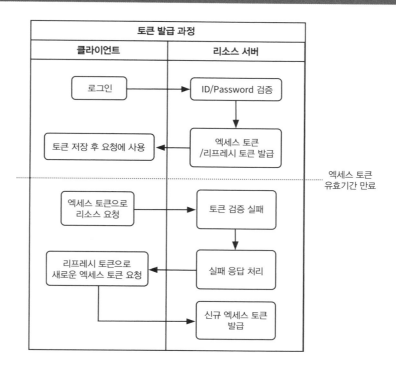

리프레시 토큰 발급 전략

액세스 토큰은 유효기간이 남은 토큰을 여러 개 발급해서 사용할 수 있습니다. 하지만 리프레시 토큰은 서비스 실행 중에 유일하게 다뤄져야 합니다. 리프레시 토큰은 만료 기간이 길고 액세스 토큰을 언제든지 다시 얻을 수 있기 때문에 새로운 리프레시 토큰을 발급했을 때 이전에 발급한 토큰이 유효하지 않도록 해서 탈취된 토큰이 비록 만료 기간이 남아 있다 해도 비정상 토큰으로 인지할 수 있도록 해야 합니다.

이를 위해 DB에서 이전 토큰을 지울 수도 있겠지만 리프레시 토큰을 DB에 영속화하고 유효한지 여부를 따지는 필드를 따로 둘 수 있습니다. 이렇게 하면 공격자가 무작위로 리프레시 토큰을 생성했는지 아니면 과거에 유효하게 발급되었던 토큰이 실제 사용되고 있는지 알 수 있습니다. 만약 전자라면 공격자의 IP를 차단하는 등의 조치만 취하면 되지만, 후자의 경우는 사용자에게 토큰이 탈취되었다는 알림을 줄 수도 있겠습니다. 서비스를 어떻게 구성할지에 따라 원하는 방식을 택하면 되겠습니다.

리프레시 토큰이 탈취되었을 때

리프레시 토큰이 탈취되었다는 것을 알게 된 경우, 즉 서버에 저장되어 있는 이전에 발급한 리프레시 토큰이 사용되었을 때는 현재 유효한 리프레시 토큰도 무효화해야 합니다. 공격자가 유효한 리프레시 토큰을 이용해서 새로운 리프레시 토큰을 발급하고, 이후 사용자가 자신이 발급받은 원래는 유효했던 리프레시 토큰을 사용하는 경우 공격자의 리프레시 토큰을 무효화해 더 이상 사용하지 못하도록 해야 하기 때문입니다. 그래서 유저가 다시 로그인을 통해 토큰을 발급받을 수 있도록 해야 합니다.

추가로 일반적인 서비스 유저에게는 제공되지 않겠지만, OAuth Client를 위해 리프레시 토큰이 탈취된 것을 알게 되었을 경우 유저가 직접 리프레시 토큰을 삭제할 수 있는 방안을 함께 마련하면 좋습니다.

Nest는 ES6에 도입된 데커레이터를 적극 활용합니다. 이미 우리는 앞선 장들에서 데커레이터를 이용하여 Nest가 제공하는 컴포넌트를 적용해봤습니다. 타입스크립트에서 데커레이터가 아직 실험적[1] 기능이지만, 이미 많이 사용되고 있고 안정적으로 잘 동작합니다.

Nest는 라우트 핸들러의 매개변수에 적용할 수 있는 매개변수 데커레이터를 제공합니다. 다음 표는 제공되는 데커레이터와 이에 대응되는 Express(또는 Fastify)의 객체 목록입니다.

내장 데커레이터	Express 객체
@Request(), @Req()	req
@Response(), @Res()	res
@Next()	next
@Session()	req.session
@Param(param?: string)	req.params / req.params[param]
@Body(param?: string)	req.body / req.body[param]
@Query(param?: string)	req.query / req.query[param]
@Headers(param?: string)	req.headers / req.headers[param]
@Ip()	req.ip
@HostParam()	req.hosts

앞서 Nest는 가드를 통해 유저 인증/인가를 처리하도록 권장한다고 했습니다. 많이 사용하는 방식으로는, 로그인할 때 발급받은 JWT를 요청마다 헤더에 포함하고, 가드에서 이 JWT를 검증해서(인증) 얻은 유저 정보(유저 ID, 권한 등)를 가지고 지금 수행하려는 요청을 이 유저가 실행할 수 있는가 검사(인가)하는 과정을 거칩니다. 이 과정에서 라우터 핸들러에 전달될 요청 객체에 유저 정보를 추가로 실어서 이후에 이용하는 방법을 많이 사용합니다.

이제 Nest가 제공하지 않는 @Users 데커레이터를 만들어 유저 정보를 추출해보도록 합시다. 10장에서 예시로 들었던 AuthGuard를 다시 구현해보겠습니다. 예를 위해 JWT를 검증하는 부분은 생략하고 요청 객체에 유저 정보를 하드코딩해서 설정합니다.

---

1   tsconfig.json에서 experimentalDecorators 옵션을 설정해야 합니다.

```
import { CanActivate, ExecutionContext, Injectable } from '@nestjs/common';
import { Observable } from 'rxjs';

@Injectable()
export class AuthGuard implements CanActivate {
  canActivate(
    context: ExecutionContext,
  ): boolean | Promise<boolean> | Observable<boolean> {
    const request = context.switchToHttp().getRequest();

    // JWT를 검증해서 얻은 정보를 넣습니다. 예를 위해 하드코딩했습니다.
    request.user = {
      name: 'YOUR_NAME',
      email: 'YOUR_EMAIL@gmail.com',
    };

    return true;
  }
}
```

이 상태에서 컨트롤러로 전달된 요청 객체에서 유저 정보를 얻으려면 다음과 같이 해야 하겠죠?

```
@Get()
getHello(@Req() req): string {
    console.log(req.user);
}
```

하지만 req.user를 메서드 내부에서 직접 가져다 쓰지 말고 다음과 같이 인수로 직접 받을 수 있으면 좋겠습니다.

```
...
interface User {
  name: string;
  email: string;
}

@Controller()
export class AppController {
  ...

  @Get()
  getHello(@User() user: User) {
    console.log(user);
```

```
    }
  }
```

그럼 User 데커레이터를 구현해볼까요?

```
import { createParamDecorator, ExecutionContext } from '@nestjs/common';

export const User = createParamDecorator(  //❶
  (data: unknown, ctx: ExecutionContext) => {
    const request = ctx.switchToHttp().getRequest();  //❷
    return request.user;  //❸
  },
);
```

❶ createParamDecorator 팩터리 데커레이터를 이용하여 User 데커레이터를 선언합니다.

❷ 실행 콘텍스트에서 요청 객체를 얻어옵니다.

❸ AuthGuard에서 설정한 유저 객체를 반환합니다. req.user가 타입이 any였다면 이제 User라는 타입을 가지게 되어 타입 시스템의 장점도 누릴 수 있게 되었습니다.

데커레이터의 data 활용 예

이제 위의 예에서 createParamDecorator의 첫 번째 인수인 data를 사용하는 방법을 알아보겠습니다. data는 데커레이터를 선언할 때 인수로 넘기는 값입니다. 예를 들어 @UserData('name')과 같이 유저의 이름만 가져와서 매개변수로 받고 싶을 수도 있습니다. 만약 인수로 아무것도 넘기지 않는다면, 즉 @UserData로만 사용할 경우 기존처럼 유저 객체를 모두 넘겨받고 싶다고 합시다.

```
import { createParamDecorator, ExecutionContext } from '@nestjs/common';

export const UserData = createParamDecorator<string>(
  (data: string, ctx: ExecutionContext) => {
    const request = ctx.switchToHttp().getRequest();
    const user = request.user;

    return data ? user?.[data] : user;
  },
);
```

참고로 createParamDecorator에 제네릭 타입인 string을 명시해서 data를 string으로만 처리할 수 있도록 했습니다. 이제 컨트롤러에서 이름만 매개변수로 받을 수 있습니다.

```
@Get('/username')
getHello2(@UserData('name') name: string) {
  console.log(name);
}
```

유효성 검사 파이프(ValidationPipe) 적용

지금까지의 예에서는 유저 객체를 받은 매개변수의 유효성을 검사하지 않았습니다. 만약 가드에서 name에 number 타입의 값을 설정했다 해도 문제없이 동작합니다. ValidationPipe를 같이 적용해서 유효성 검사까지 함께 적용하도록 해봅시다.

먼저 오류를 발생시키기 위해 AuthGuard를 수정해서 name에 1을 넣습니다.

```
...
request.user = {
  name: 1,
  email: 'YOUR_EMAIL@gmail.com',
};
...
```

그리고 class-validator 유효성 검사기를 적용해야 하므로 interface 대신 클래스로 변경합니다.

```
class UserEntity {
  @IsString()
  name: string;

  @IsString()
  email: string;
}
```

이제 컨트롤러에서 우리가 만든 데커레이터에 ValidationPipe를 적용합니다.

```
@Get('/with-pipe')
getHello3(@User(new ValidationPipe({ validateCustomDecorators: true })) user: UserEntity) {
  console.log(user);
}
```

실행하면 에러가 나는 것을 볼 수 있습니다. 😊

```
$ curl http://localhost:3000/with-pipe
{
    "statusCode":400,
    "message":["name must be a string"],
    "error":"Bad Request"
}
```

데커레이터 합성

applyDecorators 헬퍼 메서드를 이용해서 여러 데커레이터를 하나로 합성할 수 있습니다.

SetMetadata, UseGuards, ApiBearerAuth, ApiUnauthorizedResponse라는 데커레이터를 하나로 합쳐서 Auth 데커레이터로 합성하는 예시입니다. 인수로는 Role을 콤마로 연결해서 받습니다. Role 은 'admin', 'user' 같은 문자열로 정의된 Enum입니다.

```
import { applyDecorators } from '@nestjs/common';

export function Auth(...roles: Role[]) {
  return applyDecorators(
    SetMetadata('roles', roles),
    UseGuards(AuthGuard, RolesGuard),
    ApiBearerAuth(),
    ApiUnauthorizedResponse({ description: 'Unauthorized' }),
  );
}
```

앞서 라우트 핸들러에 전달되는 매개변수를 커스텀 데커레이터로 만들어 요청에 포함된 정보를 원하는 대로 뽑아 쓸 수 있는 방법을 알아봤습니다. 이제 또 다른 커스텀 데커레이터의 사용법을 소개합니다. 빌드 타임에 선언해둔 메타데이터를 활용하여 런타임에 동작을 제어할 수 있는 강력한 기술입니다. 잘 활용하면 Nest에서 제공하지 않는 데커레이터를 직접 구현하여 코드를 더욱 깔끔하게 만들수 있습니다.

먼저 유저 생성 라우트 핸들러(create 메서드)를 admin이라는 역할(role)을 가진 유저만 사용할 수 있게 제한하고 싶다고 합시다. 지금까지 배운 지식으로 구현한다고 하면, 가드(예로 AuthGuard)에서 JWT로 얻은 유저 정보(예로 userId)를 이용하여 User DB에 저장해둔 역할이 현재 유저와 매치하는지 검사하는 로직을 구성하면 될 것입니다.

그렇다면 create 메서드는 admin만 사용 가능하다는 것을 어디선가 알고 있어야 합니다. 어디선가 알고 있어야 하는 정보, 이를 메타데이터¹라고 합니다. 'create 메서드는 admin 역할일 때만 호출되어야 한다'는 메타데이터를 @SetMetadata 데커레이터로 지정할 수 있습니다.

```
import { SetMetadata } from '@nestjs/common';
...
@Post()
@SetMetadata('roles', ['admin'])
create(@Body() createUserDto: CreateUserDto) {  //❶
  return this.usersService.create(createUserDto);
}
```

❶ SetMetadata 데커레이터를 이용하여 키가 'roles'이고 문자열 목록을 값으로 가지는 메타데이터를 설정합니다. 값은 'admin'만 설정했습니다.

SetMetadata는 메타데이터를 키와 값으로 받아 CustomDecorator 타입으로 돌려주는 데커레이터입니다.

```
export declare const SetMetadata: <K = string, V = any>(metadataKey: K, metadataValue: V) =>
CustomDecorator<K>;
```

---

1   일반적으로 메타데이터라 함은 데이터의 데이터를 가리킵니다. 즉 데이터가 어떤 특성을 지니는지 기술하는 데이터입니다.

하지만 보통 위의 예와 같이 직접 라우트 핸들러에 적용하지 않고 다시 커스텀 데커레이터를 정의하여 사용하는 게 의미를 드러내기 더 좋습니다.

```
import { SetMetadata } from '@nestjs/common';

export const Roles = (...roles: string[]) => SetMetadata('roles', roles);
```

@Roles 데커레이터로 다시 메타데이터를 정의해봅시다.

```
import { Roles } from 'src/roles.decorator';
...

@Post()
@Roles('admin')
create(@Body() createUserDto: CreateUserDto) {
  return this.usersService.create(createUserDto);
}
```

이제 이 라우트 핸들러(create 메서드)는 admin 역할이라는 메타데이터를 가지게 되었습니다. 그렇다면 이제 메타데이터를 런타임에 읽어서 처리하도록 해야겠습니다. Nest는 메타데이터를 다루기 위한 헬퍼 클래스로 Reflector 클래스를 제공합니다. Reflector를 이용하여 메타데이터 읽고 저장된 값과 비교해보도록 합시다.

먼저 HandlerRolesGuard를 작성합니다.

```
import { CanActivate, ExecutionContext, Injectable } from '@nestjs/common';
import { Reflector } from '@nestjs/core';
import { Observable } from 'rxjs';

@Injectable()
export class HandlerRolesGuard implements CanActivate {
  constructor(private reflector: Reflector) { }  //❶

  canActivate(
    context: ExecutionContext,
  ): boolean | Promise<boolean> | Observable<boolean> {
    const request = context.switchToHttp().getRequest();

    const userId = 'user-id';  //JWT를 검증해서 얻은 유저 ID라고 가정. request.user 객체에서
얻음  //❷
    const userRole = this.getUserRole(userId);  //❸
```

```
    const roles = this.reflector.get<string[]>('roles', context.getHandler());  //❹

    return roles?.includes(userRole) ?? true;  //❺
  }

  private getUserRole(userId: string): string {
    return 'admin';  //❸
  }
}
```

❶ 가드에 Reflector를 주입합니다.

❷ request 객체에 포함된 user 객체에서 유저 정보(userId)를 읽습니다.

❸ userId를 이용해서 DB에서 역할을 가져왔다고 가정하고 그 역할이 admin이라고 합시다.

❹ 이제 가드에 주입받은 Reflector를 이용하여 메타데이터 리스트를 얻습니다.

❺ DB에서 얻은 값이 메타데이터에 포함되어 있는지 확인합니다.

HandlerRolesGuard는 Reflector를 주입받아야 하므로 main.ts에서 전역으로 설정할 수 없고 컨트롤러에 @UseGuard 데커레이터로 선언해주거나 커스텀 프로바이더로 제공해줘야 합니다.

```
@Module({
  ...
  providers: [
    AppService,
    {
      provide: APP_GUARD,
      useClass: HandlerRolesGuard,
    },
  ],
    ...
})
export class AppModule { }
```

해당 엔드포인트로 요청을 하면 잘 동작합니다.

```
$ curl http://localhost:3000/users -X POST -H "Content-Type: application/json" -d
'{"name":"","email":"YOUR_EMAIL@gmail.com"}'
```

이제 HandlerRolesGuard의 getUserRole() 메서드가 admin이 아닌 다른 역할을 리턴하도록 해보세요.

```
    private getUserRole(userId: string): string {
      return 'user';
    }
```

403 Forbidden 에러가 발생하는 것을 볼 수 있습니다.

SetMetadata는 CustomDecorator를 돌려준다고 했습니다. CustomDecorator의 정의를 보면, 메서
드 데커레이터뿐 아니라 클래스 데커레이터의 역할도 할 수 있습니다.

```
export declare type CustomDecorator<TKey = string> = MethodDecorator & ClassDecorator & {
    KEY: TKey;
};
```

따라서 우리가 만든 @Roles 데커레이터를 클래스에 적용할 수 있습니다.

```
@Roles('admin')
@Controller('users')
export class UsersController {
    ...
}
```

여기서 주의해야 할 점은 Reflector를 사용할 때 context.getHandler()가 아닌 context.
getClass()를 사용해야 한다는 것입니다. ClassRolesGuard를 따로 작성해보겠습니다.

```
@Injectable()
export class ClassRolesGuard implements CanActivate {
  constructor(private reflector: Reflector) { }

  canActivate(
    context: ExecutionContext,
  ): boolean | Promise<boolean> | Observable<boolean> {
    const request = context.switchToHttp().getRequest();

    const roles = this.reflector.get<string[]>('roles', context.getClass());

    console.log('ClassRolesGuard: ', roles)

    return true; // 테스트를 위해 그냥 true를 리턴합니다.
  }
}
@Module({
```

```
    ...
  providers: [
    AppService,
    {
      provide: APP_GUARD,
      useClass: HandlerRolesGuard,
    },
    {
      provide: APP_GUARD,
      useClass: ClassRolesGuard,
    },
  ],
  ...
})
export class AppModule { }
```

HandlerRolesGuard와 충돌이 발생하므로 일단 ClassRolesGuard는 무조건 true를 리턴한다고 구현하고, roles 메타데이터를 제대로 읽는지 로그로 파악하도록 했습니다.

이제 이 둘을 조합하여 컨트롤러로 다시 돌아가서 admin 유저는 특정 핸들러만 실행 가능하고 user는 클래스에 정의된 모든 핸들러를 실행할 수 있도록 할 수 있습니다.

먼저 컨트롤러에 메타데이터를 적용합니다. 클래스 레벨에서는 'user'로, create 핸들러에는 'admin'으로 설정합니다.

```
@Roles('user')
@Controller('users')
export class UsersController {
  constructor(private readonly usersService: UsersService) { }

  @Post()
  @Roles('admin')
  create(@Body() createUserDto: CreateUserDto) {
    return this.usersService.create(createUserDto);
  }
}
```

이제 모듈에는 RolesGuard 하나만 적용합니다.

```
@Module({
  ...
  providers: [
```

```
    AppService,
    {
      provide: APP_GUARD,
      useClass: RolesGuard,
    },
  ],
  ...
})
export class AppModule { }
```

RolesGuard를 구현합니다. 이때 Reflector가 제공하는 getAllAndMerge 메서드를 이용하면 핸들러와 클래스에 정의된 메타데이터를 모두 리스트로 합쳐 가져올 수 있습니다.

```
const roles = this.reflector.getAllAndMerge<string[]>('roles', [
  context.getHandler(),
  context.getClass(),
]);
```

getUserRole() 메서드의 리턴값을 바꿔가며 정상 동작하는지 확인해보세요. 😊

로깅:
애플리케이션의 동작 기록

서비스에 기능이 늘어나고 사이즈가 커지게 되면 동작 과정을 남기고 추적하는 일이 중요하게 됩니다. 이슈가 발생했을 경우 이슈 증상만으로 원인을 파악하는 데에는 시간과 노력이 많이 들고 코드를 다시 역추적하면서 이해하는 데에 어려움이 따릅니다. 이슈가 발생한 지점과 콜 스택이 함께 제공된다면 빨리 해결이 가능할 것입니다. 또 어떤 기능이 많이 사용되는지와 같이 유저의 사용 패턴을 분석하는 데에도 **로그**log를 활용할 수 있습니다.

이번 장에서는 Nest에서 제공하는 내장 로거를 사용하는 방법을 알아보겠습니다.

서비스를 실행하면 서버 콘솔에는 아래 그림과 같은 로그가 출력됩니다. 이미 각 컴포넌트에서는 내장 로거를 이용하여 로그를 출력하고 있습니다.

```
[Nest] 60106  - 2022. 07. 23. 오후 9:08:00     LOG [NestFactory] Starting Nest application...
[Nest] 60106  - 2022. 07. 23. 오후 9:08:01     LOG [InstanceLoader] LoggerModule dependencies initialized +42ms
[Nest] 60106  - 2022. 07. 23. 오후 9:08:01     LOG [InstanceLoader] AppModule dependencies initialized +1ms
[Nest] 60106  - 2022. 07. 23. 오후 9:08:01     LOG [RoutesResolver] AppController {/}:
[Nest] 60106  - 2022. 07. 23. 오후 9:08:01     LOG [RouterExplorer] Mapped {/, GET} route
[Nest] 60106  - 2022. 07. 23. 오후 9:08:01     LOG [NestApplication] Nest application successfully started
```

내장 Logger 클래스는 @nest/common 패키지로 제공됩니다. 로깅 옵션을 조절하면 다음과 같이 로깅 시스템의 동작을 제어할 수 있습니다.

- 로깅 비활성화
- 로그 레벨 지정: log, error, warn, debug, verbose
- 로거의 타임스탬프 재정의. 예) 날짜를 ISO8601 형식으로 변경

- 기본 로거를 재정의(오버라이딩)
- 기본 로거를 확장해서 커스텀 로거를 작성
- 의존성 주입을 통해 손쉽게 로거를 주입하거나 테스트 모듈로 제공

11.1 내장 로거

내장 로거의 인스턴스는 로그를 남기고자 하는 부분에서 직접 생성하여 사용할 수 있습니다. 모든
로그 레벨의 로그를 출력해봅시다.

```
import { Injectable, Logger } from '@nestjs/common';

@Injectable()
export class AppService {
  private readonly logger = new Logger(AppService.name);

  getHello(): string {
    this.logger.error('level: error');
    this.logger.warn('level: warn');
    this.logger.log('level: log');
    this.logger.verbose('level: verbose');
    this.logger.debug('level: debug');

    return 'Hello World!';
  }
}
```

로거를 생성할 때 어느 콘텍스트에서 로그를 남기는지 이름을 줄 수 있습니다. 이 코드를 수행하면
콘솔에는 다음처럼 로그가 출력됩니다.

```
[Nest] 59684  - 2022. 07. 23. 오후 9:05:50    ERROR [AppService] level: error
[Nest] 59684  - 2022. 07. 23. 오후 9:05:50     WARN [AppService] level: warn
[Nest] 59684  - 2022. 07. 23. 오후 9:05:50      LOG [AppService] level: log
[Nest] 59684  - 2022. 07. 23. 오후 9:05:50  VERBOSE [AppService] level: verbose
[Nest] 59684  - 2022. 07. 23. 오후 9:05:50    DEBUG [AppService] level: debug
```

설정한 콘텍스트가 AppService로 함께 출력되고 있습니다. 로그 파일을 분석할 때 특정 콘텍스트에
서 발생한 로그만 필터링하고자 할 때 사용할 수 있습니다.

11.1.1 로깅 비활성화

NestFactory.create 메서드의 NestApplicationOptions에 로깅을 활성화하는 logger 옵션이 있습니다. 이를 false로 지정하면 로그가 출력되지 않습니다.

```
const app = await NestFactory.create(AppModule, {
  logger: false,
});
await app.listen(3000);
```

11.1.2 로그 레벨 지정

일반적으로 프로덕션 환경에서는 debug 로그가 남지 않도록 하는 게 좋습니다. 디버그 로그는 테스트 과정에서 디버깅용으로 객체가 가지고 있는 세부 데이터까지 남기는 경우가 많아 사용자의 민감 정보가 포함될 수 있기 때문입니다. 디버깅 로그는 로그의 크기 자체도 큰 경우가 대부분이므로 로그 파일의 사이즈를 줄이기 위한 목적도 있습니다.

다음과 같이 실행 환경에 따라 로그 레벨을 지정하는 경우가 보통입니다.

```
const app = await NestFactory.create(AppModule, {
  logger: process.env.NODE_ENV === 'production'
  ? ['error', 'warn', 'log']
  : ['error', 'warn', 'log', 'verbose', 'debug']
});
```

NOTE 로그 레벨을 하나만 설정한다면 해당 레벨보다 숫자가 큰 레벨의 로그도 모두 함께 출력됩니다. 따라서 debug 로만 설정한다면 모든 로그가 출력됩니다. 로그 레벨의 정의는 Nest 소스 코드에서 확인할 수 있습니다.[1]

```
const LOG_LEVEL_VALUES: Record<LogLevel, number> = {
  debug: 0,
  verbose: 1,
  log: 2,
  warn: 3,
  error: 4,
};
```

---

1   https://github.com/nestjs/nest/blob/master/packages/common/services/utils/is-log-level-enabled.util.ts#L3

11.2 커스텀 로거

로그 분석을 위해서는 어떤 형태든 로그를 저장해두고 검색을 할 수 있어야 하는데 내장 로거는 파일이나 데이터 베이스로 저장하는 기능을 제공하지 않습니다. 이를 위해서는 커스텀 로거를 만들어야 합니다.

커스텀 로거는 @nestjs/common 패키지의 LoggerService 인터페이스를 구현해야 합니다.

```
export interface LoggerService {
  log(message: any, ...optionalParams: any[]): any;
  error(message: any, ...optionalParams: any[]): any;
  warn(message: any, ...optionalParams: any[]): any;
  debug?(message: any, ...optionalParams: any[]): any;
  verbose?(message: any, ...optionalParams: any[]): any;
    setLogLevels?(levels: LogLevel[]): any;
}
```

커스텀 로거 MyLogger를 만들어봅시다.

```
export class MyLogger implements LoggerService {
  log(message: any, ...optionalParams: any[]) {
    console.log(message);
  }
  error(message: any, ...optionalParams: any[]) {
    console.log(message);
  }
  warn(message: any, ...optionalParams: any[]) {
    console.log(message);
  }
  debug?(message: any, ...optionalParams: any[]) {
    console.log(message);
  }
  verbose?(message: any, ...optionalParams: any[]) {
    console.log(message);
  }
}
```

내장 로거 대신 MyLogger 객체를 생성해서 로그를 출력해보면 다음과 같이 조금은 밋밋하게 텍스트만 출력됩니다. 내장 로거와 같이 프로세스 ID, 로깅 시간, 로그 레벨(컬러), 콘텍스트 이름 등을 함께 출력하려면 직접 각 함수 내에 출력 메시지를 구성해야 합니다.

```
level: error
level: warn
level: log
level: verbose
level: debug
```

그래서 이렇게 처음부터 작성하기보다는, ConsoleLogger를 상속받으면 더 낫습니다.

```
export class MyLogger extends ConsoleLogger {
  error(message: any, stack?: string, context?: string) {
    super.error.apply(this, arguments);
    this.doSomething();
  }

  private doSomething() {
    // 여기에 로깅에 관련된 부가 로직을 추가합니다.
    // ex. DB에 저장
  }

  ...
}
```

11.2.1 커스텀 로거 주입해서 사용하기

지금까지는 로거를 사용하고자 하는 곳에서 매번 new로 생성해서 사용했습니다. 이전에 배웠던 것처럼 로거를 모듈로 만들면 생성자에서 주입받을 수 있습니다. 먼저 LoggerModule을 만들고 AppModule에 가져옵니다.

```
import { Module } from '@nestjs/common';
import { MyLogger } from './my-logger.service';

@Module({
  providers: [MyLogger],
  exports: [MyLogger],
})
export class LoggerModule { }
```

```
import { LoggerModule } from './logging/logger.module';

@Module({
  imports: [LoggerModule],
  ...
})
export class AppModule { }
```

이제 **MyLogger** 프로바이더를 주입받아 사용합니다.

```
import { MyLogger } from './logging/my-logger.service';

@Injectable()
export class AppService {
  constructor(private myLogger: MyLogger) { }

    getHello(): string {
      this.myLogger.error('level: error');
      this.myLogger.warn('level: warn');
      this.myLogger.log('level: log');
      this.myLogger.verbose('level: verbose');
      this.myLogger.debug('level: debug');

      return 'Hello World!';
  }
}
```

11.2.2 커스텀 로거를 전역으로 사용하기

커스텀 로거를 전역으로 사용하려면 **main.ts**에 지정해줘야 합니다. 이렇게 하면 서비스 부트스트래핑 과정에서도 커스텀 로거가 사용됩니다.

```
async function bootstrap() {
  const app = await NestFactory.create(AppModule);
  app.useLogger(app.get(MyLogger));
  await app.listen(3000);
}
```

11.2.3 외부 로거 사용하기

상용 프로젝트에는 위와 같은 커스텀 로거를 매우 정교하게 다듬어 사용해야 할 것입니다. 하지만 Node.js에는 이미 훌륭한 로깅 라이브러리인 winston[2]이 있습니다. 나아가 winston을 Nest의 모듈로 만들어놓은 nest-winston[3] 패키지가 존재합니다. 유저 서비스에 nest-winston을 이용하여 로깅 기능을 구현해보겠습니다.

---

2   https://www.npmjs.com/package/winston
3   https://www.npmjs.com/package/nest-winston

11.3 유저 서비스에 winston 로거 적용하기

@nestjs/common 패키지에서 제공하는 **Logger** 클래스를 이용하여 로깅을 구현하는 것도 가능하지만, 서비스를 상용 수준으로 운영하기 위해서는 로그를 콘솔에만 출력하는 게 아니라 파일에 저장을 하거나, 중요한 로그는 데이터베이스에 저장을 해서 쉽게 검색할 수 있도록 해야 합니다. 로그 필터와 추적을 쉽게 해주는 다른 서비스로 로그를 전송을 하기도 합니다. 내장 로거를 이용해서 직접 이런 기능을 만들기에는 너무 많은 노력이 들게 되므로 Node.js에서 인기 있는 라이브러리인 winston을 적용해보겠습니다. 특히 winston을 Nest의 모듈로 패키징해둔 **nest-winston**을 사용하겠습니다.

winston 공식 문서[4]에 따르면 winston은 다중 전송을 지원하도록 설계되었습니다. 로깅 프로세스의 과정들을 분리시켜 좀 더 유연하고 확장 가능한 로깅 시스템을 작성하게 해줍니다. 로그 포맷과 로그 레벨을 유연하게 설정할 수 있도록 지원하고 이 API들은 로그 전송 API(로그 저장, 인덱싱 등)와는 분리되어 있습니다.

11.3.1 nest-winston 적용

nest-winston 라이브러리를 이용해서 우리가 만들고 있는 서비스에 로깅 기능을 구현하겠습니다. nest-winston은 세 가지 방식으로 적용할 수 있습니다. 먼저 필요한 라이브러리를 설치합니다.

```
$ npm i nest-winston winston
```

AppModule에 WinstonModule을 임포트합니다. 이때 winston에서 옵션을 줄 수 있습니다.

```
import * as winston from 'winston';
import {
  utilities as nestWinstonModuleUtilities,
  WinstonModule,
} from 'nest-winston';

@Module({
  imports: [
    ...
    WinstonModule.forRoot({
      transports: [  //①
        new winston.transports.Console({
          level: process.env.NODE_ENV === 'production' ? 'info' : 'silly',  //②
          format: winston.format.combine(
```

---

4   https://github.com/winstonjs/winston

```
                winston.format.timestamp(),  //❸
                nestWinstonModuleUtilities.format.nestLike('MyApp', { prettyPrint: true }),  //❹
            ),
        }),
      ],
    }),
  ],
})
export class AppModule { }
```

❶ transport 옵션을 설정합니다.

❷ 로그 레벨을 개발 환경에 따라 다르도록 지정합니다.

❸ 로그를 남긴 시각을 함께 표시하도록 합니다.

❹ 어디에서 로그를 남겼는지를 구분하는 appName('MyApp')과 로그를 읽기 쉽도록 하는 옵션인 prettyPrint 옵션을 설정합니다.

winston이 지원하는 로그 레벨은 다음과 같이 일곱 단계가 있습니다. 설정된 로그 레벨보다 레벨이 높은 로그는 함께 출력됩니다. 숫자가 낮을수록 레벨이 높습니다. 이 코드에서는 프로덕션 환경이 아닐 때 silly로 설정했으므로 모든 레벨의 로그가 출력됩니다.

```
{
  error: 0,
  warn: 1,
  info: 2,
  http: 3,
  verbose: 4,
  debug: 5,
  silly: 6
}
```

이제 로그를 남기는 코드를 작성합니다. WINSTON_MODULE_PROVIDER 토큰으로 winston에서 제공하는 Logger 객체를 주입받을 수 있습니다. 모든 레벨의 로그를 남겨보겠습니다.

```
import { Logger as WinstonLogger } from 'winston';
import { WINSTON_MODULE_PROVIDER } from 'nest-winston';
...

export class UsersController {

  constructor(
    @Inject(WINSTON_MODULE_PROVIDER) private readonly logger: WinstonLogger,
```

```
  ) { }

  @Post()
  async createUser(@Body() dto: CreateUserDto): Promise<void> {
      this.printWinstonLog(dto);
      ...
  }

  private printWinstonLog(dto) {
    console.log(this.logger.name);

    this.logger.error('error: ', dto);
    this.logger.warn('warn: ', dto);
    this.logger.info('info: ', dto);
    this.logger.http('http: ', dto);
    this.logger.verbose('verbose: ', dto);
    this.logger.debug('debug: ', dto);
    this.logger.silly('silly: ', dto);
  }
  ...
}
```

로그 출력 결과는 다음과 같습니다.

```
[MyApp] Error   2022. 7. 23. 오후 9:19:01 error:  - {
  name: 'Dextto',
  email: 'dexter.haan@gmail.com',
  password: 'pass1234'
}
[MyApp] Warn    2022. 7. 23. 오후 9:19:01 warn:  - {
  name: 'Dextto',
  email: 'dexter.haan@gmail.com',
  password: 'pass1234'
}
[MyApp] Info    2022. 7. 23. 오후 9:19:01 info:  - {
  name: 'Dextto',
  email: 'dexter.haan@gmail.com',
  password: 'pass1234'
}
[MyApp] Http    2022. 7. 23. 오후 9:19:01 http:  - {
  name: 'Dextto',
  email: 'dexter.haan@gmail.com',
  password: 'pass1234'
}
[MyApp] Verbose 2022. 7. 23. 오후 9:19:01 verbose:  - {
  name: 'Dextto',
  email: 'dexter.haan@gmail.com',
  password: 'pass1234'
}
[MyApp] Debug   2022. 7. 23. 오후 9:19:01 debug:  - {
  name: 'Dextto',
  email: 'dexter.haan@gmail.com',
  password: 'pass1234'
}
[MyApp] Silly   2022. 7. 23. 오후 9:19:01 silly:  - {
  name: 'Dextto',
  email: 'dexter.haan@gmail.com',
  password: 'pass1234'
}
```

11.3.2 내장 로거 대체하기

nest-winston은 LoggerService를 구현한 WinstonLogger 클래스를 제공합니다. Nest가 시스템 로깅을 할 때 이 클래스를 이용하도록 할 수 있습니다. 이 방식을 이용하면 Nest 시스템에서 출력하는 로그와 여러분이 직접 출력하고자 하는 로깅의 형식을 동일하게 할 수 있습니다.

먼저 main.ts에 전역 로거로 설정합니다.

```
import { WINSTON_MODULE_NEST_PROVIDER } from 'nest-winston';

async function bootstrap() {
  const app = await NestFactory.create(AppModule);
  app.useLogger(app.get(WINSTON_MODULE_NEST_PROVIDER));
  await app.listen(3000);
}
bootstrap();
```

그다음 로깅을 하고자 하는 곳에서 LoggerService를 WINSTON_MODULE_NEST_PROVIDER 토큰으로 주입받습니다.

```
import { LoggerService } from '@nestjs/common';
import { WINSTON_MODULE_NEST_PROVIDER } from 'nest-winston';
...
export class UsersController {
  constructor(
    @Inject(WINSTON_MODULE_NEST_PROVIDER) private readonly logger: LoggerService,
  ) { }
  ...

  @Post()
  async createUser(@Body() dto: CreateUserDto): Promise<void> {
    this.printLoggerServiceLog(dto);
    ...
  }

  private printLoggerServiceLog(dto) {
    try {
      throw new InternalServerErrorException('test');
    } catch (e) {
      this.logger.error('error: ' + JSON.stringify(dto), e.stack);
    }
    this.logger.warn('warn: ' + JSON.stringify(dto));
    this.logger.log('log: ' + JSON.stringify(dto));
```

```
    this.logger.verbose('verbose: ' + JSON.stringify(dto));
    this.logger.debug('debug: ' + JSON.stringify(dto));
  }
}
```

LoggerService가 제공하는 로그 레벨은 WinstonLogger에 비교하여 제한적입니다. LoggerService
는 WinstonLogger와 다르게 인수로 받은 객체를 메시지로 출력하지 않습니다. 내용을 출력하기 위해
서는 메시지 내에 포함시켜야 합니다. 따라서 dto 객체를 출력하기 위해 string으로 변환했습니다.
error 함수는 두 번째 인수로 받은 객체를 stack 속성을 가진 객체로 출력합니다. 따라서 에러 발생
시 콜 스택을 넘겨 디버깅에 사용할 수 있도록 합니다.

로그 출력 결과는 다음과 같습니다(지면상 오른쪽을 잘랐습니다).

```
[MyApp] Error    2022. 7. 23. 오후 9:58:26 error: {"name":"Dextto","email":"dexter.haan@gmail.com","password":"pass1234"} - {
  stack: [
    'InternalServerErrorException: test\n' +
    '    at UsersController.printLoggerServiceLog (/Users/dexter/src/nestjs/book-nestjs-backend/user-service/ch11-logging/src/
    '    at UsersController.createUser (/Users/dexter/src/nestjs/book-nestjs-backend/user-service/ch11-logging/src/users/users
    '    at /Users/dexter/src/nestjs/book-nestjs-backend/user-service/ch11-logging/node_modules/@nestjs/core/router/router-exe
    '    at processTicksAndRejections (node:internal/process/task_queues:96:5)\n' +
    '    at /Users/dexter/src/nestjs/book-nestjs-backend/user-service/ch11-logging/node_modules/@nestjs/core/router/router-exe
    '    at /Users/dexter/src/nestjs/book-nestjs-backend/user-service/ch11-logging/node_modules/@nestjs/core/router/router-pro
  ]
}
[MyApp] Warn     2022. 7. 23. 오후 9:58:26 warn: {"name":"Dextto","email":"dexter.haan@gmail.com","password":"pass1234"} - {}
[MyApp] Verbose  2022. 7. 23. 오후 9:58:26 verbose: {"name":"Dextto","email":"dexter.haan@gmail.com","password":"pass1234"} - {}
[MyApp] Debug    2022. 7. 23. 오후 9:58:26 debug: {"name":"Dextto","email":"dexter.haan@gmail.com","password":"pass1234"} - {}
```

Nest는 애플리케이션이 지원하는 라우터 엔드포인트를 시스템 로그로 출력합니다. 서비스를 재시
작하면 nest-winston 모듈이 적용된 것을 볼 수 있습니다. 원래는 [Nest] 태그가 붙어 있던 부분에
[MyApp] 태그가 붙어 있습니다.

■ 적용 전

```
[Nest] 69619  - 2022. 07. 23. 오후 10:01:36        LOG [RoutesResolver] UsersController {/
users}: +4ms
[Nest] 69619  - 2022. 07. 23. 오후 10:01:36        LOG [RouterExplorer] Mapped {/users, POST}
route +3ms
[Nest] 69619  - 2022. 07. 23. 오후 10:01:36        LOG [RouterExplorer] Mapped {/users/email-
verify, POST} route +1ms
[Nest] 69619  - 2022. 07. 23. 오후 10:01:36        LOG [RouterExplorer] Mapped {/users/login,
POST} route +0ms
[Nest] 69619  - 2022. 07. 23. 오후 10:01:36        LOG [RouterExplorer] Mapped {/users/:id,
GET} route +2ms
[Nest] 69619  - 2022. 07. 23. 오후 10:01:36        LOG [NestApplication] Nest application
successfully started +2ms
```

■ 적용 후

```
[MyApp] Info    2022. 7. 23. 오후 10:03:31 [RoutesResolver] UsersController {/users}: - {}
[MyApp] Info    2022. 7. 23. 오후 10:03:31 [RouterExplorer] Mapped {/users, POST} route - {}
[MyApp] Info    2022. 7. 23. 오후 10:03:31 [RouterExplorer] Mapped {/users/email-verify,
POST} route - {}
[MyApp] Info    2022. 7. 23. 오후 10:03:31 [RouterExplorer] Mapped {/users/login, POST}
route - {}
[MyApp] Info    2022. 7. 23. 오후 10:03:31 [RouterExplorer] Mapped {/users/:id, GET} route -
{}
[MyApp] Info    2022. 7. 23. 오후 10:03:31 [NestApplication] Nest application successfully
started - {}
```

11.3.3 부트스트래핑까지 포함하여 내장 로거 대체하기

Nest의 의존성 주입은 한 가지 단점이 있는데, 부트스트래핑 과정(모듈, 프로바이더, 의존성 주입 등의 초기화)에서 `WinstonLogger`는 아직 사용이 불가합니다. 이전 방식으로는 내장 로거를 사용할 수밖에 없습니다. 시스템이 부팅될 때 로그를 자세히 보면 nest-winston이 적용되지 않고 여전히 내장 로거가 사용되고 있는 것을 알 수 있습니다.

```
[Nest] 69923  - 2022. 07. 23. 오후 10:03:31      LOG [NestFactory] Starting Nest
application...
[Nest] 69923  - 2022. 07. 23. 오후 10:03:31      LOG [InstanceLoader] AppModule dependencies
initialized +108ms
[Nest] 69923  - 2022. 07. 23. 오후 10:03:31      LOG [InstanceLoader] TypeOrmModule
dependencies initialized +0ms
[Nest] 69923  - 2022. 07. 23. 오후 10:03:31      LOG [InstanceLoader] ConfigHostModule
dependencies initialized +3ms
[Nest] 69923  - 2022. 07. 23. 오후 10:03:31      LOG [InstanceLoader] WinstonModule
dependencies initialized +0ms
[Nest] 69923  - 2022. 07. 23. 오후 10:03:31      LOG [InstanceLoader] EmailModule
dependencies initialized +0ms
[Nest] 69923  - 2022. 07. 23. 오후 10:03:31      LOG [InstanceLoader] AuthModule dependencies
initialized +0ms
[Nest] 69923  - 2022. 07. 23. 오후 10:03:31      LOG [InstanceLoader] ConfigModule
dependencies initialized +1ms
[Nest] 69923  - 2022. 07. 23. 오후 10:03:31      LOG [InstanceLoader] TypeOrmCoreModule
dependencies initialized +101ms
[Nest] 69923  - 2022. 07. 23. 오후 10:03:31      LOG [InstanceLoader] TypeOrmModule
dependencies initialized +0ms
[Nest] 69923  - 2022. 07. 23. 오후 10:03:31      LOG [InstanceLoader] UsersModule
dependencies initialized +1ms
```

부트스트래핑까지 포함하여 Nest 로거를 대체하려면 모듈을 forRoot나 forRootAsync로 임포트하지 말고 Nest 앱을 생성할 때 NestFactory.create의 인수로 주어야 합니다. 이전에 작성했던 모듈을 가져와서 설정하는 부분을 모두 지우고, NestFactory.create 함수에 로거를 직접 생성한 인스턴스를 전달하도록 변경해봅시다.

```
import { WinstonModule } from 'nest-winston';

async function bootstrap() {
    const app = await NestFactory.create(AppModule, {
    logger: WinstonModule.createLogger({
      transports: [
        new winston.transports.Console({
          level: process.env.NODE_ENV === 'production' ? 'info' : 'silly',
          format: winston.format.combine(
            winston.format.timestamp(),
            nestWinstonModuleUtilities.format.nestLike('MyApp', { prettyPrint: true }),
          ),
        }),
      ],
    })
  });
  await app.listen(3000);
}
bootstrap();
```

로그를 남길 모듈에 Logger 서비스를 프로바이더로 선언합니다.

```
import { Logger } from '@nestjs/common';
...
@Module({
    ...
  providers: [Logger]
})
export class UsersModule { }
```

이제 @nestjs/common 패키지의 Logger 또는 LoggerService를 다음처럼 주입받을 수 있습니다.

```
import { Logger } from '@nestjs/common';
...
export class UsersController {
  constructor(
    @Inject(Logger) private readonly logger: LoggerService,
```

```
  ) { }
    ...
}
```

다시 앱을 구동해보면, 로그 형식이 바뀌어 있습니다.

```
[MyApp] Info    2022. 7. 23. 오후 10:06:30 [NestFactory] Starting Nest application... - {}
[MyApp] Info    2022. 7. 23. 오후 10:06:30 [InstanceLoader] AppModule dependencies
initialized - {}
[MyApp] Info    2022. 7. 23. 오후 10:06:30 [InstanceLoader] TypeOrmModule dependencies
initialized - {}
[MyApp] Info    2022. 7. 23. 오후 10:06:30 [InstanceLoader] ConfigHostModule dependencies
initialized - {}
[MyApp] Info    2022. 7. 23. 오후 10:06:30 [InstanceLoader] WinstonModule dependencies
initialized - {}
[MyApp] Info    2022. 7. 23. 오후 10:06:30 [InstanceLoader] EmailModule dependencies
initialized - {}
[MyApp] Info    2022. 7. 23. 오후 10:06:30 [InstanceLoader] AuthModule dependencies
initialized - {}
[MyApp] Info    2022. 7. 23. 오후 10:06:30 [InstanceLoader] ConfigModule dependencies
initialized - {}
[MyApp] Info    2022. 7. 23. 오후 10:06:30 [InstanceLoader] TypeOrmCoreModule dependencies
initialized - {}
[MyApp] Info    2022. 7. 23. 오후 10:06:30 [InstanceLoader] TypeOrmModule dependencies
initialized - {}
[MyApp] Info    2022. 7. 23. 오후 10:06:30 [InstanceLoader] UsersModule dependencies
initialized - {}
```

11.3.4 로그 전송을 다양하게

앞서 이야기했듯이 winston을 사용하는 이유는 로깅 포맷을 구성하기 쉽다는 점도 있지만, 화면에 출력되는 로그를 파일이나 데이터베이스에 저장하여 로그를 활용하고자 함입니다. 최근에는 New Relic[5]이나 DataDog[6] 같은 외부 유료 서비스에 전송하고, 강력한 로그 분석 툴과 시각화 툴을 활용하기도 합니다.

winston을 사용하면 이렇게 다른 저장 매체에 로그를 저장하거나 외부 서비스에 로그를 전송할 때 아주 간단한 설정으로 구현이 가능합니다.

---

5   https://newrelic.com
6   https://www.datadoghq.com

transports 옵션이 리스트를 받도록 되어 있기 때문에 여기에 전송할 옵션을 추가해주기만 하면 됩니다. 또 winston-transport 라는 라이브러리를 이용하면 TransportStream으로 지속적인 로그 전달이 가능합니다.

이 책에서는 자세한 예는 생략하겠습니다. 필요한 경우 다른 자료를 참고하여 구현해보세요.

NOTE 상용 서비스에서 에러 정보, 호출 스택 등의 정보와 사용자가 추가한 로그를 파일에 기록하고 기록된 파일을 외부 서비스에 다시 전달하여 검색과 시각화를 합니다. 구현 시 웹 프레임워크나 서비스 업체에서 제공하는 라이브러리를 활용합니다.

예를 들어 DataDog의 로깅 화면은 다음과 같습니다.

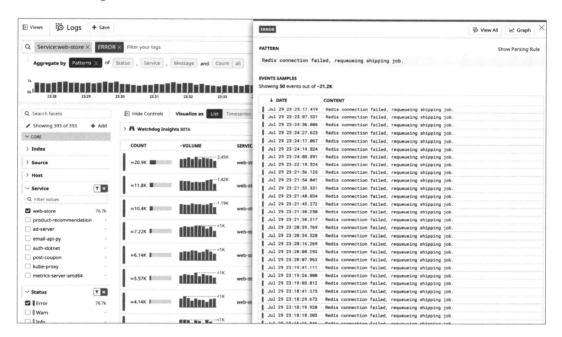

모든 것은 항상 실패한다:
예외 필터

모든 것은 항상 실패한다.

- 베르너 보겔스Werner Vogels, AWS CTO

소프트웨어를 개발하면서 **예외**exception 처리는 필수 사항입니다. 어떤 상황에서든 에러는 발생할 수 있고 개발자는 이 에러에 대응책을 마련해둬야 합니다. AWS의 CTO 베르너 보겔스는 "모든 것은 항상 실패한다"라는 말로 장애 대응의 중요성에 대해 역설했습니다. 물론 AWS 서비스의 고가용성을 강조하기 위한 말이었겠지만 새겨들을 만합니다.

장애 또는 예외가 발생했을 때 어디에 예외 처리 코드를 넣어야 할까요? 예외가 발생할 만한 모든 곳에 예외 처리 코드를 삽입하는 것은 중복 코드를 양산할 뿐 아니라 기능 구현과 관련 없는 코드가 삽입되므로 핵심 기능 구현에 집중하지 못하게 됩니다. 예외가 발생했을 때 에러 로그와 콜 스택을 남겨 디버깅에 사용할 수 있는 별도의 모듈을 작성했다면, 에러 처리기 역시 따로 만들어 한곳에서 공통으로 처리하도록 해야 합니다.

12.1 예외 처리

Nest는 프레임워크 내에 예외 레이어를 두고 있습니다. 애플리케이션을 통틀어 제대로 처리하지 못한 예외를 처리하는 역할을 합니다. 여러분이 아무런 작업을 하지 않아도 기본 예외 처리기가 예외를 잡아서 유저가 이해하기 쉬운 형태로 변환하여 전송합니다. 간단하게 예외를 일으켜서 에러가 어떻게 발생하는지 확인해볼까요?

```
import { InternalServerErrorException } from '@nestjs/common';

@Controller()
export class AppController {
  ...

  @Get('/error')
  error(foo: any): string {
    return foo.bar();
  }
}
```

foo가 undefined이기 때문에 다음과 같은 에러가 발생합니다.

```
$ curl http://localhost:3000/error
{
    "statusCode":500,
    "message":"Internal Server Error"
}
```

Nest는 예외에 대한 많은 클래스를 제공합니다. 위 결과를 보면 에러가 발생했을 때 응답을 JSON 형식으로 바꿔주고 있는데 이는 기본으로 내장된 전역 예외 필터가 처리합니다. 내장 예외 필터는 인식할 수 없는 에러(HttpException도 아니고, HttpException을 상속받지도 않은 에러)를 InternalServerErrorException으로 변환합니다. MDN 문서에 따르면 500 InternalServerError는 "요청을 처리하는 과정에서 서버가 예상하지 못한 상황에 놓였다는 것을 나타낸다"고 되어 있습니다.[1] InternalServerErrorException의 선언을 보면 HttpException을 상속받고 있고 HttpException 은 다시 자바스크립트의 Error를 상속합니다. 결국 모든 예외는 Error 객체로부터 파생된 것입니다.

```
export declare class InternalServerErrorException extends HttpException {
    constructor(objectOrError?: string | object | any, description?: string);
}

export declare class HttpException extends Error {
...
}
```

---

1   https://developer.mozilla.org/ko/docs/Web/HTTP/Status/500

그 외 Nest에서 제공하는 모든 예외 역시 HttpException을 상속하고 있습니다. 이 예외 클래스들을 이용하여 상황에 따라 적절한 예외를 던지세요(throw). 적절한 예외 처리는 API를 호출한 클라이언트에서 에러를 쉽게 이해하고 대처할 수 있도록 합니다. 예를 들어 유저 정보를 가져오기 위해 /users/:id 엔드포인트로 조회를 하려고 하는데, 우리는 도메인 규칙상 id가 1보다 작을 수 없다고 정했습니다(3.1.4절 참고). 따라서 클라이언트가 id를 0과 같이 잘못된 값으로 전달한 경우는 400 Bad Request[2]를 응답으로 보냅니다.

```
@Get(':id')
findOne(@Param('id') id: string) {
  if (+id < 1) {
    throw new BadRequestException('id는 0보다 큰 정수여야 합니다');
  }

  return this.usersService.findOne(+id);
}
```

```
$ curl http://localhost:3000/users/0 -v
...
< HTTP/1.1 400 Bad Request
...
{
    "statusCode":400,
    "message":"id는 0보다 큰 정수여야 합니다",
    "error":"Bad Request"
}
```

예외의 생성자에 전달할 메시지가 응답에 함께 출력되었습니다. HttpException 클래스를 다시 자세히 살펴보겠습니다.

```
export declare class HttpException extends Error {
    ...
    constructor(response: string | Record<string, any>, status: number);
    ...
}
```

생성자는 2개의 인수를 받습니다.

---

2   https://developer.mozilla.org/ko/docs/Web/HTTP/Status/400

- response: JSON 응답의 본문입니다. 문자열이나 Record<string, any> 타입의 객체를 전달할 수 있습니다.

- status: 에러의 속성을 나타내는 HTTP 상태 코드입니다.

JSON 응답의 본문은 statusCode와 message 속성을 기본으로 가집니다. 이 값은 위에서 예외를 만들 때 생성자에 넣어준 response와 status로 구성합니다.

미리 제공된 BadRequestException 대신 HttpException을 직접 전달하려면 다음과 같이 작성합니다.

```
throw new HttpException(
  {
    errorMessage: 'id는 0보다 큰 정수여야 합니다',
    foo: 'bar'
  },
  HttpStatus.BAD_REQUEST
);
```

```
{
    "errorMessage":"id는 0보다 큰 정수여야 합니다",
    "foo":"bar"
}
```

다음은 Nest에서 제공하는 표준 예외들입니다. 자주 쓰지 않는 것들도 포함되어 있지만, 어떤 상황에서 어떤 에러를 내야 하는지 MDN 문서를 꼭 한 번은 읽어보세요.

- BadRequestException
- UnauthorizedException
- NotFoundException
- ForbiddenException
- NotAcceptableException
- RequestTimeoutException
- ConflictException
- GoneException
- HttpVersionNotSupportedException
- PayloadTooLargeException

- UnsupportedMediaTypeException
- UnprocessableEntityException
- InternalServerErrorException
- NotImplementedException
- ImATeapotException
- MethodNotAllowedException
- BadGatewayException
- ServiceUnavailableException
- GatewayTimeoutException
- PreconditionFailedException

Nest에서 제공하는 기본 예외 클래스는 모두 생성자가 다음과 같은 모양을 가집니다.

```
constructor(objectOrError?: string | object | any, description?: string);
```

BadRequestException의 내부 구현[3]을 보면 전달받은 objectOrError와 description으로
HttpException생성자의 첫 번째 인수(response)를 구성하는 것을 볼 수 있습니다. 그럴 경우는 거의
없겠지만 만약 필요에 의해 HttpException를 상속받은 예외 클래스를 직접 만든다고 하면 이를 참
조하면 되겠습니다.

```
export class BadRequestException extends HttpException {
  constructor(
    objectOrError?: string | object | any,
    description = 'Bad Request',
  ) {
    super(
      HttpException.createBody(
        objectOrError,
        description,
        HttpStatus.BAD_REQUEST,
      ),
      HttpStatus.BAD_REQUEST,
    );
  }
}
```

앞서 BadRequestException을 던진 예외를 조금 바꿔 description을 전달해보겠습니다.

```
throw new BadRequestException('id는 0보다 큰 정수여야 합니다', 'id format exception');
{
    "statusCode": 400,
    "message": "id는 0보다 큰 정수여야 합니다",
    "error": "id format exception"
}
```

---

3 https://github.com/nestjs/nest/blob/master/packages/common/exceptions/bad-request.exception.ts

12.2 예외 필터

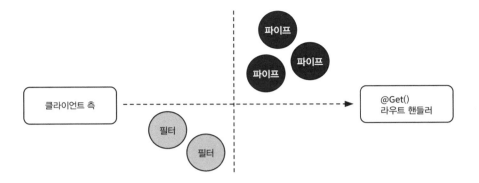

Nest에서 제공하는 전역 예외 필터 외에 직접 **예외 필터**exception filter 레이어를 둬, 원하는 대로 예외를 다룰 수 있습니다. 예외가 일어났을 때 로그를 남기거나 응답 객체를 원하는 대로 변경하고자 하는 등의 요구 사항을 해결하고자 할 때 사용합니다. 예외가 발생했을 때 모든 예외(Error)를 잡아서 요청 URL과 예외가 발생한 시각을 콘솔에 출력하는 예외 필터를 만들어봅시다.

```
import { ArgumentsHost, Catch, ExceptionFilter, HttpException, InternalServerErrorException
} from '@nestjs/common';
import { Request, Response } from 'express';

@Catch()  //❶
export class HttpExceptionFilter implements ExceptionFilter {
  catch(exception: Error, host: ArgumentsHost) {
    const ctx = host.switchToHttp();
    const res = ctx.getResponse<Response>();
    const req = ctx.getRequest<Request>();

    if (!(exception instanceof HttpException)) {  //❷
      exception = new InternalServerErrorException();
    }

    const response = (exception as HttpException).getResponse();

    const log = {
      timestamp: new Date(),
      url: req.url,
      response,
    }

    console.log(log);

    res
```

```
      .status((exception as HttpException).getStatus())
      .json(response);
  }
}
```

❶ @Catch 데커레이터는 처리되지 않은 모든 예외를 잡으려고 할 때 사용합니다.

❷ 우리가 다루는 대부분의 예외는 이미 Nest에서 HttpException을 상속받는 클래스들로 제
  공한다고 했습니다. HttpException이 아닌 예외는 알 수 없는 에러이므로 InternalServer
  ErrorException로 처리되도록 했습니다.

이제 우리가 만든 HttpExceptionFilter를 적용해봅시다. 예외 필터는 @UseFilter 데커레이터로 컨
트롤러에 직접 적용하거나 전역으로 적용할 수 있습니다. 예외 필터는 전역 필터를 하나만 가지도록
하는 것이 일반적입니다.

■ 특정 엔드포인트에 적용할 때

```
@Controller('users')
export class UsersController {
  ...

  @UseFilters(HttpExceptionFilter)
  @Post()
  create(@Body() createUserDto: CreateUserDto) {
    return this.usersService.create(createUserDto);
  }
  ...
}
```

■ 특정 컨트롤러 전체에 적용할 때

```
@Controller('users')
@UseFilters(HttpExceptionFilter)
export class UsersController {
  ...
}
```

■ 애플리케이션 전체에 적용할 때

```
async function bootstrap() {
  const app = await NestFactory.create(AppModule);
  app.useGlobalFilters(new HttpExceptionFilter()); // 전역 필터 적용
  await app.listen(3000);
}
```

부트스트랩 과정에서 전역 필터를 적용하는 방식은 필터에 의존성을 주입할 수 없다는 제약이 있습니다. 예외 필터의 수행이 예외가 발생한 모듈 외부(main.ts)에서 이뤄지기 때문입니다. 의존성 주입을 받고자 한다면 예외 필터를 커스텀 프로바이더로 등록하면 됩니다.

```
import { Module } from '@nestjs/common';
import { APP_FILTER } from '@nestjs/core';

@Module({
  providers: [
    {
      provide: APP_FILTER,
      useClass: HttpExceptionFilter,
    },
  ],
})
export class AppModule {}
```

이제 HttpExceptionFilter는 다른 프로바이더를 주입받아 사용할 수 있습니다. 예를 들어 외부 모듈에서 제공하는 Logger 객체를 사용한다고 하면 다음처럼 구현 가능하겠죠?

```
export class HttpExceptionFilter implements ExceptionFilter {
  constructor(private logger: Logger) {}
    ...
}
```

이제 다시 에러를 일으켜보고 콘솔에 출력되는 로그를 확인해봅시다.

```
$ curl http://localhost:3000/error
{
  timestamp: 2021-10-04T09:52:21.780Z,
  url: '/error',
  response: { statusCode: 500, message: 'Internal Server Error' }
}

$ curl http://localhost:3000/users/0
{
  timestamp: 2021-10-04T09:53:19.086Z,
  url: '/users/0',
  response: {
    statusCode: 400,
    message: 'id는 0보다 큰 정수여야 합니다',
    error: 'id format exception'
```

```
    }
}
```

이렇게 예외 필터는 try/catch로 잡지 못한 예외가 발생했을 때 실행됩니다. 잡지 못한 예외가 발생하면 나머지 생명주기를 무시하고 예외 필터로 건너 뛰게 됩니다.

12.3 유저 서비스에 예외 필터 적용하기

우리의 유저 서비스에 예외 필터를 적용하는 것은 앞에서 배운 내용에서 딱히 크게 추가할 부분이 없습니다. 이전에 만든 HttpExceptionFilter와 앞 장에서 만든 LoggerService를 사용합니다. HttpExceptionFilter는 Logger를 주입받아 사용하는 방식으로 적용해봅시다. 먼저 예외 처리를 위한 ExceptionModule 모듈을 만듭니다.

```
import { Logger, Module } from '@nestjs/common';
import { APP_FILTER } from '@nestjs/core';
import { HttpExceptionFilter } from './http-exception.filter';

@Module({
  //❶
  providers: [
    Logger,
    { provide: APP_FILTER, useClass: HttpExceptionFilter },
  ],
})
export class ExceptionModule { }
```

❶ HttpExceptionFilter와 주입받을 Logger를 프로바이더로 선언합니다.

ExceptionModule을 AppModule로 가져옵니다.

```
import { ExceptionModule } from './exception/ExceptionModule';
...
@Module({
  imports: [
      ...
      ExceptionModule,
  ],
})
export class AppModule { }
```

HttpExceptionFilter에서 예외 처리 도중 콘솔에 로그를 처리하는 부분을 Logger를 이용하도록 변경합니다. 추가로 디버깅을 위해 콜 스택을 함께 출력합니다.

```
...
export class HttpExceptionFilter implements ExceptionFilter {
  constructor(private logger: Logger) { }

    catch(exception: Error, host: ArgumentsHost) {
        ...
        const stack = exception.stack;

        const log = {
          timestamp: new Date(),
          url: req.url,
          response,
          stack,
        }
        this.logger.log(log);
        ...
    }
}
```

13

인터셉터로 요청과 응답을 입맛에 맞게 바꾸기

13.1 인터셉터

인터셉터interceptor는 요청과 응답을 가로채서 변형을 가할 수 있는 컴포넌트입니다.

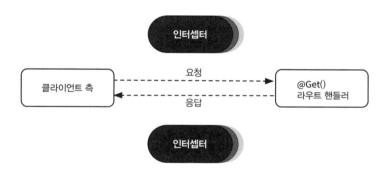

인터셉터는 관점 지향 프로그래밍에서 영향을 많이 받았습니다. 인터셉터를 이용하면 다음과 같은 기능을 수행할 수 있습니다.

- 메서드 실행 전/후 추가 로직을 바인딩
- 함수에서 반환된 결과를 변환
- 함수에서 던져진 예외를 변환
- 기본 기능의 동작을 확장
- 특정 조건에 따라 기능을 완전히 재정의(예: 캐싱)

인터셉터는 9장에서 설명한 미들웨어와 수행하는 일이 비슷하지만, 수행 시점에 차이가 있습니다. 미들웨어는 요청이 라우트 핸들러로 전달되기 전에 동작하며, 인터셉터는 요청에 대한 라우트 핸들러의 처리 전/후 호출되어 요청과 응답을 다룰 수 있습니다. 또 미들웨어는 여러 개의 미들웨어를 조합하여 각기 다른 목적을 가진 미들웨어 로직을 수행할 수 있습니다. 9장에서 설명했듯이 어떤 미들웨어가 다음 미들웨어에 제어권을 넘기지 않고 요청/응답 주기를 끝내는 일도 가능합니다.

인터셉터의 내부 구현을 들여다보기 전에 인터셉터를 활용하는 방법을 먼저 살펴보겠습니다. 라우트 핸들러가 요청을 처리하기 전후에 어떤 로그를 남기고 싶다는 요구 사항이 있다고 합시다. 이를 위해 LoggingInterceptor를 만들어봅시다.

```
import { Injectable, NestInterceptor, ExecutionContext, CallHandler } from '@nestjs/common';
import { Observable } from 'rxjs';
import { tap } from 'rxjs/operators';

@Injectable()
export class LoggingInterceptor implements NestInterceptor {  //❶
  intercept(context: ExecutionContext, next: CallHandler): Observable<any> {  //❷
    console.log('Before...');  //❸

    const now = Date.now();
    return next
      .handle()
      .pipe(
        tap(() => console.log('After... ${Date.now() - now}ms')),  //❹
      );
  }
}
```

❶ 인터셉터는 @nestjs/common 패키지에서 제공하는 NestInterceptor 인터페이스를 구현한 클래스입니다.

❷ NestInterceptor 인터페이스의 intercept 함수를 구현해야 합니다.

❸ 요청이 전달되기 전 로그를 출력합니다.

❹ 요청을 처리한 후 로그를 출력합니다.

이제 이 인터셉터를 적용해봅시다. 앞서 배웠던 다른 컴포넌트와 유사한 방식으로 적용할 수 있습니다. 특정 컨트롤러나 메서드에 적용하고 싶다면 @UseInterceptors()를 이용하면 됩니다. 여기서는 전역으로 적용해보겠습니다.

```
import { NestFactory } from '@nestjs/core';
import { AppModule } from './app.module';
import { LoggingInterceptor } from './logging.interceptor';

async function bootstrap() {
  const app = await NestFactory.create(AppModule);
  ...
  app.useGlobalInterceptors(new LoggingInterceptor());
  await app.listen(3000);
}
bootstrap();
```

이제 어떤 요청을 보내보면 서버 콘솔에 로그가 찍히는 것을 볼 수 있습니다.

```
Before...
After... 2ms
```

NestInterceptor의 정의를 좀 더 자세히 알아보겠습니다.

```
export interface NestInterceptor<T = any, R = any> {
    intercept(context: ExecutionContext, next: CallHandler<T>): Observable<R> |
Promise<Observable<R>>;
}

export interface CallHandler<T = any> {
    handle(): Observable<T>;
}
```

구현해야 하는 intercept에 전달되는 인수가 2개 있습니다. ExecutionContext는 10장에서 설명했던 것과 동일한 콘텍스트입니다. 두 번째 인수는 CallHandler인데, 이 인터페이스는 handle() 메서드를 구현해야 합니다. handle() 메서드는 라우트 핸들러에서 전달된 응답 스트림을 돌려주고 RxJS의 Observable로 구현되어 있습니다. 만약 인터셉터에서 핸들러가 제공하는 handle() 메서드를 호출하지 않으면 라우터 핸들러가 동작을 하지 않습니다. handle()을 호출하고 Observable을 수신한 후에 응답 스트림에 추가 작업을 수행할 수 있는 것입니다. LoggingInterceptor 구현에서 봤던 것처럼요. 응답을 다루는 방법은 RxJS에서 제공하는 여러 가지 메서드로 구현이 가능합니다. 첫 번째 예에서는 tap()을 사용했습니다.

NOTE RxJS가 제공하는 다른 메서드를 사용하는 방식은 이 책의 범위를 넘어섭니다. RxJS를 다루는 다른 자료를 참고하기 바랍니다.

13.2 응답과 예외 매핑

앞에서 우리는 인터셉터를 통해 응답과 발생한 예외를 잡아 변형을 가할 수 있다고 했습니다. 각각에 대한 간단한 인터셉터를 예를 들어 살펴보겠습니다. 먼저 전달받은 응답에 변형을 가해봅시다. 라우터 핸들러에서 전달한 응답을 객체로 감싸서 전달하도록 하는 TransformInterceptor를 만들었습니다.

```
import { CallHandler, ExecutionContext, Injectable, NestInterceptor } from '@nestjs/common';
import { Observable } from 'rxjs';
import { map } from 'rxjs/operators';

export interface Response<T> {
  data: T;
}

@Injectable()
export class TransformInterceptor<T> implements NestInterceptor<T, Response<T>> {
  intercept(context: ExecutionContext, next: CallHandler): Observable<Response<T>> {
    return next
      .handle()
      .pipe(map(data => {
        return { data }
      }));
  }
}
```

TransformInterceptor는 LoggingInterceptor와 다르게 Generic으로 타입 T를 선언하고 있습니다. NestInterceptor 인터페이스의 정의를 보면 Generic으로 T, R 타입 2개를 선언하도록 되어 있습니다. 사실 둘 다 기본이 any 타입이기 때문에 어떤 타입이 와도 상관없습니다. T는 응답 스트림을 지원하는 Observable 타입이어야 하고, R은 응답의 값을 Observable로 감싼 타입을 정해줘야 합니다. 타입스크립트를 사용하는 김에 타입을 명확히 지정해주면 더 안전하게 코딩할 수 있습니다. TransformInterceptor의 예로 다시 돌아가면 T는 any 타입이 될 것이고, R은 Response를 지정했습니다. Response는 우리의 요구 사항에 맞게 정의한 타입, 즉 **data** 속성을 가지는 객체가 되도록 강제합니다.

이제 TransformInterceptor를 전역으로 적용해봅시다. useGlobalInterceptors에 콤마로 인터셉터 객체를 추가하면 됩니다.

```
...
import { TransformInterceptor } from './transform.interceptor';
```

```
async function bootstrap() {
  const app = await NestFactory.create(AppModule);
  app.useGlobalInterceptors(
    new LoggingInterceptor(),
    new TransformInterceptor(),
  );
  await app.listen(3000);
}
bootstrap();
```

그러면 요청을 보내서 결과를 살펴볼까요?

```
$ curl http://localhost:3000/users
{
    "data":"This action returns all users"
}
```

서버 콘솔에 LoggingInterceptor의 로그도 잘 남는지 확인해보세요.

이제 라우트 핸들링 도중 던져진 예외를 잡아서 변환해보는 예를 봅시다. 발생한 모든 에러를 잡아서 502 Bad Gateway로 변경하는 예를 만들어보겠습니다. 이것은 사실 좋은 예가 아닙니다. 예외를 변환하는 것은 예외 필터에서 다루는 것이 더 낫다는 생각입니다만 인터셉터를 이용해서도 가능하다는 정도로 알아두도록 합시다.

```
import { Injectable, NestInterceptor, ExecutionContext, BadGatewayException, CallHandler }
from '@nestjs/common';
import { Observable, throwError } from 'rxjs';
import { catchError } from 'rxjs/operators';

@Injectable()
export class ErrorsInterceptor implements NestInterceptor {
  intercept(context: ExecutionContext, next: CallHandler): Observable<any> {
    return next
      .handle()
      .pipe(
        catchError(err => throwError(() => new BadGatewayException())),
      );
  }
}
```

이번에는 전역으로 적용하지 않고 라우트 핸들러에 GET /users/:id 엔드포인트에만 적용해봅시다. 강제로 500 에러를 일으키도록 했습니다.

```
@UseInterceptors(ErrorsInterceptor)
@Get(':id')
findOne(@Param('id') id: string) {
  throw new InternalServerErrorException();
}
```

이제 해당 엔드포인트로 요청을 해보면 다음과 같이 500 에러가 502로 바뀌어 나가는 것을 볼 수 있습니다.

```
$ curl http://localhost:3000/users/1
{
    "statusCode":502,
    "message":"Bad Gateway"
}
```

13.3 유저 서비스에 인터셉터 적용하기

유저 서비스에는, 앞서 만든 LoggingInterceptor를 조금 변형하여 들어온 요청과 응답을 로그로 남기도록 해보겠습니다.

```
import { Injectable, NestInterceptor, ExecutionContext, CallHandler, Logger, Inject } from '@
nestjs/common';
import { Observable } from 'rxjs';
import { tap } from 'rxjs/operators';

@Injectable()
export class LoggingInterceptor implements NestInterceptor {
  constructor(private logger: Logger) { }

  intercept(context: ExecutionContext, next: CallHandler): Observable<any> {
    const { method, url, body } = context.getArgByIndex(0);  //❶
    this.logger.log('Request to ${method} ${url}');  //❷

    return next
      .handle()
      .pipe(
        tap(data => this.logger.log('Response from ${method} ${url} \n response: ${JSON.
stringify(data)}'))  //❸
      );
  }
}
```

❶ 실행 콘텍스트에 포함된 첫 번째 객체를 얻어옵니다. 이 객체로부터 요청 정보를 얻을 수 있습니다.

❷ 요청의 HTTP 메서드와 URL을 로그로 출력합니다.

❸ 응답 로그에도 HTTP 메서드와 URL과 함께 응답결과를 함께 출력합니다.

LoggingInterceptor를 AppModule에 바로 적용하지 말고 LoggingModule로 분리하여 적용하겠습니다.

```
import { Logger, Module } from '@nestjs/common';
import { APP_INTERCEPTOR } from '@nestjs/core';
import { LoggingInterceptor } from 'src/logging/logging.interceptor';

@Module({
  providers: [
    Logger,
    { provide: APP_INTERCEPTOR, useClass: LoggingInterceptor },
  ],
})
export class LoggingModule { }
```

```
@Module({
  imports: [
    ...
    LoggingModule,
  ],
})
export class AppModule { }
```

이제 유저 정보 조회 요청을 보내면 다음과 같이 콘솔 로그가 출력됩니다.

```
$ curl http://localhost:3000/users/01FR0M93A5BVHZK53JJFBVC90P -H "Authorization: Bearer ey
JhbGciOiJIUzI1NiIsInR5cCI6IkpXVCJ9.eyJpZCI6IjAxRlIwTTkzQTVCVkhaSzUzSkpGQlZDOTBQIiwibmFtZS
I6IkRleHRlciIsImVtYWlsIjoiZGV4dGVyLmhhYW5AZ21haWwuY29tIiwiaWF0IjoxNjQwNjk5Mzg1LCJleHAiOjE2
NDA3ODU3ODUsImF1ZCI6ImV4YW1wbGUuY29tIiwiaXNzIjoiZXhhbXBsZS5jb20ifQ.EocwWViUMCYLMDh5GBuWzr-
tcOwA1QSTYtELakfvpFU"
[MyApp] Info     2021-12-28 23:39:16 Request to GET /users/01FR0M93A5BVHZK53JJFBVC90P - {}
[MyApp] Info     2021-12-28 23:39:16 Response from GET /users/01FR0M93A5BVHZK53JJFBVC90P
 response: {"id":"01FR0M93A5BVHZK53JJFBVC90P","name":"YOUR_NAME","email":"YOUR_EMAIL@gmail.
com"} - {}
```

인터셉터를 이용한 로깅 외에 요청, 응답 객체를 변형하는 것은 직접 적용해보길 바랍니다.

요청 생명주기request lifecycle 혹은 요청/응답 생명주기는 들어온 요청이 어떤 컴포넌트를 거쳐서 처리되고, 생성된 응답은 또 어떤 컴포넌트를 거쳐 처리되는지를 말합니다. 어떤 프레임워크를 사용하더라도 요청/응답 생명주기를 알아두는 것은 중요합니다. 개발할 때나 디버깅할 때 생명주기를 잘 알면 애플리케이션의 동작을 쉽게 이해할 수 있으므로 가능하면 외워두도록 합시다.

미들웨어

미들웨어의 실행 순서는 정해져 있습니다. 먼저 전역으로 바인딩된 미들웨어를 실행합니다. 이후는 모듈에 바인딩되는 순서대로 실행합니다. 다른 모듈에 바인딩되어 있는 미들웨어들이 있으면 먼저 루트 모듈에 바인딩된 미들웨어를 실행하고, imports에 정의한 순서대로 실행됩니다.

가드

가드 역시 전역으로 바인딩된 가드를 먼저 시작합니다. 그리고 컨트롤러에 정의된 순서대로 실행됩니다. 아래 코드에서의 예를 들면 Guard1, Guard2, Guard3의 순서로 실행됩니다.

```
@UseGuards(Guard1, Guard2)
@Controller('users')
export class UsersController {
  constructor(private usersService: UsersService) {}

  @UseGuards(Guard3)
  @Get()
  getUsers(): Users[] {
    return this.usersService.getUsers();
  }
}
```

인터셉터

인터셉터의 실행 순서는 가드와 유사합니다. 다만 한 가지 알아야 할 점은, 인터셉터는 RxJS의 Observable 객체를 반환하는데 이는 요청의 실행 순서와 반대 순서로 동작한다는 점입니다. 즉, 요청은 전역 ➡ 컨트롤러 ➡ 라우터 순서대로 동작하지만, 응답은 라우터 ➡ 컨트롤러 ➡ 전역으로 동작합니다.

파이프

파이프는 동작하는 순서가 조금 독특합니다. 파이프가 여러 레벨에 적용되어 있다면 이전과 마찬가지의 순서대로 적용합니다. 특이한 점은 파이프가 적용된 라우터의 매개변수가 여러 개 있을 때는 정의한 순서의 역순으로 적용된다는 점입니다.

다음 코드를 보면 파이프가 두 개 적용되어 있습니다.

```
@UsePipes(GeneralValidationPipe)
@Controller('users')
export class UsersController {
  constructor(private usersService: UsersService) {}

  @UsePipes(RouteSpecificPipe)
  @Patch(':id')
  updateUser(
    @Body() body: UpdateUserDTO,
    @Param() params: UpdateUserParams,
    @Query() query: UpdateUserQuery,
  ) {
    return this.usersService.updateUser(body, params, query);
  }
}
```

updateUser 함수에는 파이프가 둘 다 적용되었는데 GeneralValidationPipe ➡ RouteSpecific Pipe 순으로 적용됩니다. 하지만 이들 파이프를 각각 적용하는 updateUser의 매개변수는 query ➡ params ➡ body의 순서대로 적용됩니다. 즉, GeneralValidationPipe가 query ➡ params ➡ body의 순서대로 적용되고, 이후 RouteSpecificPipe가 같은 순서대로 적용됩니다.

예외 필터

유일하게 필터는 전역 필터가 먼저 적용되지 않습니다. 라우터 ➡ 컨트롤러 ➡ 전역으로 바인딩된 순서대로 동작합니다. 참고로 필터가 예외를 잡으면(catch) 다른 필터가 동일한 예외를 잡을 수 없습니다. 어떻게 생각하면 당연한 것인데 라우터에 적용된 예외 필터가 이미 예외를 잡아서 처리했는데 전역 예외 필터가 또 잡아서 처리를 할 필요가 없기 때문입니다.

일반적인 요청/응답 생명주기

이상의 내용을 종합하면 다음과 같습니다.

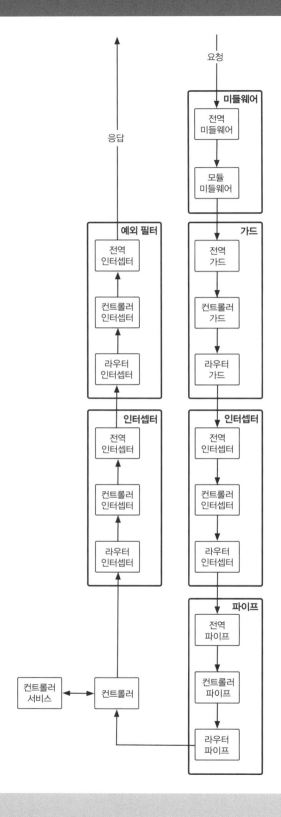

14

태스크 스케줄링

14.1 @nestjs/schedule 패키지

서비스를 개발하다 보면 주기적으로 동일한 작업을 처리해야 하는 경우가 생깁니다. 예를 들어 사용자가 어떤 유료 서비스를 구독하고 있고 매달 결제가 일어난다고 하면, 매일 특정 시간에 결제일이 도래한 고객의 신용카드 결제가 일어나도록 해야 합니다. 이런 주기적 반복 작업을 태스크task 또는 배치(일괄 처리)batch라고 부릅니다. 태스크 스케줄링을 잘 활용하면 특정 기간마다 수행해야 하는 귀찮은 작업을 신경 쓰지 않아도 됩니다.

태스크 스케줄링을 반드시 반복적인 작업에만 적용해야 하는 것은 아닙니다. 광고 메일을 다음 날 아침 7시에 보내도록 하는 1회성 태스크를 만들 수도 있습니다.

리눅스에는 태스크 스케줄링을 담당하는 **크론**cron이라는 기능이 있습니다. Node.js에는 cron과 같은 기능을 하는 여러 라이브러리가 있습니다. Nest는 인기 패키지인 node-cron[1]을 통합한 **@nestjs/schedule** 패키지를 제공합니다. 먼저 설치부터 해봅시다.

```
$ npm install --save @nestjs/schedule @types/cron
```

태스크 스케줄링은 @nestjs/schedule 패키지에 포함된 ScheduleModule을 사용합니다. 이 모듈을 AppModule로 바로 가져와도 되지만 태스크 관련 작업을 담당하는 별도의 모듈인 BatchModule에 작성하겠습니다.

---

1   https://github.com/kelektiv/node-cron

```
import { Module } from '@nestjs/common';
import { ScheduleModule } from '@nestjs/schedule';
import { TaskService } from './task.service';

@Module({
  imports: [
    ScheduleModule.forRoot(),
  ],
  providers: [TaskService],
})
export class BatchModule { }
```

ScheduleModule은 forRoot() 메서드를 통해 가져오는데, 이 과정에서 Nest는 스케줄러를 초기화하고 앱에 선언한 크론 잡[2]과 타임아웃, 인터벌을 등록합니다. 타임아웃은 스케줄링이 끝나는 시각이고 인터벌은 주기적으로 반복되는 시간 간격을 뜻합니다. 태스크 스케줄링은 모든 모듈이 예약된 작업을 로드하고 확인하는 onApplicationBootstrap 생명주기 훅이 발생할 때 등록됩니다. ScheduleModule에는 태스크를 등록하는 방법이 여러 가지 있습니다. 하나씩 알아보겠습니다.

14.2 태스크 스케줄링을 선언하는 3가지 방식

BatchModule에는 TaskService 프로바이더를 가지고 있습니다. TaskService에 실제 수행되는 태스크를 구현하고 있습니다. 이제 Nest가 제공하는 태스크 스케줄링을 선언하는 3가지 방식을 알아보겠습니다.

14.2.1 크론 잡 선언 방식

크론 잡 선언 방식은 @Cron 데커레이터를 선언한 메서드를 태스크로 구현하는 방식입니다.

```
import { Injectable, Logger } from '@nestjs/common';
import { Cron } from '@nestjs/schedule';

@Injectable()
export class TaskService {
  private readonly logger = new Logger(TaskService.name);

  @Cron('* * * * * *', { name: 'cronTask' })
  handleCron() {
    this.logger.log('Task Called');
```

---

2   이 장에서 크론 잡과 태스크는 같은 의미를 가집니다.

```
    }
}
```

@Cron의 첫 번째 인수는 태스크의 반복 주기로서 표준 크론 패턴[3]을 따릅니다. 공백으로 구분된 여섯 개의 값을 가지는 문자열을 입력받는데, 각 자리별 의미는 다음과 같습니다. 첫 번째 자리는 초를 나타내는 자리인데 이를 생략하고 다섯 자리만 표기하면 초를 0으로 취급합니다.

```
* * * * * *
| | | | | |
| | | | | day of week (요일, 0-7의 값을 가짐. 0과 7은 일요일)
| | | | month (월, 0-12의 값을 가짐. 0과 12는 12월)
| | | day of month (날, 1-31의 값을 가짐)
| | hour (시간, 0-23의 값을 가짐)
| minute (분, 0-59의 값을 가짐)
second (초, 0-59의 값을 가짐, 선택 사항)
```

패턴의 예시는 다음과 같습니다.

패턴	의미
* * * * * *	초마다
45 * * * * *	매분 45초에
0 10 * * * *	매시간, 10분에
0 /30 9-17 * *	오전 9시부터 오후 5시까지 30분마다
0 30 11 * * 1-5	월요일~금요일 오전 11시 30 분에

매초 수행되는 태스크를 등록했으니 크론 잡을 실행해서 로그가 제대로 출력되는지 봅시다.

```
[MyApp] Info    2021-11-28 12:12:09 |F10: PM| [NestApplication] Nest application
successfully started - {}
[MyApp] Info    2021-11-28 12:12:10 |F10: PM| [TaskService] Task Called - {}
[MyApp] Info    2021-11-28 12:12:11 |F10: PM| [TaskService] Task Called - {}
[MyApp] Info    2021-11-28 12:12:12 |F10: PM| [TaskService] Task Called - {}
```

한 번만 수행되는 태스크를 등록하려면 수행되는 시각을 Date 객체로 직접 설정하면 됩니다. 예를 들어 앱이 실행되고 나서 3초 뒤에 수행되도록 하려면 다음처럼 설정하면 됩니다.

---

3   http://crontab.org

```
@Cron(new Date(Date.now() + 3 * 1000))
```

Nest는 자주 사용할 만한 크론 패턴을 CronExpression 열거형으로 제공합니다. 예를 들어 매주 월요일부터 금요일까지 새벽 1시에 수행되는 태스크를 만들고 싶으면 다음처럼 할 수 있습니다. CronExpression에서 미리 지원하는 패턴이 어떤 것들이 있는지 소스[4]에서 확인해보세요.

```
@Cron(CronExpression.MONDAY_TO_FRIDAY_AT_1AM)
```

@Cron 데커레이터의 두 번째 인수는 CronOptions 객체입니다. CronOptions의 속성은 다음과 같이 활용할 수 있습니다

속성	설명
name	태스크의 이름. 선언한 크론 잡에 액세스하고 이를 제어하는 데 유용합니다.
timeZone	실행 시간대를 지정합니다. 시간대가 유효하지 않으면 오류가 발생합니다. Moment Timezone 등의 웹 페이지[5]에서 사용 가능한 모든 시간대를 확인할 수 있습니다. 우리나라는 Asia/Seoul을 사용합니다.
utcOffset	timeZone 대신 UTC 기반으로 시간대의 오프셋을 지정할 수 있습니다. 우리나라의 시간대를 설정하려면 문자열 '+09:00'을 사용하거나 숫자 9를 사용합니다.
unrefTimeout	이 속성은 Node.js의 timeout.unref()와 관련 있습니다. 이벤트 루프를 계속 실행하는 코드가 있고 크론 잡의 상태에 관계없이 잡이 완료될 때 노드 프로세스를 중지하고 싶을 때 사용할 수 있습니다.

CAUTION timeZone 옵션과 utcOffset 옵션을 함께 사용하지 마세요. 이상 동작을 일으킬 수 있습니다.

14.2.2 인터벌 선언 방식

태스크 수행 함수에 @Interval 데커레이터를 사용할 수도 있습니다. 첫 번째 인수는 태스크의 이름, 두 번째 인수는 타임아웃 시간(밀리세컨드)입니다. 아래 코드는 앱이 실행된 후 3초 후에 처음 수행되고, 3초마다 반복합니다.

```
@Interval('intervalTask', 3000)
handleInterval() {
  this.logger.log('Task Called by interval');
}
```

---

4   https://github.com/nestjs/schedule/blob/master/lib/enums/cron-expression.enum.ts

5   https://momentjs.com/timezone/

14.2.3 타임아웃 선언 방식

타임아웃 선언 방식은 앱이 실행된 후 태스크를 단 한 번만 수행합니다. @Timeout 데커레이터를 사용하고, 인수는 인터벌과 동일합니다.

```
@Timeout('timeoutTask', 5000)
handleTimeout() {
  this.logger.log('Task Called by timeout');
}
```

14.3 동적 태스크 스케줄링

지금까지 알아본 태스크 등록 방식은 앱이 구동되는 과정에서 태스크가 등록되는 방식입니다. 하지만 앱 구동 중 특정 조건을 만족했을 때 태스크를 등록해야 하는 요구 사항이 있을 수도 있습니다. 이를 위해서는 동적으로 태스크를 등록/해제할 방법이 필요합니다. 동적 태스크 스케줄링은 SchedulerRegistry에서 제공하는 API를 사용합니다.

```
import { CronJob } from 'cron';

@Injectable()
export class TaskService {
  private readonly logger = new Logger(TaskService.name);

  constructor(private schedulerRegistry: SchedulerRegistry) {  //❶
      this.addCronJob();  //❷
  }

  addCronJob() {
    const name = 'cronSample';

    const job = new CronJob('* * * * * *', () => {
      this.logger.warn('run! ${name}');
    });

    this.schedulerRegistry.addCronJob(name, job);

    this.logger.warn('job ${name} added!');
  }
}
```

❶ SchedulerRegistry 객체를 TaskService에 주입합니다.

❷ TaskService가 생성될 때 크론 잡 하나를 SchedulerRegistry에 추가합니다. 여기서 주목할 것은 SchedulerRegistry에 크론 잡을 추가만 해두는 것이지 태스크 스케줄링을 등록하는 것이 아니라는 것입니다.

이 상태에서 앱을 다시 구동해보면 아무런 동작도 하지 않습니다. 이제 등록된 크론 잡을 스케줄링으로 동작시키고 중지하는 기능을 가진 컨트롤러를 추가해보겠습니다.

```
import { Controller, Post } from '@nestjs/common';
import { SchedulerRegistry } from '@nestjs/schedule';

@Controller('batches')
export class BatchController {
  constructor(private scheduler: SchedulerRegistry) { }  //❶

  @Post('/start-sample')
  start() {
    const job = this.scheduler.getCronJob('cronSample');  //❷

    job.start();  //❸
    console.log('start!! ', job.lastDate());
  }

  @Post('/stop-sample')
  stop() {
    const job = this.scheduler.getCronJob('cronSample');  //❷

    job.stop();  //❸
    console.log('stopped!! ', job.lastDate());
  }
}
```

❶ 컨트롤러에도 SchedulerRegistry를 주입받습니다.

❷ SchedulerRegistry에 등록된 크론 잡을 가져옵니다. 등록할 때는 선언한 이름을 사용합니다.

❸ 크론 잡을 실행하거나 중지시킵니다.

BatchController를 모듈에 선언합니다.

```
import { BatchController } from './batch.controller';

@Module({
```

```
  controllers: [BatchController],
    ...
})
export class BatchModule { }
```

start와 stop API로 크론 잡을 제어할 수 있게 되었습니다. 서버 콘솔에서 로그를 확인해보세요.

```
$ curl -X POST http://localhost:3000/batches/start-sample
start!!  undefined
[MyApp] Warn    2021-11-28 5:19:53 ⊢F10: PM⊣ [TaskService] run! cronSample - {}
[MyApp] Warn    2021-11-28 5:19:54 ⊢F10: PM⊣ [TaskService] run! cronSample - {}
[MyApp] Warn    2021-11-28 5:19:55 ⊢F10: PM⊣ [TaskService] run! cronSample - {}

$ curl -X POST http://localhost:3000/batches/stop-sample
stopped!!  2021-11-28T08:20:56.001Z
```

앞에서 @Cron 데커레이터를 사용할 때 인수로 이름을 지정할 수 있었습니다. 마찬가지로 이 이름을 이용하여 크론 잡 객체(CronJob)를 얻을 수 있습니다. CronJob 객체가 제공하는 주요 메서드는 다음과 같습니다.

- stop(): 실행이 예약된 작업을 중지합니다.

- start(): 중지된 작업을 다시 시작합니다.

- setTime(time: CronTime): 현재 작업을 중지하고 새로운 시간을 설정하여 다시 시작합니다.

- lastDate(): 작업이 마지막으로 실행된 날짜를 반환합니다.

- nextDates(count: number): 예정된 작업의 실행 시각을 count 개수만큼 배열로 반환합니다. 배열의 각 요소는 moment 객체입니다.

인터벌과 타임아웃 역시 SchedulerRegistry에서 제공하는 메서드를 이용하여 동적으로 제어할 수 있습니다.

유저 서비스에는 딱히 스케줄링을 적용하지 않습니다. 여러분이 원하는 기능이 있다면 직접 만들어보세요. 🤩

15

헬스 체크: 댁의 서버는 건강하신가요

서비스를 운영하다 보면 트래픽이 늘어나거나 DB에 부하가 생기기도 하고 심지어 기간 통신망이 끊기게 되는 경우도 발생합니다. 장애는 어느 레이어에서든 발생할 수 있고 사용자의 불편을 줄이기 위해 신속하게 장애에 대응하는 게 필요합니다. 그러려면 현재 서비스가 건강한healthy 상태인지 항상 체크하고 있어야 할 장치가 필요합니다. 이를 **헬스 체크**health check라고 부릅니다.

서버는 HTTP, DB, 메모리, 디스크 상태 등을 체크하는 헬스 체크 장치가 있어야 합니다. 만약 서버가 건강하지 않은 상태가 된다면 즉시 이를 사내 메신저 등을 통해 담당자에게 알려야 합니다. 물론 건강하지 않은 상태가 되었다고 해서 즉시 알람을 주는 것은 매우 피곤한 일이기 때문에 서비스에 적합한 기준을 세웁니다. 예를 들어 10분간 응답 성공률이 95% 이하가 되었을 때 알림을 준다는 식이지요. 사용자가 입력을 잘못하는 경우는 매우 흔하기 때문에 에러를 분류해서 정말 서비스 장애일 때에만 적용하는 방식도 고려해볼 만합니다. 이처럼 헬스 체크와 함께 쌓아둔 에러 로그를 기반으로 종합적으로 모니터링 전략을 세워야 할 것입니다.

Nest는 Terminus(@nestjs/terminus) 헬스 체크 라이브러리를 제공합니다. Terminus는 끝단, 종점이라는 뜻을 가지고 있는데 서비스 마지막 부분까지 정상 동작하는지 확인한다는 의미에서 비롯된 듯합니다. Terminus는 다양한 상태 표시기health indicator를 제공하며, 필요하다면 직접 만들어서 사용할 수도 있습니다. @nestjs/terminus 패키지에서 제공하는 상태 표시기는 다음과 같습니다.

- HttpHealthIndicator
- TypeOrmHealthIndicator
- MongooseHealthIndicator
- SequelizeHealthIndicator

- MicroserviceHealthIndicator
- GRPCHealthIndicator
- MemoryHealthIndicator
- DiskHealthIndicator

15.1 Terminus 적용

Terminus를 사용하기 위한 패키지를 설치합니다.

```
$ npm i @nestjs/terminus
```

상태확인은 특정 라우터 엔드포인트(예: @GET /health-check)로 요청을 보내고 응답을 확인하는 방법을 사용합니다. 이를 위한 `HealthCheckController` 컨트롤러를 생성합니다. `TerminusModule`과 생성한 컨트롤러를 실행할 수 있도록 준비합니다.

```
$ nest g controller health-check
import { TerminusModule } from '@nestjs/terminus';
import { HealthCheckController } from './health-check/health-check.controller';
...

@Module({
  imports: [TerminusModule],
    providers: [HealthCheckController],
    ...
})
export class AppModule {}
```

15.2 헬스 체크

`HttpHealthIndicator`는 동작 과정에서 **@nestjs/axios**를 필요로 합니다. axios는 HTTP 클라이언트 패키지로서 HTTP 통신을 쉽게 구현할 수 있게 해줍니다. 이 역시 설치합니다.

```
$ npm i @nestjs/axios
```

@nestjs/axios에서 제공하는 `HttpModule` 역시 필요로 하기 때문에 `import`에 추가합니다.

```
import { HttpModule } from '@nestjs/axios';
import { TerminusModule } from '@nestjs/terminus';
```

```
import { HealthCheckController } from 'health-check.controller';
...

@Module({
  imports: [TerminusModule, HttpModule],
    providers: [HealthCheckController],
    ...
})
export class AppModule {}
```

이제 컨트롤러에 HTTP 헬스 체크 코드를 구현합니다.

```
import { Controller, Get } from '@nestjs/common';
import { HealthCheckService, HttpHealthIndicator, HealthCheck } from '@nestjs/terminus';

@Controller('health-check')
export class HealthCheckController {
  constructor(
    private health: HealthCheckService,
    private http: HttpHealthIndicator,
  ) { }

  @Get()
  @HealthCheck()
  check() {
    return this.health.check([
      () => this.http.pingCheck('nestjs-docs', 'https://docs.nestjs.com'),
    ]);
  }
}
```

HttpHealthIndicator가 제공하는 pingCheck 함수를 이용하여 서비스가 제공하는 다른 서버가 잘 동작하고 있는지 확인합니다. 위 예에서는 https://docs.nestjs.com 에 요청을 보내서 응답을 잘 받으면 응답 결과에 첫 번째 인수로 넣은 nestjs-docs로 응답을 주겠다는 뜻입니다.

이제 http://localhost:3000/health-check로 헬스 체크 요청을 보내면 다음과 같은 응답을 받을 수 있습니다. 여기서 상태값 up은 정상 동작하는 상태를 뜻합니다.

```
$ curl http://localhost:3000/health-check
{
    "status": "ok",
    "info": {
```

```
        "nestjs-docs": {
            "status": "up"
        }
    },
    "error": {},
    "details": {
        "nestjs-docs": {
            "status": "up"
        }
    }
}
```

이 응답은 HealthCheckResult 타입을 가지고 있습니다. 세부 내용은 다음과 같습니다.

```
export interface HealthCheckResult {
    // 헬스 체크를 수행한 전반적인 상태. 'error' | 'ok' | 'shutting_down' 값을 가짐
    status: HealthCheckStatus;

    // 상태가 "up"일 때의 상태 정보
    info?: HealthIndicatorResult;

    // 상태가 "down"일 때의 상태 정보
    error?: HealthIndicatorResult;

    // 모든 상태 표시기의 정보
    details: HealthIndicatorResult;
}
```

15.3 TypeOrm 헬스 체크

TypeOrmHealthIndicator는 단순히 DB가 잘 살아 있는지 확인합니다. 이를 위해 SELECT 1 구문을 실행해봅니다. 만약 오라클 DB라면 SELECT 1 FROM DUAL 명령을 수행합니다.

```
import { Controller, Get } from '@nestjs/common';
import { HealthCheckService, HttpHealthIndicator, HealthCheck, TypeOrmHealthIndicator } from
'@nestjs/terminus';

@Controller('health-check')
export class HealthCheckController {
  constructor(
    private health: HealthCheckService,
    private http: HttpHealthIndicator,
    private db: TypeOrmHealthIndicator,  //❶
```

```
  ) { }

  @Get()
  @HealthCheck()
  check() {
    return this.health.check([
      () => this.http.pingCheck('nestjs-docs', 'https://docs.nestjs.com'),
      () => this.db.pingCheck('database'),  //❷
    ]);
  }
}
```

❶ 컨트롤러에 `TypeOrmHealthIndicator`을 주입합니다.

❷ 헬스 체크 리스트에 DB 헬스 체크를 추가합니다.

헬스 체크 결과에 DB 결과도 포함된 것을 볼 수 있습니다.

```
$ curl http://localhost:3000/health-check
{
    "status": "ok",
    "info": {
        "nestjs-docs": {
            "status": "up"
        },
        "database": {
            "status": "up"
        }
    },
    "error": {},
    "details": {
        "nestjs-docs": {
            "status": "up"
        },
        "database": {
            "status": "up"
        }
    }
}
```

15.4 커스텀 상태 표시기

@nestjs/terminus에서 제공하지 않는 상태 표시기가 필요하다면 `HealthIndicator`를 상속받는 상태 표시기를 직접 만들 수 있습니다.

```
export declare abstract class HealthIndicator {
    protected getStatus(key: string, isHealthy: boolean, data?: {
        [key: string]: any;
    }): HealthIndicatorResult;
}
```

HealthIndicator는 HealthIndicatorResult를 돌려주는 getStatus 메서드를 가지고 있습니다. 이 메서드에 상태를 나타내는 key, 상태 표시기가 상태를 측정한 결과인 isHealthy, 그리고 결과에 포함시킬 데이터를 인수로 넘기면 됩니다. 예를 들어 강아지들의 상태를 알려주는 DogHealthIndicator 라는 상태 표시기가 필요하다고 합시다.

```
import { Injectable } from '@nestjs/common';
import { HealthIndicator, HealthIndicatorResult, HealthCheckError } from '@nestjs/terminus';

export interface Dog {
  name: string;
  type: string;
}

@Injectable()
export class DogHealthIndicator extends HealthIndicator {
  private dogs: Dog[] = [  //❶
    { name: 'Fido', type: 'goodboy' },
    { name: 'Rex', type: 'badboy' },
  ];

  async isHealthy(key: string): Promise<HealthIndicatorResult> {  //❷
    const badboys = this.dogs.filter(dog => dog.type === 'badboy');
    const isHealthy = badboys.length === 0;
    const result = this.getStatus(key, isHealthy, { badboys: badboys.length });

    if (isHealthy) {
      return result;
    }
    throw new HealthCheckError('Dogcheck failed', result);
  }
}
```

❶ 이 상태 표시기에서는 예시를 위해 강아지들의 상태가 하드코딩되어 있습니다.

❷ 강아지들의 상태가 모두 goodboy인지 체크합니다. 만약 badboy인 강아지가 있으면 HealthCheckError를 던집니다.

DogHealthIndicator를 사용하기 위해 AppModule에 프로바이더로 제공합니다.

```
...
import { DogHealthIndicator } from './health-check/dog.health';

@Module({
  ...
  providers: [DogHealthIndicator]
})
export class AppModule { }
```

헬스 체크 컨트롤러에서 DogHealthIndicator를 주입받아 사용해봅시다.

```
import { Controller, Get } from '@nestjs/common';
import { HealthCheckService, HttpHealthIndicator, HealthCheck, TypeOrmHealthIndicator } from
'@nestjs/terminus';
import { DogHealthIndicator } from './dog.health';

@Controller('health-check')
export class HealthCheckController {
  constructor(
    private health: HealthCheckService,
    private http: HttpHealthIndicator,
    private db: TypeOrmHealthIndicator,
    private dogHealthIndicator: DogHealthIndicator,
  ) { }

  @Get()
  @HealthCheck()
  check() {
    return this.health.check([
      () => this.http.pingCheck('nestjs-docs', 'https://docs.nestjs.com'),
      () => this.db.pingCheck('database'),
      () => this.dogHealthIndicator.isHealthy('dog'),
    ]);
  }
}
```

다시 헬스 체크 요청을 보내면 응답에 dog가 포함되었습니다.

```
$ curl http://localhost:3000/health-check
{
    "status": "error",
```

```
    "info": {
        "nestjs-docs": {
            "status": "up"
        },
        "database": {
            "status": "up"
        }
    },
    "error": {
        "dog": {
            "status": "down",
            "badboys": 1
        }
    },
    "details": {
        "nestjs-docs": {
            "status": "up"
        },
        "database": {
            "status": "up"
        },
        "dog": {
            "status": "down",
            "badboys": 1
        }
    }
}
```

Rex라는 이름의 강아지가 badboy였기 때문에 dog 헬스 체크의 status가 down이 되었습니다.

유저 서비스의 헬스 체크는 이전에 수행했던 작업을 그대로 적용하겠습니다. 단, HttpHealth Indicator와 DogHealthIndicator는 불필요하기 때문에 주석 처리합니다.

```
@Get()
@HealthCheck()
check() {
  return this.health.check([
    // () => this.http.pingCheck('nestjs-docs', 'https://docs.nestjs.com'),
    () => this.db.pingCheck('database'),
    // () => this.dogHealthIndicator.isHealthy('dog'),
  ]);
}
```

```
$ curl http://localhost:3000/health-check
{
  "status": "ok",
  "info": {
    "database": {
      "status": "up"
    }
  },
  "error": {},
  "details": {
    "database": {
      "status": "up"
    }
  }
}
```

16

CQRS를 이용한 관심사 분리

16.1 CQRS 패턴

CQRScommand query responsibility separation 패턴은 명령(커맨드)command과 조회(쿼리)query를 분리하여 성능과 확장성 및 보안성을 높일 수 있도록 해주는 아키텍처 패턴입니다. 요구 사항이 복잡해질수록 도메인 모델 역시 복잡해집니다. 데이터를 조회한 쪽에서는 현재의 복잡한 모델 구조의 데이터가 필요하지 않은 경우가 대부분이므로 조회 시의 모델과 데이터를 업데이트할 때의 모델을 다르게 가져가도록 하는 방식입니다.

조회는 **CRUD**create, read, update, delete에서 **read** 동작을 담당하는 요청을 뜻합니다. 리소스를 조회한 결과만을 반환하므로 시스템의 상태를 변경하지 않으며 부작용이 없습니다. 명령은 **create**, **update**, **delete** 요청과 같이 시스템의 상태를 변경합니다.

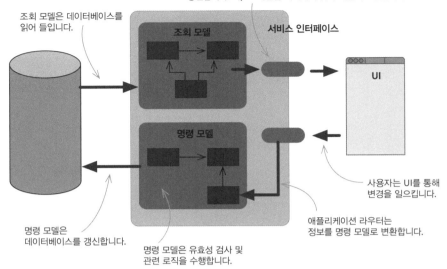

조회 서비스는 조회 모델로부터 얻은 데이터를 이용하여 표현 계층을
갱신합니다. 즉, UI 화면을 데이터에 맞게 적절히 표현합니다.

조회 모델은 데이터베이스를
읽어 들입니다.

조회 모델

서비스 인터페이스

UI

사용자는 UI를 통해
변경을 일으킵니다.

명령 모델

명령 모델은
데이터베이스를 갱신합니다.

명령 모델은 유효성 검사 및
관련 로직을 수행합니다.

애플리케이션 라우터는
정보를 명령 모델로 변환합니다.

위 그림과 같이, 마틴 파울러는 블로그[1]에서 다음과 같은 경우에 CQRS를 사용하면 이점이 있다고
했습니다.

- **CQRS를 사용하면 몇 가지 복잡한 도메인을 다루기 더 쉬운 경우**: CQRS를 사용하면 복잡성이 추
  가되기 때문에 생산성이 감소하므로, 모델을 공유하는 것이 도메인을 다루기 더 쉬운지 면밀히
  판단해야 합니다. 특히 시스템 전체가 아닌 **도메인 주도 설계**domain-driven design, DDD에서 말하는
  bounded context 내에서만 사용해야 합니다.
- **고성능 처리가 필요한 애플리케이션을 다루는 경우**: CQRS를 사용하면 읽기 및 쓰기 작업에서 로
  드를 분리하여 각각을 독립적으로 확장할 수 있습니다. 클라우드 데이터베이스를 사용한다면 손
  쉽게 읽기, 쓰기 DB를 분리할 수 있습니다. 또 성능을 위해 쓰기는 RDB로, 읽기는 도큐먼트 DB
  를 사용하는 경우도 많습니다. 애플리케이션에서 읽기와 쓰기 사이에 큰 성능 차이가 있는 경우
  CQRS를 쓰면 편리합니다. 또한 양쪽에 서로 다른 최적화 전략을 적용할 수 있습니다.

CQRS를 사용하면 자연스럽게 다른 아키텍처 패턴과 잘 어울리게 됩니다.

- CRUD를 통해 상호작용하는 단일 표현representation에서 작업task 기반 UI로 쉽게 이동합니다.
  예를 들어, "ReservationStatus를 RESERVED로 설정"이라는 명령을 '룸 예약'으로 변경합니다.
- 이벤트 기반 프로그래밍 모델과 잘 맞습니다. 이를 통해 이벤트 소싱을 쉽게 활용할 수 있습니다.

---

1   https://martinfowler.com/bliki/CQRS.html

- 최종 일관성eventually consistent을 사용할 가능성이 높아집니다.
- 도메인을 사용할 경우 업데이트할 때 많은 로직이 필요하므로 **EagerReadDerivation**[2]을 사용하여 쿼리 측 모델을 단순화하는 것이 합리적일 수 있습니다.
- 쓰기 모델이 모든 업데이트에 대한 이벤트를 생성하는 경우, 읽기 모델을 별도로 구성하여 과도한 데이터베이스 상호작용을 피할 수 있습니다.
- CQRS는 복잡한 도메인을 다루고 DDD를 적용하는 데 적합합니다.

16.2 유저 서비스에 CQRS 적용하기

지금까지 만든 조그만 유저 서비스는 회원 가입, 로그인, 그리고 이메일을 전송하는 비즈니스 로직만을 가지고 있습니다. 물론 여기에 핵심 기능을 더 붙여가면서 서비스를 확장하겠지만 여전히 당분간 그 크기는 작을 것입니다. 이렇게 작은 서비스에는 로직이 단순하고 변경이 생겨도 크게 영향을 끼치지 않습니다. 하지만 서비스가 커질수록 변경 영향도는 점차 커지게 되고, 컨트롤러와 서비스, 영속화 및 도메인 레이어에서 주고받는 데이터가 복잡해질 뿐 아니라, 콘텍스트가 상이한 곳에서 모델을 그대로 전달하고 사용하는 경우가 발생합니다. 당장은 CQRS를 적용하지 않아도 충분하지만 Nest에서 제공하는 간단한 CQRS 모듈을 한번 적용해보겠습니다. **@netstjs/cqrs** 패키지부터 설치합니다.

```
$ npm i @nestjs/cqrs
```

CQRS 모듈을 사용하도록 UsersModule로 가져옵니다.

```
import { CqrsModule } from '@nestjs/cqrs';

@Module({
  imports: [CqrsModule],
    ...
})
export class UsersModule { }
```

16.2.1 커맨드

CRUD는 Create, Update, Delete는 커맨드를 이용하여 처리합니다. 커맨드는 서비스 계층이나 컨트롤러, 게이트웨이에서 직접 발송할 수 있습니다. 전송한 커맨드는 커맨드 핸들러가 받아서 처리합니다.

---

2 https://martinfowler.com/bliki/EagerReadDerivation.html

유저 생성 로직을 커맨드로 한번 처리해보겠습니다. 먼저 유저 생성을 위한 커맨드를 정의합니다.

```
import { ICommand } from '@nestjs/cqrs';

export class CreateUserCommand implements ICommand {
  constructor(
    readonly name: string,
    readonly email: string,
    readonly password: string,
  ) { }
}
```

컨트롤러에서 유저 생성 요청이 왔을 때 직접 UsersService의 함수를 호출하지 말고 커맨드를 전달하도록 합니다.

```
import { CommandBus } from '@nestjs/cqrs';
...

@Controller('users')
export class UsersController {

  constructor(
    private commandBus: CommandBus,  //❶
  ) { }

  @Post()
  async createUser(@Body() dto: CreateUserDto): Promise<void> {
    const { name, email, password } = dto;

    const command = new CreateUserCommand(name, email, password);

    return this.commandBus.execute(command);  //❷
  }
    ...
}
```

❶ @nest/cqrs 패키지에서 제공하는 CommandBus를 주입합니다.

❷ 이전에 정의한 CreateUserCommand를 전송합니다.

UsersController는 더 이상 UsersService에 직접 의존하지 않습니다. 관련 코드는 삭제합니다. 이제 CreateUserCommand를 처리하는 CreateUserHandler를 만듭니다.

```
import { CommandHandler, ICommandHandler } from '@nestjs/cqrs';
import { CreateUserCommand } from './create-user.command';

@Injectable()
@CommandHandler(CreateUserCommand)
export class CreateUserHandler implements ICommandHandler<CreateUserCommand> {

  async execute(command: CreateUserCommand) {
    const { name, email, password } = command;

    ... // 기존 수행 로직
  }
    ...
}
```

기존에 UsersService에서 수행한 로직을 이동합니다. 커맨드 핸들러는 ICommandHandler 인터페이스의 execute 메서드를 구현합니다.

CreateUserHandler를 UsersModule의 프로바이더로 제공합니다.

```
@Module({
    ...
  providers: [CreateUserHandler]
})
export class UsersModule { }
```

마찬가지로 회원 가입 이메일을 인증하고, 로그인하는 로직도 커맨드로 만들 수 있습니다. 이 부분은 독자 여러분에게 맡기겠습니다. ☺

16.2.2 이벤트

회원 가입을 처리하는 과정에 이메일을 전송하는 로직이 포함되어 있습니다. 인증 이메일을 발송하는 것은 도메인 규칙상 반드시 필요한 과정이지만 이메일 발송은 회원 가입과는 별개로 다룰 수 있는 것입니다. 만약 이메일 인증을 다른 인증 수단으로 변경한다면 회원 가입 로직을 다시 수정해야 하므로 현재 회원 가입 처리와 이메일 발송은 강하게 결합되어 있습니다. 그리고 회원 가입 이메일 전송은 회원 가입 절차가 완료되고 난 후 별개로 전송되도록 비동기 처리되는 것이 응답을 더 빨리 수행할 수 있는 방법입니다. 이럴 경우 **회원 가입** 이벤트를 발송하고 이벤트를 구독하는 다른 모듈에서 이벤트를 처리하도록 하는 것이 좋습니다. 만약 회원 가입 이벤트가 발생했을 때 처리해야 하는 비즈니스 요구 사항이 또 있다면 또 다른 이벤트 핸들러에서 그 요구 사항을 처리하는 로직을 구현하면 될 것입니다.

회원 가입 이메일 전송 로직을 회원 가입 이벤트를 통해 처리하도록 해봅시다. 먼저 회원 가입 로직
내에서 EmailService를 이용하는 부분을 UserCreatedEvent를 발송하도록 변경합니다. 그리고 뒤
에서 설명할 이벤트 핸들러 동작을 위해 TestEvent도 함께 발송합니다.

```
async execute(command: CreateUserCommand) {
  ...
  this.eventBus.publish(new UserCreatedEvent(email, signupVerifyToken));
  this.eventBus.publish(new TestEvent());
}
```

```
import { IEvent } from '@nestjs/cqrs';
import { CqrsEvent } from './cqrs-event';

export class UserCreatedEvent extends CqrsEvent implements IEvent {
  constructor(
    readonly email: string,
    readonly signupVerifyToken: string,
  ) {
    super(UserCreatedEvent.name);
  }
}
```

```
import { IEvent } from '@nestjs/cqrs';
import { CqrsEvent } from './cqrs-event';

export class TestEvent extends CqrsEvent implements IEvent {
  constructor(
  ) {
    super(TestEvent.name);
  }
}
```

```
export abstract class CqrsEvent {
  constructor(readonly name: string) { }
}
```

UserCreatedEvent와 TestEvent는 CqrsEvent를 상속받습니다. 이는 @nestjs/cqrs 패키지에서 제공
하는 것은 아니고 이벤트 핸들러에서 이벤트를 구분하기 위해 만든 추상 클래스입니다. 이벤트 핸들
러의 구현을 보면 커맨드 핸들러와는 다르게 여러 이벤트를 같은 이벤트 핸들러가 받도록 할 수 있기

때문에 예시를 위해 추가했습니다.

커맨드와 마찬가지로 이벤트를 처리할 이벤트 핸들러를 만들고 프로바이더로 제공해야 합니다.

```
import { EventsHandler, IEventHandler } from '@nestjs/cqrs';
import { EmailService } from 'src/email/email.service';
import { UserCreatedEvent } from './user-created.event';

@EventsHandler(UserCreatedEvent, TestEvent)
export class UserEventsHandler implements IEventHandler<UserCreatedEvent | TestEvent> {
  constructor(
    private emailService: EmailService,
  ) { }

  async handle(event: UserCreatedEvent | TestEvent) {
    switch (event.name) {
      case UserCreatedEvent.name: {
        console.log('UserCreatedEvent!');
        const { email, signupVerifyToken } = event;
        await this.emailService.sendMemberJoinVerification(email, signupVerifyToken);
        break;
      }
      case TestEvent.name: {
        console.log('TestEvent!');
        break;
      }
      default:
        break;
    }
  }
}
```

```
@Module({
    ...
  providers: [UserEventsHandler]
})
export class UsersModule { }
```

@EventsHandler의 정의를 보면 IEvent 인터페이스 리스트를 받을 수 있도록 되어 있습니다. 따라서 이벤트 핸들러는 여러 이벤트를 받아 처리할 수 있습니다.

```
export declare const EventsHandler: (...events: IEvent[]) => ClassDecorator;
```

`IEventHandler`는 `IEvent` 타입을 제네릭으로 정의하는데, `UserEventsHandler`가 처리할 수 있는 이벤트인 `UserCreatedEvent | TestEvent` 타입을 정의했습니다.

```
import { IEvent } from './event.interface';
export interface IEventHandler<T extends IEvent = any> {
    handle(event: T): any;
}
```

이제 회원 가입 요청을 다시 해보면 두 이벤트가 잘 처리되는 것을 확인할 수 있습니다. 😎

16.2.3 쿼리

이제 유저 정보 조회 부분을 쿼리로 분리해봅시다. 커맨드와 매우 유사한 방법으로 구현합니다. `IQuery`를 구현하는 쿼리 클래스와 `IQueryHandler`를 구현하는 쿼리 핸들러가 필요합니다. 쿼리 핸들러는 `@QueryHandler` 데커레이터를 달아 주어야 하고, 프로바이더로 등록하면 됩니다.

```
import { IQuery } from '@nestjs/cqrs';

export class GetUserInfoQuery implements IQuery {
  constructor(
    readonly userId: string,
  ) { }
}
```

```
import { NotFoundException } from '@nestjs/common';
import { IQueryHandler, QueryHandler } from '@nestjs/cqrs';
import { InjectRepository } from '@nestjs/typeorm';
import { Repository } from 'typeorm';
import { UserEntity } from '../entity/user.entity';
import { UserInfo } from '../UserInfo';
import { GetUserInfoQuery } from './get-user-info.query';

@QueryHandler(GetUserInfoQuery)
export class GetUserInfoQueryHandler implements IQueryHandler<GetUserInfoQuery> {
  constructor(
    @InjectRepository(UserEntity) private usersRepository: Repository<UserEntity>,
  ) { }

  async execute(query: GetUserInfoQuery): Promise<UserInfo> {
    const { userId } = query;
```

```
    const user = await this.usersRepository.findOne({
      where: { id: userId }
    });

    if (!user) {
      throw new NotFoundException('User does not exist');
    }

    return {
      id: user.id,
      name: user.name,
      email: user.email,
    };
  }
}
```

이제 GetUserInfoQuery를 쿼리 버스에 실어 보내기만 하면 됩니다.

```
import { QueryBus } from '@nestjs/cqrs';
import { GetUserInfoQuery } from './query/get-user-info.query';

@Controller('users')
export class UsersController {
  constructor(
    private queryBus: QueryBus,
  ) { }
  ...

  @UseGuards(AuthGuard)
  @Get(':id')
  async getUserInfo(@Param('id') userId: string): Promise<UserInfo> {
    const getUserInfoQuery = new GetUserInfoQuery(userId);

    return this.queryBus.execute(getUserInfoQuery);
  }
}
```

17

클린 아키텍처

우리는 SW를 작성할 때 모든 것을 처음부터 만들지 않습니다. 다른 사람이 작성해둔 소스 코드나 지금까지 배운 지식과 참고 자료를 활용해서 소프트웨어의 구조를 만들게 됩니다. 만약 여러분이 백엔드 프로그래밍을 처음 접했다면 이 책을 읽고 난 뒤 이 책의 구조를 따라 할 가능성이 높습니다. 특히 프레임워크를 학습할 때에는 더욱 그렇습니다. Nest를 처음 배웠다면 지금까지 이 책에서 소개한 소스 코드가 가지는 아키텍처와 디렉터리 구조가 Nest에서 흔히 쓰이는 것이겠구나 하고 생각하실 수도 있습니다. 여기까지 우리가 만든 디렉터리 구조는 다음과 같습니다.

```
.
├── ormconfig.ts
├── package-lock.json
├── package.json
├── src
│   ├── app.module.ts
│   ├── auth
│   │   ├── auth.module.ts
│   │   └── auth.service.ts
│   ├── auth.guard.ts
│   ├── config
│   │   ├── authConfig.ts
│   │   ├── emailConfig.ts
│   │   ├── env
│   │   │   └── .development.env
│   │   └── validationSchema.ts
│   ├── email
│   │   ├── email.module.ts
```

```
|   |   └── email.service.ts
|   ├── exception
|   |   ├── exception.module.ts
|   |   └── http-exception.filter.ts
|   ├── health-check
|   |   ├── dog.health.ts
|   |   └── health-check.controller.ts
|   ├── logging
|   |   ├── logging.interceptor.ts
|   |   └── logging.module.ts
|   ├── main.ts
|   ├── migrations
|   |   └── 1640444480113-CreateUserTable.ts
|   ├── users
|   |   ├── UserInfo.ts
|   |   ├── command
|   |   |   ├── create-user.command.ts
|   |   |   ├── create-user.handler.ts
|   |   |   ├── login.command.ts
|   |   |   ├── login.handler.ts
|   |   |   ├── verify-access-token.command.ts
|   |   |   ├── verify-access-token.handler.ts
|   |   |   ├── verify-email.command.ts
|   |   |   └── verify-email.handler.ts
|   |   ├── dto
|   |   |   ├── create-user.dto.ts
|   |   |   ├── user-login.dto.ts
|   |   |   └── verify-email.dto.ts
|   |   ├── entity
|   |   |   └── user.entity.ts
|   |   ├── event
|   |   |   ├── cqrs-event.ts
|   |   |   ├── test.event.ts
|   |   |   ├── user-created.event.ts
|   |   |   └── user-events.handler.ts
|   |   ├── query
|   |   |   ├── get-user-info.handler.ts
|   |   |   └── get-user-info.query.ts
|   |   ├── users.controller.ts
|   |   └── users.module.ts
|   └── utils
|       └── decorators
|           └── not-in.ts
├── tsconfig.build.json
└── tsconfig.json
```

하지만 애플리케이션의 아키텍처에도 유행이 있습니다. 보통은 점차 나은 방향으로 발전했죠. 이제 우리는 '클린 아키텍처'라는 아키텍처에 대해 알아보고 유저 서비스의 구조를 개선해보겠습니다. 좋은 아키텍처를 적용한 샘플 코드가 있다면 앞으로 새로운 애플리케이션을 만들거나 지금 작성하고 있는 SW의 구조를 더 나은 방향으로 개선하는 데 도움이 될 것입니다.

최근에는 많은 기업이 MSA를 적용합니다. MSA를 적용했다면 새로운 서비스를 자주 만들게 됩니다. 이럴 때 매번 바닥부터 다시 애플리케이션을 작성하지 않고 어느 정도 만들어진 소스 코드 기반으로 작업을 시작할 수 있게 되는 것이지요.

17.1 클린 아키텍처

클린 아키텍처clean architecture는 《클린 코드》(인사이트, 2013)의 저자 로버트 C. 마틴이 제안한 아키텍처입니다. 클린 아키텍처는 전혀 새로운 아키텍처는 아니고 양파onion 아키텍처라고 불리던 아키텍처에서 발전한 것입니다. 소프트웨어를 여러 동심원 레이어로 나누고 각 레이어에 있는 컴포넌트는 안쪽 원에 있는 컴포넌트에만 의존성을 가지도록 합니다. 따라서 안쪽 원에 존재하는 컴포넌트는 바깥 원에 독립적입니다.[1]

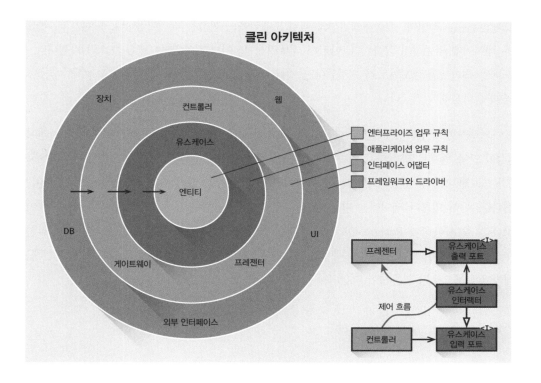

---

1 https://blog.cleancoder.com/uncle-bob/2012/08/13/the-clean-architecture.html

이 책에서는 클린 아키텍처를 레이어 4개로 분류하겠습니다. 가장 바깥쪽 레이어부터 인프라스트럭처infrastructure, 인터페이스interface, 애플리케이션application, 도메인domain이라고 명명하겠습니다. 이 이름들에 정해진 바는 없습니다. 필자가 재직 중인 회사에서 붙인 방식으로 직관적으로 이해하기 쉽게 작성한 것일 뿐입니다. 각 레이어에서 담당하는 컴포넌트는 다음과 같습니다.

1. **인프라스트럭처**infrastructure **레이어**: 우리가 만드는 애플리케이션에 필요는 하지만 외부에서 가져다 쓰는 컴포넌트를 작성합니다. 예를 들어 데이터베이스, 이메일 전송, 다른 서비스와의 통신 프로토콜 구현체 등 외부에서 제공하는 인터페이스나 라이브러리를 이용하여 우리 서비스에 맞게 구현한 구현체가 포함됩니다.

2. **인터페이스**interface **레이어**: 우리 서비스가 제공하는 인터페이스가 구현되는 레이어입니다. 앞서 학습했던 컨트롤러는 외부에서 들어오는 요청은 어떤 형식이어야 하고 나가는 데이터는 어떠한지를 제공합니다. 마찬가지로 게이트웨이나 프레젠터와 같은 컴포넌트도 외부와의 인터페이스를 담당하고 있습니다.

3. **애플리케이션**application **레이어**: 애플리케이션의 비즈니스 로직이 구현되는 레이어입니다. 앞서 배웠던 서비스들이 여기에 존재합니다. 유저 서비스의 예를 들면 회원 가입, 이메일 인증, 회원 정보 조회 등의 로직을 구현합니다.

4. **도메인**domain **레이어**: 애플리케이션의 핵심 도메인을 구현하는 레이어입니다. 도메인 레이어는 다른 레이어에 의존하지 않습니다. 따라서 애플리케이션이 가져야 하는 핵심 요소만 가집니다. 만약 도메인 레이어의 컴포넌트가 변경된다면 이를 이용하는 다른 모든 레이어를 수정해야 하므로 신중하게 작성해야 합니다.

클린 아키텍처를 작성하기 위한 또 다른 필수 요소는 DIP(다음 절에서 살펴봅니다)입니다. 각 레이어는 의존성이 안쪽 원으로 향한다고 했습니다. 하지만 구현을 하기 위해서는 안쪽 원에서 바깥쪽 원의 구현체가 필요한 경우가 있습니다. 그러면 구현체가 변경될 경우 함께 수정해야 하므로 독립적이지 않게 됩니다. 특히 인프라 레이어는 다른 것으로 갈아 끼우는 경우가 종종 발생합니다. 예를 들어 DB를 MySQL을 사용하다 PostgreSQL로 변경하는 일이 있을 수 있습니다. 이렇게 의존성이 역전되는 경우, 안쪽 레이어에서는 그 레이어 내에서 인터페이스를 정의하고, 인터페이스를 구현한 구현체는 바깥 레이어에 둠으로써 의존성이 역전되지 않도록 할 수 있습니다.

17.2 SOLID 객체 지향 설계 원칙

클린 아키텍처의 바탕에는 **SOLID**라 불리는 객체 지향 설계 원칙이 깔려 있습니다. SOLID는 로버트 C. 마틴이 객체 지향 언어로 소프트웨어를 설계할 때의 방법론을 체계적으로 정리한 것입니다. SOLID를 적용하면 유지 보수와 확장이 쉬운 시스템을 만들 수 있습니다. 더불어 읽고 이해하기 쉬운 코드를 작성하도록 가이드해줍니다. SOLID 각 개념이 서로 분리되어 있는 것이 아니라 함께 조합되어 작동해야 더 나은 소프트웨어 구조를 갖출 수 있습니다.

1. **SRP: 단일 책임 원칙**single responsibility principle

   한 클래스는 하나의 책임만 가져야 한다.

   이 원칙을 다르게 풀어서 설명하면, 클래스를 변경하는 이유는 오직 한 가지뿐이어야 합니다. 객체 지향 언어를 배울 때 항상 접하는 내용입니다. 여기서 클래스는 자바를 비롯한 여러 객체 지향 언어에서 말하는 클래스 그 자체를 의미하는 것은 아닙니다. 함수, 객체 등 최소 동작의 단위가 되는 개념을 말합니다. 코드를 작성하다 보면 어느새 한 클래스가 비대해지는 경우가 발생하기도 합니다. 클래스를 크기가 작고 적은 책임을 가지도록 작성해야 변경에 유연하게 대처할 수 있습니다. 커다란 클래스는 다른 클래스와 의존성이 증가하게 되므로 변경 비용이 더 커지게 됩니다.

2. **OCP: 개방-폐쇄 원칙**open-closed principle

   소프트웨어 요소는 확장에는 열려 있으나 변경에는 닫혀 있어야 한다.

   얼핏 들으면 상반된 두 개념이 동시에 존재한다고 느껴질 수 있습니다. 소프트웨어의 요구 사항이 추가되었다고 해서 기존의 소스 코드를 계속 고쳐야 한다면 요구 사항이 늘어날수록 유지 보수가 힘들게 됩니다. 즉, 기능의 추가가 기존 코드에 영향을 끼치지 않도록 하는 구조가 필요합니다. OCP는 인터페이스를 활용하여 쉽게 달성할 수 있습니다. 필요한 기능이 있다면 그 구현체에 의존하지 말고 인터페이스에 의존하도록 해야 합니다. 추가로 필요한 기능이 있다면 인터페이스를 추가하면 됩니다.

3. LSP: 리스코프 치환 원칙Liskov substitution principle

프로그램의 객체는 프로그램의 정확성을 깨뜨리지 않으면서 하위 타입의 인스턴스로 바꿀 수 있어야 한다.

객체 지향 언어가 가지는 강점이 LSP로 발현됩니다. 상속 관계에서, 자식 클래스의 인스턴스는 부모 클래스로 선언된 함수의 인수로 전달할 수 있습니다. 이는 클래스뿐 아니라 인터페이스를 구현한 클래스에서도 마찬가지입니다. 실제 동작하는 인스턴스는 인터페이스가 제공하는 기능을 구현한 객체이지만 인터페이스를 사용하는 다른 객체에도 전달할 수 있습니다. 따라서 실제 구현체인 자식 인스턴스는 언제든지 부모 또는 인터페이스가 제공해야 하는 기능을 제공하는 다른 구현체로 바꿀 수 있습니다.

4. ISP: 인터페이스 분리 원칙interface segregation principle

특정 클라이언트를 위한 인터페이스 여러 개가 범용 인터페이스 하나보다 낫다.

하나의 인터페이스에 의존하게 되면 인터페이스에 기능이 추가될 때 인터페이스를 구현하는 모든 클래스를 수정해야 합니다. 이렇게 하기보다는 인터페이스를 기능별로 잘게 쪼개어 특정 클라이언트용 인터페이스로 모아 사용하는 것이 변경에 대해 의존성을 낮추고 유연하게 대처할 수 있는 방법입니다.

5. DIP: 의존관계 역전 원칙dependency inversion principle

프로그래머는 추상화에 의존해야지, 구체화에 의존하면 안 된다.

DIP는 6장의 쉬어 가는 페이지에서 소개한 DI와 매우 밀접한 관계를 가지고 있습니다. 클린 아키텍처를 구현하기 위해서는 의존관계 역전이 발생하기 마련이고 이를 해소하기 위해 DI를 이용해야 합니다. DI는 보통 프레임워크에서 제공하며, 혹은 DI를 구현할 수 있는 라이브러리를 이용합니다.

이상으로 SOLID의 개념에 대해 알아봤습니다. 그러면 도대체 어느 정도의 해상도로 SOLID를 구현해야 할까요? 클래스와 인터페이스는 어느 정도 잘게 나누고, 역할을 분리해야 할까요? 그것은 정해진 바가 없습니다. 시스템 발전에 따라 영향도는 낮추고 응집도는 높이는 방향으로 끊임없이 리팩터링해서 달성해야 합니다. 만약 여러분의 코드에서 불쾌한 냄새code smell가 난다면 언제든지 리팩터링을 할 준비를 해야 할 것입니다.

17.3 유저 서비스에 클린 아키텍처 적용하기

지금까지 우리는 레이어를 명확하게 구분하지 않았습니다. 기능별 역할에 따라 `UsersModule`, `ExceptionModule`, `LoggingModule`과 같이 모듈로만 분리했습니다. 각 모듈은 모든 모듈이 사용하는 공통 모듈이 될 수도 있고, MSA의 관점에서 완전히 분리하여 별개의 백엔드 서버 시스템으로 만들 수도 있습니다. 예를 들어 `EmailModule`을 물리적으로 다른 환경에서 운용되는 `EmailService`로 분리할 수도 있습니다. 이제 우리가 작성하고 있는 유저 서비스에서 유저 모듈로 그 범위를 좁혀 클린 아키텍처를 적용해보겠습니다.

먼저 다음과 같이 앞에서 이야기한 클린 아키텍처의 4개의 레이어와 모든 레이어에서 공통으로 사용하는 컴포넌트를 작성할 common 디렉터리를 만듭니다.

```
src/users
├── application
├── common
├── domain
├── infra
├── interface
├── ...
```

가장 안쪽 레이어인 domain 레이어에는 도메인 객체와 그 도메인 객체의 상태 변화에 따라 발생되는 이벤트가 존재합니다. 지금 `UsersModule`이 가지고 있는 도메인 객체는 User 하나밖에 없습니다. DDD를 적용한다면 User가 유저 도메인의 핵심 애그리깃aggregate이 됩니다. DDD는 이 책에 설명하기엔 너무 양이 방대하므로 다른 자료를 통해 학습해보세요.

```
export class User {
  constructor(
    private id: string,
    private name: string,
    private email: string,
    private password: string,
    private signupVerifyToken: string,
  ) { }
}
```

User 객체를 생성할 때 '유저가 생성되었음'이라는 `UserCreatedEvent`를 발송해야 합니다. 이 도메인 이벤트를 발송하는 주체는 User의 생성자가 되는 게 적당합니다. 하지만 User 클래스는 new 키워드로 생성해야 하는데 EventBus를 주입받을 수가 없습니다. 그래서 User를 생성하는 팩터리 클래스인

UserFactory를 이용하고 이를 프로바이더로 제공합시다.

```
import { UserFactory } from './domain/user.factory';
...
@Module({
  ...
  providers: [
      UserFactory,
  ],
})
export class UsersModule { }
import { Injectable } from '@nestjs/common';
import { EventBus } from '@nestjs/cqrs';
import { UserCreatedEvent } from './user-created.event';
import { User } from './user';

@Injectable()
export class UserFactory {
  constructor(private eventBus: EventBus) { }  //❶

  create(  //❷
    id: string,
    name: string,
    email: string,
    signupVerifyToken: string,
    password: string,
  ): User {
    //❸
    const user = new User(id, name, email, password, signupVerifyToken);

    this.eventBus.publish(new UserCreatedEvent(email, signupVerifyToken));

    return user;
  }
}
```

❶ EventBus를 주입합니다.

❷ 유저 객체를 생성하는 create 함수를 제공합니다.

❸ 유저 객체를 생성하고 UserCreatedEvent를 발행합니다. 생성한 유저 도메인 객체를 리턴합니다.

UserCreatedEvent는 도메인 로직과 밀접한 관계가 있기 때문에 역시 domain 디렉터리로 이동시킵니다. 이제 domain 디렉터리는 다음과 같이 구성되었습니다.

```
src/users/domain
├── cqrs-event.ts
├── user-created.event.ts
├── user.factory.ts
└── user.ts
```

다음으로 비즈니스 로직이 구현되는 application 레이어를 만들어봅시다. UserCreatedEvent를 처리하는 UserEventsHandler를 리팩터링합니다. TestEvent 처리부는 딱히 필요하지 않으므로 삭제하고, 변경된 소스 경로만 맞춰주면 됩니다. 마지막으로 소스 코드를 application 디렉터리로 이동시킵니다.

```typescript
import { EventsHandler, IEventHandler } from '@nestjs/cqrs';
import { EmailService } from 'src/email/email.service';
import { UserCreatedEvent } from 'src/users/domain/user-created.event';

@EventsHandler(UserCreatedEvent)
export class UserEventsHandler implements IEventHandler<UserCreatedEvent> {
  constructor(
    private emailService: EmailService,
  ) { }

  async handle(event: UserCreatedEvent) {
    switch (event.name) {
      case UserCreatedEvent.name: {
        console.log('UserCreatedEvent!');
        const { email, signupVerifyToken } = event as UserCreatedEvent;
        await this.emailService.sendMemberJoinVerification(email, signupVerifyToken);
        break;
      }
      default:
        break;
    }
  }
}
```

커맨드 핸들러도 application 레이어에 존재하는 것이 좋겠습니다. 커맨드와 이벤트 소스들을 따로 관리하고 싶다면 디렉터리를 별도로 만드는 것도 좋습니다. 커맨드 핸들러를 모두 이동했다면 쿼리 로직도 application 레이어에서 수행하도록 이동시킵니다. 이제 application 디렉터리는 다음과 같이 됩니다.

```
src/users/application
├── command
│   ├── create-user.command.ts
```

```
|      ├── create-user.handler.ts
|      ├── login.command.ts
|      ├── login.handler.ts
|      ├── verify-access-token.command.ts
|      ├── verify-access-token.handler.ts
|      ├── verify-email.command.ts
|      └── verify-email.handler.ts
├── event
|      └── user-events.handler.ts
└── query
       ├── get-user-info.handler.ts
       └── get-user-info.query.ts
```

CreateUserHandler는 더 이상 직접 UserCreatedEvent를 발행하지 않습니다. 관련 소스 코드와
TestEvent 발행 부분도 함께 삭제합니다.

interface 레이어를 작성해볼 차례입니다. UserController와 관계된 소스 코드가 대상입니다.
UserController, UserInfo 및 DTO 관련 클래스들을 모두 interface 디렉터리로 이동합니다.

```
src/users/interface
├── UserInfo.ts
├── dto
|      ├── create-user.dto.ts
|      ├── user-login.dto.ts
|      └── verify-email.dto.ts
└── users.controller.ts
```

가장 바깥쪽에 있는 infra 레이어는 유저 모듈에서 가져다 쓰는 외부의 컴포넌트가 포함되도록 합니
다. 데이터베이스와 이메일 관련 로직이 그 대상입니다. 먼저 엔티티 클래스를 infra/db/entity 디렉터
리로 이동합니다.

UserEntity 클래스는 infra 레이어에 존재하지만 모두 application 레이어에 있는 핸들러가 사용
하고 있습니다. 의존성의 방향이 반대로 되어 있습니다! DIP를 적용해서 의존관계를 바로잡겠습
니다. 먼저 데이터베이스에 유저 정보를 다루는 인터페이스인 IUserRepository를 선언합니다.
IUserRepository는 현재는 application 레이어의 핸들러에서만 필요하지만 어느 레이어에서든 데이
터를 다룰 경우가 생길 수 있기 때문에 domain 레이어에 작성합니다.

```
import { User } from '../user';

export interface IUserRepository {
```

```
    findByEmail: (email: string) => Promise<User>;
    save: (name: string, email: string, password: string, signupVerifyToken: string) =>
  Promise<void>;
  }
```

IUserRepository의 구현체인 UserRepository 클래스는 infra 레이어에서 구현합니다.

```
...

@Injectable()
export class UserRepository implements IUserRepository {
  constructor(
    private connection: Connection,
    @InjectRepository(UserEntity) private userRepository: Repository<UserEntity>,
    private userFactory: UserFactory,
  ) { }

  //❶
  async findByEmail(email: string): Promise<User | null> {
    const userEntity = await this.userRepository.findOne({
      where: { email }
    );
    if (!userEntity) {
      return null;
    }

    const { id, name, signupVerifyToken, password } = userEntity;

    return this.userFactory.reconstitute(id, name, email, signupVerifyToken, password);  //❷
  }

  //❸
  async save(id: string, name: string, email: string, password: string, signupVerifyToken:
string): Promise<void> {
    await this.connection.transaction(async manager => {
      const user = new UserEntity();
      user.id = id;
      user.name = name;
      user.email = email;
      user.password = password;
      user.signupVerifyToken = signupVerifyToken;

      await manager.save(user);
    });
  }
}
```

❶ 인수로 전달된 이메일 주소를 가진 유저를 DB에서 조회합니다. 만약 저장되어 있지 않다면 null을 리턴하고, 존재한다면 User 도메인 객체를 돌려줍니다.

❷ UserFactory의 create 함수 로직 내에는 UserCreateEvent를 발행하는 로직이 포함되어 있어 재사용할 수 없습니다. 따라서 유저 도메인 객체를 생성하는 reconstitute 함수를 사용합니다.

❸ CreateUserHandler에 구현되어 있던 저장 로직을 이관합니다. 유저 도메인 객체에 사용할 id가 필요하기 때문에 인수에 id를 추가하고, 외부에서 전달받도록 했습니다.

이제 다른 레이어에서 IUserRepository를 이용해 데이터를 다룰 수 있게 되었습니다. CreateUserHandler에 적용해봅시다.

```
import * as uuid from 'uuid';
import { ulid } from 'ulid';
import { Inject, Injectable, UnprocessableEntityException } from '@nestjs/common';
import { CommandHandler, ICommandHandler } from '@nestjs/cqrs';
import { CreateUserCommand } from './create-user.command';
import { UserFactory } from '../../domain/user.factory';
import { IUserRepository } from 'src/users/domain/repository/iuser.repository';

@Injectable()
@CommandHandler(CreateUserCommand)
export class CreateUserHandler implements ICommandHandler<CreateUserCommand> {
  constructor(
    private userFactory: UserFactory,
    @Inject('UserRepository') private userRepository: IUserRepository,  //❶
  ) { }

  async execute(command: CreateUserCommand) {
    const { name, email, password } = command;

    const user = await this.userRepository.findByEmail(email);  //❷
    if (user !== null) {
      throw new UnprocessableEntityException('해당 이메일로는 가입할 수 없습니다.');
    }

    const id = ulid();
    const signupVerifyToken = uuid.v1();

    await this.userRepository.save(id, name, email, password, signupVerifyToken);  //❷

    this.userFactory.create(id, name, email, password, signupVerifyToken);
  }
}
```

❶ IUserRepository는 클래스가 아니기 때문에 의존성 클래스로 주입받을 수 없습니다. 따라서 @Inject 데커레이터와 UserRepository 토큰을 이용하여 구체 클래스를 주입받습니다.

❷ IUserRepository가 제공하는 인터페이스를 이용하여 데이터를 조회하고 저장합니다.

```
...
@Module({
    ...
  providers: [
        ...
        { provide: 'UserRepository', useClass: UserRepository },  //❶
  ],
})
export class UsersModule { }
```

❶ UserRepository 프로바이더는 커스텀 프로바이더에서 배웠던 방식으로 주입해야 합니다.

이메일 모듈이 유저 모듈과 강하게 결합되어 있는 것을 인터페이스로 느슨하게 연결해보겠습니다. 이메일 모듈은 유저 모듈의 입장에서는 외부 시스템이기 때문에 infra에 구현체가 존재해야 합니다. 또 이 구현체를 사용하는 곳은 UserEventsHandler인데 application 레이어에 존재합니다. 따라서 application 레이어에 IEmailService를 정의합니다.

```
export interface IEmailService {
  sendMemberJoinVerification: (email, signupVerifyToken) => Promise<void>;
}
```

infra 레이어에 인터페이스의 구현체를 작성합니다.

```
import { Injectable } from '@nestjs/common';
import { EmailService as ExternalEmailService } from 'src/email/email.service';  //❶
import { IEmailService } from 'src/users/application/adapter/iemail.service';

@Injectable()
export class EmailService implements IEmailService {
  constructor(
    private emailService: ExternalEmailService,  //❷
  ) { }

  async sendMemberJoinVerification(email: string, signupVerifyToken: string): Promise<void> {
    this.emailService.sendMemberJoinVerification(email, signupVerifyToken);
  }
}
```

❶ EmailModule에 존재하는 EmailService를 ExternalEmailService 타입으로 이름을 바꾸어 가져옵니다.

❷ EmailModule이 UsersModule과 같은 서비스에 존재하기 때문에 직접 주입받을 수 있습니다. 하지만 MSA를 적용하여 별개의 서비스로 분리했다면 HTTP 등 다른 프로토콜을 이용하여 호출할 것입니다.

이제 UserEventsHandler에 IEmailService를 주입받아 사용합니다.

```
...
import { IEmailService } from '../adapter/iemail.service';

@EventsHandler(UserCreatedEvent)
export class UserEventsHandler implements IEventHandler<UserCreatedEvent> {
  constructor(
    @Inject('EmailService') private emailService: IEmailService,
  ) { }
    ...
}
```

IUserRepository와 마찬가지로 IEmailService를 커스텀 프로바이더로 제공해야 합니다.

```
...
@Module({
    ...
  providers: [
      ...
      { provide: 'EmailService', useClass: EmailService },
  ],
})
export class UsersModule { }
```

나머지 핸들러도 마찬가지로 적용할 수 있습니다. 이 부분은 직접 해보시고 깃허브에 있는 예제 코드와 비교해보세요.

최종 작업한 결과 유저 모듈의 소스 코드는 이렇게 정리되었습니다.

```
src/users/
├── application
│   ├── adapter
│   │   └── iemail.service.ts
```

```
│   ├── command
│   │   ├── create-user.command.ts
│   │   ├── create-user.handler.ts
│   │   ├── login.command.ts
│   │   ├── login.handler.ts
│   │   ├── verify-access-token.command.ts
│   │   ├── verify-access-token.handler.ts
│   │   ├── verify-email.command.ts
│   │   └── verify-email.handler.ts
│   ├── event
│   │   └── user-events.handler.ts
│   └── query
│       ├── get-user-info.handler.ts
│       └── get-user-info.query.ts
├── domain
│   ├── cqrs-event.ts
│   ├── repository
│   │   └── iuser.repository.ts
│   ├── user-created.event.ts
│   ├── user.factory.ts
│   └── user.ts
├── infra
│   ├── adapter
│   │   └── email.service.ts
│   └── db
│       ├── entity
│       │   └── user.entity.ts
│       └── repository
│           └── UserRepository.ts
├── interface
│   ├── UserInfo.ts
│   ├── dto
│   │   ├── create-user.dto.ts
│   │   ├── user-login.dto.ts
│   │   └── verify-email.dto.ts
│   └── users.controller.ts
└── users.module.ts
```

테스트 자동화

18.1 소프트웨어 테스트

버그가 없는 소프트웨어는 존재하지 않습니다. 아무리 간단한 프로그램이라 할지라도 그 프로그램이 수행되는 시스템이나 상황에 따라 제대로 동작하지 않을 가능성은 얼마든지 존재합니다. 더군다나 상용 소프트웨어와 같이 복잡한 프로그램이 함께 맞물려 돌아가는 시스템에서는 각종 버그가 숨어 있기 마련이고 이는 사용자를 불편하게 하고 개발자를 괴롭힙니다.

모든 제품은 릴리스 전에 테스트를 통과해야 합니다. 소프트웨어도 마찬가지입니다. 일반적으로 **품질 보증**quality assurance, QA라 불리는 테스트 작업을 수행합니다. QA의 A가 assurance인 것을 곱씹어볼 만합니다. 소프트웨어 테스팅 과정은 버그가 없다고 확신하는 게 아니라 소프트웨어의 품질이 사용자에게 전달될 정도의 수준이 되었다는 것을 보증하는 과정입니다. 따라서 테스트로 모든 버그를 발견할 수도 없지만 그 과정 중에 발견한 모든 버그를 수정할 필요도 없습니다. 가능한 일정 내에 소비자에게 최대한의 가치를 전달할 수준으로 만드는 것이 최대의 이익을 가져다줄 수 있습니다.

소프트웨어 개발 프로세스에서의 테스트는 분류 방법에 따라 그 종류가 다양합니다. 먼저 개발 단계에 따른 분류로 **V 모델**V-model[1]을 사용합니다. 보통 업무의 진행은 좌상단 요구 사항 분석에서 시작해서 시스템 설계, 아키텍처 설계, 모듈 설계(또는 상세 설계), 코딩으로 진행됩니다. 테스트는 각 단계와 대응되는 테스트 과정을 역순으로 수행합니다. 이 개발 방법론이 폭포수 모델로서, 현대 개발 방

---

1   https://ko.wikipedia.org/wiki/V_모델

법론에 들어맞지 않는다고 생각할 수 있겠지만 이 과정을 소수의 백로그로 이터레이션마다 애자일하게 수행한다고 생각하면 됩니다.

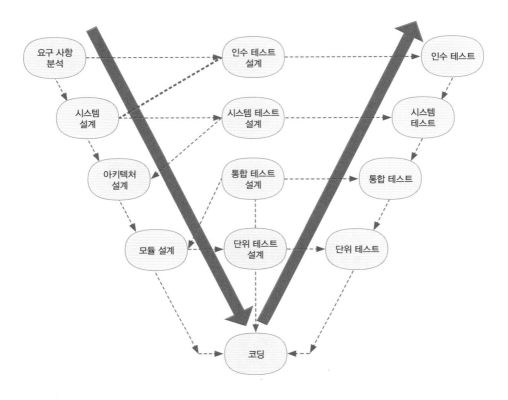

표로 나타내면 다음과 같습니다.

개발 단계(↓)	테스트 종류(↑)	내용
요구 사항 분석 (requirements analysis)	인수 테스트 (acceptance testing)	알파, 베타 테스트와 같이 실사용 환경에서의 문제를 확인합니다. 이 테스트의 목적은 시스템을 운영 환경에 배포할 준비가 되었는지를 확인하는 것이 목적입니다.
시스템 설계 (system design)	시스템 테스트 (system testing)	소프트웨어가 구동되는 환경의 제약 사항으로 인해 발생하는 문제를 찾기 위한 테스트입니다. 다음과 같은 테스트 방식이 있습니다. • 회복 테스트(recovery test): 정전 등과 같은 유사 상황 발생시 자동 초기화, 데이터 회복이 제대로 되는지 확인합니다. • 보안 테스트(security test): 해킹 공격에 안전한지 확인합니다. • 강도 테스트(stress test): 급격한 트래픽 증가와 같이 큰 부하에 대해 안전한지 확인합니다. • 민감도 테스트(sensitivity test): 잘못된 데이터 타입을 가지는 데이터를 입력으로 넣거나, 경곗값이 제대로 동작하는지 확인합니다. • 성능 테스트(performance test): 응답 시간, 응답 처리량 등 시스템의 자원이 효율적으로 사용되고 있는지 확인합니다.

개발 단계(↓)	테스트 종류(↑)	내용
아키텍처 설계 (architecture design)	통합 테스트 (integration testing)	각 모듈이 제대로 작성되었다면 이제 여러 모듈이 함께 동작했을 때 문제가 없는지 검증하는 과정입니다. 상향식 통합, 하향식 통합, 백본 통합 등의 방식이 있습니다. 코드 레벨에서 코드를 파악하지 않고 수행하기 때문에 블랙박스 테스트라고도 합니다.
모듈 설계 (module design)	단위 테스트 (unit testing)	테스트 과정에서 가장 먼저 수행되는 테스트입니다. 소프트웨어의 코드가 제대로 동작하는지 저수준에서 테스트 코드를 작성하여 검증합니다. 따라서 코드를 제대로 파악하고 있는 개발자 자신이 테스트 코드를 작성하는 것이 대부분이지만 테스트 엔지니어가 테스트 코드를 작성하기도 합니다. 테스트 엔지니어가 코드 작성 능력이 있고 가용 자원이 있다면 테스트 엔지니어가 작성하는 것이 좋은데 테스트 엔지니어의 전문성을 살려 개발자가 예상하지 못했던 테스트 케이스를 만들 수 있기 때문입니다. 개발자와 테스트 엔지니어가 함께 작성하는 것도 좋은 방법입니다.
코딩 (coding)	디버깅 (debugging)	개발자가 직접 코드의 로직을 검증하고 오류를 디버깅하는 과정입니다. 이는 테스트 과정이라고는 할 수 없고 개발 과정으로 봅니다.

테스트를 프로그램의 실행 여부에 따라 정적 테스트와 동적 테스트로 나눌 수도 있습니다. 정적 테스트는 코드를 수행하지 않고 검증하는 테스트입니다. 정적 분석기static analyzer를 이용하여 코드에 내재된 이슈를 미리 파악해볼 수도 있고, 동료 코드 리뷰를 받는 것도 정적 테스트의 일종입니다. 동적 기반 테스트는 직접 프로그램을 실행해보며 진행하는 테스트입니다.

작은 조직이라면 개발 프로세스에 위 테스트 과정이 모두 포함되지 않는 경우도 있고 모든 테스트를 개발자가 직접 수행하기도 합니다. 디버깅은 코딩 과정에서 수행하는 테스트이니 너무 당연하지만, 적어도 단위 테스트는 함께 작성하는 것이 좋습니다. V 모델의 테스트 단계에서 뒤쪽 단계의 테스트로 갈수록 테스트 과정에서 발견되는 이슈를 수정하기 위해 드는 비용은 크게 증가하게 됩니다. 테스트 코드를 작성하는 것이 개발 속도를 더 느리게 만든다고 느껴질 수도 있겠지만 오히려 그 반대입니다. 안정된 테스트 코드가 존재하면 리팩터링을 마음 편하게 할 수 있습니다. 내가 지금 고치는 코드가 기존 시스템의 동작을 깨뜨리지 않을까 하는 걱정하지 않아도 됩니다. 잘 만들고 관리되는 테스트 코드는 결국 소프트웨어의 품질을 개선하는 데 도움이 됩니다.

테스트 주도 개발test-driven development, TDD을 활용하여 테스트 코드를 먼저 작성하고 이를 기반으로 실제 소프트웨어의 코드를 작성해나가는 방법론도 있습니다. '모자 바꿔 쓰기'라고도 불리는데, 테스트 엔지니어와 개발 엔지니어의 역할을 바꿔가면서 테스트 케이스를 풍부하게 작성할 수 있습니다. 지금 시간이 없어 테스트 코드를 작성하지 않았다면 내일 잠시 다른 일을 미뤄두고 테스트 코드를 작성하세요. 시스템이 복잡해서 더 이상 모든 테스트를 손으로 하지 못할 지경이 되었을 때 미뤄둔 숙제를 한 번에 하게 된다면 행복하지 못할 것입니다.

테스트 코드는 단위 테스트 코드만을 의미하지는 않습니다. E2E_{end-to-end} 테스트는 사용자의 행동을 코드로 작성한 것입니다. 사용자의 어떤 동작이 일어나는지부터 시작해서 모든 시스템을 동적으로 수행한 후 응답을 확인하는 방식입니다.

테스트 코드가 잘 준비되었다면 더 나아가 배포 과정에 포함하도록 하세요. 지속적 통합_{continuous integration, CI} 및 지속적 배포_{continuous deployment, CD} 과정에 포함된 자동화 테스트는 통합/배포 과정에서 소스 코드 저장소에 버그가 스며드는 것을 방지해줍니다.

18.2 Nest의 기본 테스트 프레임워크: Jest와 SuperTest

자바스크립트에는 많은 테스트 프레임워크가 존재합니다. 테스트 프레임워크의 구성 요소로서 테스트가 실행되는 환경을 제공하는 테스트 러너_{test runner}, 테스트의 상황을 가정하는 어서션_{assertion}, 테스트의 기대 결과를 비교하는 매처_{matcher}, 그리고 테스트 과정에서 현재 테스트 대상 모듈이 의존하는 다른 모듈을 임의의 것으로 대체하는 테스트 더블 등이 있습니다. Nest는 기본 테스트 프레임워크로 Jest와 SuperTest를 제공합니다.

Jest는 메타가 주도해서 만든 테스트 프레임워크입니다.[2] 문법이 심플하고 Nest뿐 아니라 Babel, 타입스크립트, Node.js, 리액트, 앵귤러, Vue.js에 적용하여 사용할 수 있습니다. **SuperTest**는 superagent 라이브러리를 기반으로 하는 HTTP 테스트 라이브러리입니다. SuperTest를 이용하면 컨트롤러가 제공하는 엔드 포인트로 호출하는 것과 같은 E2E 테스트를 작성할 수 있습니다.

이 책에서는 SuperTest를 이용한 테스트는 소개하지 않으며, 단위 테스트만 사용합니다. 단위 테스트만 잘 작성해도 테스트 코드를 작성하기로 했던 목적을 충분히 달성할 수 있습니다. 또 단위 테스트를 작성하는 과정에서 생각하지 못했던 에지 케이스나 설계의 오류를 발견할 수 있을 것입니다.

18.3 Jest를 이용한 단위 테스트 예시

Nest CLI를 이용하여 프로젝트를 생성하면 기본 컴포넌트와 함께 해당 컴포넌트에 대한 테스트 파일이 생성됩니다. 1장의 예제 소스를 보면 `app.controller.spec.ts` 파일이 생성되어 있습니다. 자동 생성된 테스트 코드는 Jest를 이용합니다. 테스트 코드의 파일명은 `.spec.ts` 로 끝나야 합니다. 이 규칙은 `package.json`에 정의되어 있습니다. 나머지 옵션들은 공식 문서[3]를 확인하세요.

---

2 https://jestjs.io/
3 https://jestjs.io/docs/configuration

```
{
  ...
  "jest": {
  "moduleFileExtensions": [
    "js",
    "json",
    "ts"
  ],
  "rootDir": "src",
  "testRegex": ".*\\.spec\\.ts$",  //❶
  "transform": {
    "^.+\\.(t|j)s$": "ts-jest"
  },
  "collectCoverageFrom": [
    "**/*.(t|j)s"
  ],
  "coverageDirectory": "../coverage",
  "testEnvironment": "node"
}
```

❶ 테스트 코드 파일의 확장자 형식을 정규 표현식으로 선언합니다.

테스트 코드는 **describe()**와 **it()** 구문으로 구성됩니다. **describe()**는 테스트 스위트test suite를 작성하는 블록입니다. 테스트 스위트는 테스트들을 의미 있는 단위로 묶은 것입니다. 테스트 스위트를 모아서 더 큰 단위의 테스트 스위트를 만들 수 있습니다. 테스트 스위트는 테스트 수행에 필요한 환경 설정, 공통 모듈 생성 등과 같이 세부 테스트 케이스가 수행하기 위한 기반을 마련합니다. **it()** 구문은 특정 테스트 시나리오를 작성하는 부분입니다. 각 **it()** 구문은 별개의 테스트 케이스로 다뤄져야 하며 서로 의존관계가 존재하지 않도록 작성하는 것이 중요합니다. 테스트 케이스의 작성법도 TDD 스타일로 해야 하느냐, BDDbehavior-driven development 스타일을 따라야 하느냐 논쟁이 있지만 둘 다 필요한 방식입니다. 우리는 Given / When / Then의 BDD 스타일로 테스트 코드를 작성해봅시다.

- Given: 해당 테스트 케이스가 동작하기 위해 갖춰져야 하는 선행조건pre-condition입니다. 즉 '어떤 상황이 주어졌을 때'를 뜻합니다.
- When: 테스트하고자 하는 대상 코드를 실행합니다. '대상 코드가 동작한다면'을 뜻합니다.
- Then: 대상 코드의 수행 결과를 판단합니다. '기대한 값과 수행 결과가 맞는지'를 비교합니다.

describe()와 : 구문은 첫 번째 인수로 문자열을 받습니다. 이는 테스트 스위트와 테스트 케이스의 이름을 의미합니다. 두 번째 인수는 수행될 코드가 포함된 콜백 함수입니다.

```
describe('UserService', () => {
    const userService: UserService = new UserService();

    describe('create', () => {
        it('should create user', () => {
            // Given
            ...
            // When
            ...
            // Then
        });

        it('should throw error when user already exists', () => {
            // Given
            ...
            // When
            ...
            // Then
        });
    });
});
```

describe()와 it() 구문 외에 SetUp, TearDown이라 부르는 개념이 있습니다. 테스트 스위트 내에서 모든 테스트 케이스를 수행하기 전에 수행해야 하는 선행조건이 있다면 SetUp 구문으로 반복 작업을 줄일 수 있습니다. 마찬가지로 테스트 후에 후처리가 필요하다면 TearDown에서 공통 처리합니다. Jest에서는 beforeAll(), beforeEach(), afterAll(), afterEach() 4가지의 구문을 제공합니다. beforeAll()은 테스트 스위트 내의 모든 테스트 케이스 수행 전 한 번만 실행됩니다. beforeEach()는 각 테스트 케이스가 수행되기 전마다 수행됩니다. 마찬가지로 afterEach()은 모든 테스트 케이스가 수행된 후, afterAll()은 모든 테스트 케이스가 수행된 후에 수행됩니다.

테스트는 테스트를 하고자 하는 대상의 동작에만 집중해야 합니다. 대상 코드가 수행되면서 주입받거나 생성해서 사용한 외부 모듈이나 객체는 테스트의 대상이 아닙니다. 외부 모듈은 외부 모듈만을 위한 테스트 코드를 작성해야 합니다. 이를 위해서는 외부 모듈의 동작을 우리가 원하는 대로 다룰 수 있어야 합니다. 그래야 외부 상태에 상관없이 대상 코드의 동작을 살펴볼 수 있습니다.

외부 모듈을 임의의 객체로 다루는 것, 이 개념을 **테스트 더블**test double이라고 합니다. 테스트 더블을 세부적으로 더미dummy, 페이크fake, 스텁stub, 스파이spy, 모의 객체mock로 나눕니다.

- **더미**: 테스트를 위해 생성된 가짜 데이터입니다. 일반적으로 매개변수 목록을 채우는 데만 사용됩니다.

- **페이크**: 데이터베이스로 관리되는 다량의 데이터를 테스트한다고 할 때 실제 데이터베이스를 사용할 경우 I/O에 엄청난 시간과 비용이 소요됩니다. 이럴 때는 인메모리 DB와 같이 메모리에 데이터를 적재해서 속도를 개선할 수 있습니다. 프로덕션 환경에서는 테스트 수행 도중 시스템이 비정상 종료되는 경우 잘못된 데이터가 남게 되므로, 잘못된 데이터가 남아도 상관없는 세션 등과 같은 것을 대상으로 테스트할 때 사용합니다.
- **스파이**: 테스트 수행 정보를 기록합니다. 테스트 도중 함수 호출에 대해 해당 함수로 전달된 매개변수, 리턴값, 예외뿐 아니라 함수를 몇 번 호출했는지와 같은 정보들도 기록합니다.
- **스텁**: 함수 호출 결과를 미리 준비된 응답으로 제공합니다.
- **모의 객체**: 스텁과 비슷한 역할을 합니다. 테스트 중에 만들어진 호출에 미리 준비된 답변을 제공하며 일반적으로 테스트를 위해 프로그래밍된 것 외에는 응답하지 않습니다.

마틴 파울러에 따르면 테스트 대상이 의존하는 대상의 행위에 대해 검증이 필요하다면 모의 객체를 사용하고 상태를 검증하고 한다면 스텁을 사용하라고 합니다.[4]

18.4 유저 서비스 테스트

이제 우리가 만든 서비스에 단위 테스트를 만들어봅시다. 유저 모듈을 대상으로 테스트 코드를 작성합니다. 4개의 레이어로 구성된 각각의 컴포넌트에 대해 테스트 코드를 작성하겠습니다.

먼저 가장 안쪽 레이어에 존재하는 도메인 객체에 대한 테스트부터 작성합니다. 현재 User 도메인 객체는 도메인 규칙이 없고 생성자와 게터밖에 존재하지 않습니다. 이렇게 생성자와 게터밖에 존재하지 않는 클래스에 대해서는 테스트 케이스를 작성할 필요는 없습니다. 사내에서 테스트 커버리지test coverage[5]는 몇 퍼센트 이상이어야 한다는 규칙이 있다면 작성할 수도 있겠지만, 그런 경우에도 커버리지 계산에서 제외해서 불필요한 테스트를 작성하느라 리소스를 낭비하지 않도록 하는 유연함이 필요합니다.

따라서 User.ts는 제외하고 유저 도메인 객체를 생성하는 UserFactory에 대한 테스트를 작성합시다. UserFactory는 두 개의 함수를 가지고 있습니다. 각각의 함수를 테스트하는 테스트 스위트와 테스트 케이스의 뼈대를 마련합니다. Given, When, Then의 주석은 설명을 위해 추가한 것으로 꼭 추가해야 하는 것은 아닙니다. 하지만 처음 테스트를 작성한다면 주석으로 해야 할 일을 적어두면 테스트 코드를 작성하는 데에 도움이 됩니다.

---

4 https://martinfowler.com/articles/mocksArentStubs.html
5 테스트 코드가 수행될 때 전체 시스템의 소스 코드 또는 모듈을 수행하는 정도. 퍼센트로 표시한다.

```
import { UserFactory } from './user.factory';

describe('UserFactory', () => {
  let userFactory: UserFactory;

  describe('create', () => {
    it('should create user', () => {
      // Given

      // When

      // Then
    });
  });

  describe('reconstitute', () => {
    it('should reconstitute user', () => {
      // Given

      // When

      // Then
    });
  });
});
```

테스트 케이스의 내용을 채우기 위해서는 테스트 대상인 UserFactory 객체가 필요합니다. @nest/ testing 패키지에서 제공하는 Test클래스를 사용하여 테스트용 객체를 생성할 수 있습니다.

```
import { Test } from '@nestjs/testing';
import { EventBus } from '@nestjs/cqrs';
import { UserFactory } from './user.factory';

describe('UserFactory', () => {
  let userFactory: UserFactory;  //❶

  beforeAll(async () => {  //❷  //❸
    const module = await Test.createTestingModule({
      providers: [
        UserFactory,
      ],
    }).compile();  //❹

    userFactory = module.get(UserFactory);
  });
});
```

❶ 테스트 스위트 전체에서 사용할 `UserFactory`를 선언합니다.

❷ `Test.createTestingModule()` 함수를 사용하여 테스트 모듈을 생성합니다. 이 함수의 인수가 `ModuleMetadata`이므로 모듈을 임포트할 때와 동일하게 컴포넌트를 가져올 수 있습니다. `UserFactory`가 대상 클래스 이므로 이 모듈을 프로바이더로 가져옵니다.

❸ 모듈을 가져오는 것은 전체 테스트 스위트 내에서 한 번만 이루어지면 되므로 설정 단계인 `beforeAll()` 구문 내에서 수행합니다.

❹ `Test.createTestingModule` 함수의 리턴값은 `TestingModuleBuilder`입니다. `compile` 함수를 수행해서 모듈 생성을 완료합니다. 이 함수는 비동기로 처리됩니다.

`UserFactory`의 create 함수의 구현을 다시 보겠습니다.

```
create(
  id: string,
  name: string,
  email: string,
  signupVerifyToken: string,
  password: string,
): User {
  const user = new User(id, name, email, password, signupVerifyToken);

  this.eventBus.publish(new UserCreatedEvent(email, signupVerifyToken));

  return user;
}
```

유저 도메인 객체를 생성과는 과정에서 `UserCreatedEvent`를 발행하고 있습니다. 이 동작은 `UserFactory`를 테스트하는 데에 영향을 끼쳐서는 안 되는 동작입니다. 따라서 이벤트 버스를 통해 제대로 전송이 되었다고 가정하고 테스트를 작성해야 하고, 이벤트 발송 함수인 publish가 호출이 되었는지를 Spy를 통해 판별하면 됩니다. 먼저 EventBus 객체도 테스트를 위해 필요하므로 모의 객체로 선언합니다.

```
...
import { EventBus } from '@nestjs/cqrs';

describe('UserFactory', () => {
  ...
  let eventBus: jest.Mocked<EventBus>;  //❶

  beforeAll(async () => {
```

```
    const module = await Test.createTestingModule({
      providers: [
        ...
        { //❷
          provide: EventBus,
          useValue: {
            publish: jest.fn(),
          }
        }
      ],
    }).compile();
    ...
    eventBus = module.get(EventBus);  //❸
  });
});
```

❶ EventBus를 Jest에서 제공하는 Mocked 객체로 선언합니다.

❷ EventBus를 프로바이더로 제공합니다. 이때 EventBus의 함수를 모의mocking합니다. publish 함수가 jest.fn()으로 선언되었는데, 이는 어떠한 동작도 하지 않는 함수라는 뜻입니다.

❸ 프로바이더로 제공된 EventBus 객체를 테스트 모듈에서 가져옵니다.

이제 create 함수의 테스트 케이스를 작성합니다.

```
describe('create', () => {
  it('should create user', () => {
    // Given  //❶

    // When  //❷
    const user = userFactory.create(
      'user-id',
      'YOUR_NAME',
      'YOUR_EMAIL@gmail.com',
      'signup-verify-token',
      'pass1234',
    );

    // Then  //❸
    const expected = new User(
      'user-id',
      'YOUR_NAME',
      'YOUR_EMAIL@gmail.com',
      'signup-verify-token',
      'pass1234',
    );
```

```
    expect(expected).toEqual(user);  //❹
    expect(eventBus.publish).toBeCalledTimes(1);  //❺
  });
});
```

❶ create 함수의 주어진 조건은 딱히 없기 때문에 비워둡니다.

❷ UserFactory가 create 함수를 수행합니다.

❸ 수행결과가 원하는 결과와 맞는지 검증합니다. 먼저 When 단계를 수행했을 때 원하는 결과를 기
술하고 Jest에서 제공하는 매처를 이용해서 판단합니다.

❹ UserFactory.create를 통해 생성한 User객체가 원하는 객체와 맞는지 검사합니다.

❺ 이 과정에서 EventBus.publish 함수가 한 번 호출되었는지 판단합니다.

마찬가지로 reconstitute 함수의 테스트 케이스도 작성합니다.

```
describe('reconstitute', () => {
  it('should reconstitute user', () => {
    // Given

    // When
    const user = userFactory.reconstitute(
      'user-id',
      'YOUR_NAME',
      'YOUR_EMAIL@gmail.com',
      'pass1234',
      'signup-verify-token',
    );

    // Then
    const expected = new User(
      'user-id',
      'YOUR_NAME',
      'YOUR_EMAIL@gmail.com',
      'signup-verify-token',
      'pass1234',
    );
    expect(expected).toEqual(user);
  });
});
```

첫 번째 테스트를 작성했습니다! 제대로 동작하는지 테스트를 수행해봅시다.

```
$ npm run test

> book-nestjs-backend@2.0.0 test /book-nestjs-backend/user-service/ch18-testing
> jest

 PASS  src/users/domain/user.factory.spec.ts
  UserFactory
    create
      ✓ should create user (1 ms)
    reconstitute
      ✓ should reconstitute user (1 ms)

Test Suites: 1 passed, 1 total
Tests:       2 passed, 2 total
Snapshots:   0 total
Time:        2.73 s, estimated 4 s
Ran all test suites.
```

이제 application 레이어의 컴포넌트를 대상으로 테스트를 작성해보겠습니다. CreateUserHandler의 테스트 코드입니다. 지면상 나눠서 살펴보겠습니다.

■ create-user.handler.spec.ts

```
import * as uuid from 'uuid';
import * as ulid from 'ulid';
import { Test } from '@nestjs/testing';
import { CreateUserHandler } from './create-user.handler';
import { UserFactory } from '../../domain/user.factory';
import { UserRepository } from 'src/users/infra/db/repository/UserRepository';
import { CreateUserCommand } from './create-user.command';

//❶
jest.mock('uuid');
jest.mock('ulid');
jest.spyOn(uuid, 'v1').mockReturnValue('0000-0000-0000-0000');
jest.spyOn(ulid, 'ulid').mockReturnValue('ulid');

describe('CreateUserHandler', () => {
  //❷
  let createUserHandler: CreateUserHandler;
  let userFactory: UserFactory;
  let userRepository: UserRepository;

  beforeAll(async () => {
    const module = await Test.createTestingModule({
      providers: [
        CreateUserHandler,
```

```
      { //❸
        provide: UserFactory,
        useValue: {
          create: jest.fn(),
        },
      },
      { //❸
        provide: 'UserRepository',
        useValue: {
          save: jest.fn(),
        },
      }
    ],
  }).compile();

  createUserHandler = module.get(CreateUserHandler);
  userFactory = module.get(UserFactory);
  userRepository = module.get('UserRepository');
});
```

❶ CreateUserHandler.execute 내에서 uuid와 ulid 라이브러리를 사용합니다. 외부 라이브러리가 생성하는 임의의 문자열이 항상 같은 값('0000-0000-0000-0000', 'ulid')이 나오도록 합니다.

❷ 테스트 대상인 CreateUserHandler와 의존하고 있는 클래스를 선언합니다.

❸ UserFactory, UserRepository를 모의 객체로 제공합니다.

나머지 코드는 다음과 같습니다.

```
//❶
const id = ulid.ulid();
const name = 'YOUR_NAME';
const email = 'YOUR_EMAIL@gmail.com';
const password = 'pass1234';
const signupVerifyToken = uuid.v1();

describe('execute', () => {
  it('should execute CreateUserCommand', async () => {
    // Given
    userRepository.findByEmail = jest.fn().mockResolvedValue(null);  //❷

    // When
    await createUserHandler.execute(new CreateUserCommand(name, email, password));

    // Then  //❸
    expect(userRepository.save).toBeCalledWith(
      id,
```

```
      name,
      email,
      password,
      signupVerifyToken,
    );
    expect(userFactory.create).toBeCalledWith(
      id,
      name,
      email,
      signupVerifyToken,
      password,
    );
  });
 });
});
```

❶ 항상 같은 값을 가지는 변수를 미리 선언하고 재사용하도록 했습니다.

❷ 기본 테스트 케이스를 위해 userRepository에 저장된 유저가 없는 조건을 설정합니다.

❸ UserFactory 테스트의 경우에는 테스트 대상 클래스가 의존하고 있는 객체의 함수를 단순히 호출하는지만 검증했다면, 이번에는 인수까지 제대로 넘기고 있는지를 검증합니다.

다음으로 UserRepository에 유저 정보가 있는 경우에 대한 케이스를 테스트하겠습니다.

```
it('should throw UnprocessableEntityException when user exists', async () => {
  // Given
  userRepository.findByEmail = jest.fn().mockResolvedValue({  //❶
    id,
    name,
    email,
    password,
    signupVerifyToken,
  });

  // When
  // Then  //❷
  await expect(createUserHandler.execute(new CreateUserCommand(name, email, password)))
    .rejects
    .toThrowError(UnprocessableEntityException);
});
```

❶ 생성하려는 유저 정보가 이미 저장되어 있는 경우를 모의합니다.

❷ 수행 결과 원하는 예외가 발생하는지 검증합니다.

나머지 주요 컴포넌트들도 마찬가지로 테스트 케이스를 작성할 수 있습니다. 독자 여러분이 직접 작성해보면서 테스트 코드를 작성하는 감을 익혀보고, Jest가 제공하는 테스트 더블과 매처를 익혀보세요.

테스트를 작성할 때 최대한 테스트 대상이 되는 모든 소스 코드를 커버할 수 있도록 작성하는 것이 좋습니다. 위에서의 예외 케이스와 같은 경우도 테스트할 수 있도록 말이죠. 그리고 테스트 코드를 작성할 때에는 개발자에서 테스트 엔지니어로 모자를 바꿔 쓰고 테스트를 작성해보세요. 테스트 코드를 작성하면서 버그를 미리 발견하는 재미를 누릴 수 있을 것입니다. 😇

18.5 테스트 커버리지 측정

Jest로 테스트를 수행할 때는 앞서 이야기했던 것처럼 테스트 커버리지를 측정할 수 있습니다(출력 결과에서 중간은 생략했습니다).

```
$ npm run test:cov

> book-nestjs-backend@0.0.0 test:cov /Users/dexter/src/nestjs/book-nestjs-backend/user-service/
ch18-testing
> jest --coverage

 PASS  src/users/application/command/create-user.handler.spec.ts
 PASS  src/users/domain/user.factory.spec.ts
-------------------------|---------|----------|---------|---------|-------------------
File                     | % Stmts | % Branch | % Funcs | % Lines | Uncovered Line #s
-------------------------|---------|----------|---------|---------|-------------------
All files                |   11.88 |     5.88 |   13.04 |   12.46 |
 src                     |       0 |        0 |       0 |       0 |
  app.module.ts          |       0 |      100 |     100 |       0 | 1-62
  auth.guard.ts          |       0 |      100 |       0 |       0 | 3-22
  main.ts                |       0 |        0 |       0 |       0 | 1-33
 src/auth                |       0 |      100 |       0 |       0 |
  auth.module.ts         |       0 |      100 |     100 |       0 | 1-10
  auth.service.ts        |       0 |      100 |       0 |       0 | 1-39
...
 src/users/interface      |       0 |      100 |       0 |       0 |
  users.controller.ts    |       0 |      100 |       0 |       0 | 1-53
 src/users/interface/dto  |       0 |        0 |       0 |       0 |
  create-user.dto.ts     |       0 |        0 |       0 |       0 | 1-27
  user-login.dto.ts      |       0 |      100 |     100 |       0 | 1
  verify-email.dto.ts    |       0 |      100 |     100 |       0 | 1
 src/utils/decorators     |       0 |        0 |       0 |       0 |
  not-in.ts              |       0 |        0 |       0 |       0 | 1-15
-------------------------|---------|----------|---------|---------|-------------------
```

```
Test Suites: 2 passed, 2 total
Tests:       4 passed, 4 total
Snapshots:   0 total
Time:        16.106 s
Ran all test suites.
```

이 테스트 결과를 이용하여 테스트가 어느정도 애플리케이션 코드를 테스트하고 있는지 파악할 수 있습니다. 만약 사내에서 테스트 커버리지 기준을 정했다면 결과를 만족하지 못했을 경우 릴리스를 하지 못하도록 CI/CD 과정에 포함시킬 수도 있을 것입니다.

테스트 커버리지 측정을 수행하면 프로젝트 루트 디렉터리 아래에 coverage 디렉터리가 생깁니다. 이 디렉터리에 커버리지 측정 결과가 저장되어 있습니다. HTML로 리포트를 볼 수도 있고, 각 모듈을 선택하여 라인별로 수행된 부분과 수행하지 않은 부분을 확인할 수 있습니다.

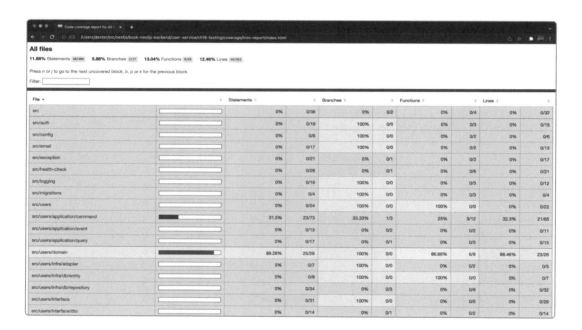

All files / src/users/domain user.ts

66.66% Statements `6/9` **100%** Branches `0/0` **25%** Functions `1/4` **66.66%** Lines `6/9`

Press *n* or *j* to go to the next uncovered block, *b*, *p* or *k* for the previous block.

```
 1  2x  export class User {
 2        constructor(
 3  4x      private id: string,
 4  4x      private name: string,
 5  4x      private email: string,
 6  4x      private password: string,
 7  4x      private signupVerifyToken: string,
 8        ) { }
 9
10        getId(): Readonly<string> {
11          return this.id;
12        }
13
14        getName(): Readonly<string> {
15          return this.name;
16        }
17
18        getEmail(): Readonly<string> {
19          return this.email;
20        }
21      }
22
```

A

ormconfig.json 동적 생성

반복하지만 ormconfig.json을 사용하는 방식은 typeorm 0.3에서 제거되었습니다. 하지만 아직 현업에서는 0.2.x를 많이 사용하는 편이므로, 이전 버전을 사용하는 경우 참고 바랍니다.

8장에서 TypeORM을 이용하여 데이터베이스를 다루는 방법을 알아봤습니다. ormconfig.json을 이용하면 코드를 작성하기에는 편하지만 환경 변수 등 런타임에 값을 적용할 수 없었습니다. 이를 보완하기 위해 애플리케이션이 수행되기 전에 ormconfig.json을 동적으로 생성하여 적용할 수 있는 방법을 알아보겠습니다. 아이디어는 프로비저닝 과정에서의 main.ts에서 부트스트랩을 수행하기 전에 ormconfig.json 파일을 교체하는 방법입니다.

■ main.ts

```ts
import { ValidationPipe } from '@nestjs/common';
import { NestFactory } from '@nestjs/core';
import { AppModule } from './app.module';
import { ConfigService } from './config/config.service';
import * as fs from 'fs';

async function bootstrap() {
  await makeOrmConfig();  //❶

  const app = await NestFactory.create(AppModule);
  app.useGlobalPipes(new ValidationPipe({
    transform: true,
  }));
  await app.listen(3000);
}
```

```
async function makeOrmConfig() {
  const configService = new ConfigService(process.env);  //❷
  const typeormConfig = configService.getTypeOrmConfig();  //❸

  if (fs.existsSync('ormconfig.json')) {
    fs.unlinkSync('ormconfig.json');  //❹
  }

  fs.writeFileSync(  //❺
    'ormconfig.json',
    JSON.stringify(typeormConfig, null, 2)
  );
}

bootstrap();
```

❶ AppModule을 생성하기 전 `ormconfig.json`을 생성합니다.

❷ 환경 변수에 설정된 파일을 읽어옵니다. 이 작업을 수행하는 **ConfigService** 클래스를 이용합니다.

❸ `ormconfig.json` 파일을 만들기 위한 객체를 생성합니다.

❹ 소스 코드 저장소에 디폴트로 저장되어 있는 파일을 삭제합니다.

❺ `ormconfig.json` 파일을 생성합니다. 파일의 내용은 **typeormConfig** 객체를 JSON으로 변환한 것입니다.

■ config.service.ts

```
import { TypeOrmModuleOptions } from '@nestjs/typeorm';

require('dotenv').config();  //❶

export class ConfigService {

  constructor(private env: { [k: string]: string | undefined }) { }  //❷

  private getValue(key: string, throwOnMissing = true): string {  //❸
    const value = this.env[key];
    if (!value && throwOnMissing) {
      throw new Error('config error - missing env.${key}');
    }

    return value;
  }

  isDevelopment() {
```

```
    return this.getValue('NODE_ENV', false) === 'development';
  }

  getTypeOrmConfig(): TypeOrmModuleOptions {  //❹
    return {
      type: 'mysql',

      host: this.getValue('DATABASE_HOST'),
      port: 3306,
      username: this.getValue('DATABASE_USERNAME'),
      password: this.getValue('DATABASE_PASSWORD'),
      database: 'test',
      entities: ['dist/**/*.entity{.ts,.js}'],
      migrationsTableName: 'migrations',
      migrations: ['src/migration/*.ts'],
      cli: {
        migrationsDir: 'src/migration',
      },
      ssl: !this.isDevelopment(),
    };
  }
}
```

❶ dotenv를 이용하여 환경 변수를 가져옵니다.

❷ env 멤버 변수에는 process.env 객체를 할당해야 합니다.

❸ 환경 변수에서 key로 설정된 값을 읽어옵니다.

❹ ormconfig.json으로 저장할 객체를 생성합니다.

서버를 구동하면 기존 ormconfig.json 파일을 삭제하고 동적으로 생성합니다. .env 파일의 내용을 바꾸어서 값이 제대로 적용되는지 확인해보세요.

찾아보기